LEEDS COLLEGE OF ART AND DES
LRC
BLENHEIM WALK
LEEDS LS2 9AQ
Tel: 0113 202 8169
Return on or before

WITHDRA

À l'automne de l'année 1928, Samuel Beckett vient prendre son poste de lecteur d'anglais à l'École normale supérieure. Son prédécesseur Thomas McGreevy le met en relation avec James Joyce, dont il devient très vite un familier.

Or, celui-ci se préoccupe alors de justifier son Work in Progress, *commencé en 1922, dont plusieurs fragments ont été publiés dans la revue* transition *de Maria et Eugene Jolas : l'œuvre suscite beaucoup de réserves, même chez ceux qui, tel Ezra Pound, l'avaient jusque-là soutenu. Il « télécommande » donc un petit volume de défense et illustration de son travail, douze essais confiés à l'enthousiasme d'autant d'apôtres.* À la différence de Frank Budgen et de Stuart Gilbert, dont les articles avaient déjà été publiés dans* transition, *Beckett est un nouveau venu, et Joyce va pouvoir l'orienter vers une vieille admiration, Giordano Bruno, et vers une nouvelle figure tutélaire, Giambattista Vico. Dante, Beckett le connaissait bien, et il était d'ailleurs dans l'air du temps : la même année, en 1929, T. S. Eliot va lui consacrer un article célèbre.*

* *Our Examination Round His Factification for Incamination of Work in Progress,* Paris, Shakespeare and Co., Sylvia Beach, 1929.

Placé à bon droit en tête du recueil, le texte de Samuel Beckett mériterait une étude, en partie double, touchant cette rencontre de ces deux témoins majeurs de la révolution moderne de l'écriture. Soulignons au passage que, ici comme chez Joyce, la ponctuation peut peser lourd : les points (trois, un, deux) figurant dans le titre représentent les siècles jalonnant la généalogie d'un écrivain à l'échelle de toute une civilisation. Ainsi, l'intérêt, sinon l'importance, de ces pages est de se situer au point géométrique d'une aventure esthétique personnelle, dont il convenait de marquer le caractère conséquent, et d'un mouvement historique dont ses contemporains tardaient à prendre la mesure. Car, à sa manière, la radicalité de Work in Progress, *son interrogation du sens et du jeu de la lettre, témoignai(en)t d'un « malaise dans la culture » auquel Sigmund Freud, quelques mois plus tard et quelques années avant Jacques Lacan, allait donner une autre résonance.*

Jacques Aubert

Le danger est la netteté des identifications. Concevoir la Philosophie et la Philologie comme deux chanteurs peinturlurés en nègres tirés du Teatro dei Piccoli est réconfortant, tout autant que la contemplation d'un sandwich-club au jambon. Giambattista Vico était pour sa part incapable de résister à l'attrait d'une telle correspondance dans le geste. Il revendiquait une identification complète entre l'abstraction philosophique et l'illustration empirique, annulant de la sorte l'absolutisme de chacune de ces conceptions – hissant injustifiablement le réel hors de ses limites dimensionnelles, temporalisant ce qui est extratemporel. Et me voici à présent, avec ma poignée d'abstractions, parmi lesquelles, tout particulièrement : une montagne, la coïncidence des contraires, l'inévitabilité de l'évolution cyclique, un système de Poétique, ainsi que la perspective d'auto-extension dans le monde du *Work in Progress* de M. Joyce. La tentation existe de traiter chaque concept comme « *a bass dropt neck fust in till a bung crate* »[1] et de faire tout ça très proprement. Malheureusement une telle minutie dans 1

1. « Un bar jeté cou de bord dans une caque bondonnée. » Voir James Joyce, *Finnegans Wake*, Londres, Faber and Faber, 1939, p. 49, ci-après [*FW*]. Le texte de *Finnegans Wake* cité par Beckett est justement celui d'un *Work in Progress*, d'une œuvre en développement, il diffère donc par quelques détails du texte final publié dix ans plus tard, en 1939. La mise en français du texte de Joyce est le fait du traducteur et n'est qu'une approximation. (Toutes les notes de bas de page sont du traducteur.)

l'application signifierait une distorsion dans l'une ou l'autre de deux directions. Nous faut-il tordre le cou à un certain système afin de l'obliger à entrer dans une case contemporaine, ou bien modifier les dimensions de cette case pour la satisfaction des colporteurs d'analogies ? La critique littéraire n'est pas de la comptabilité.

....

Giambattista Vico était un roturier napolitain pragmatique. Croce se plut à le considérer comme un mystique, essentiellement spéculatif, «*disdegnoso dell' empirismo*».[2] C'est une surprenante interprétation quand on sait que les trois cinquièmes de sa *Scienza nuova* traitent d'investigation empirique. Croce l'oppose à l'école réformatrice utilitariste d'Ugo Grozio, et le décharge des préoccupations utilitaires de Hobbes, de Spinoza, de Locke, de Bayle et de Machiavel. Il est difficile d'avaler tout cela sans protester. Vico définit la Providence comme : «*una mente spesso diversa ed alle volte tutta contraria e sempre superiore ad essi fini particolari che essi uomini si avevano proposti ; dei quali fini ristretti fatti mezzi per servire a fini più ampi, gli ha sempre adoperati per conservare l'umana generazione in questa terra*».[3] Est-il quoi ce soit de plus définitivement utilitariste ? Son traitement de l'origine et des fonctions de la poésie, du langage et du mythe, comme on le verra plus loin, est aussi éloigné que l'on puisse l'imaginer du mystique. Cependant, pour notre besoin immédiat, il importe peu que nous le considérions comme un mystique ou comme un investigateur scientifique ; mais il ne fait aucun doute qu'il faut le considérer comme un *innovateur*. Sa division du développement de la société humaine en trois âges : Théocratique, Héroïque, Humain (civilisé), accompagnée de la classification correspondante du langage : Hiéroglyphique (sacré), Métaphorique (poétique), Philosophique (capable d'abstraction et de généralisation), n'était certainement pas nouvelle, même si elle a dû apparaître comme telle à ses contemporains. Il a tiré cette classification pratique des Égyptiens, via Hérodote. En même temps, nier l'originalité avec laquelle il a appliqué et développé ses implications est impossible. Son exposition de l'inéluctable progression circulaire de la Société était entièrement nouvelle, bien que le germe de celle-ci se soit trouvé dans le traitement par Bruno de l'identité des contraires. C'est toutefois dans le Livre 2, qu'il décrit lui-même comme «*tutto il corpo* [...] *la chiave maestra* [...] *dell' opera*»,[4] qu'apparaît l'immense originalité de son esprit ; c'est là qu'il a élaboré une théorie des origines de la poésie et du langage, de la signification du mythe et de la nature de la civilisation barbare qui a dû paraître pour le moins comme une insulte impertinente envers la tradition. Ces deux aspects de Vico résonnent et se trouvent à nouveau appliqués – sans, toutefois, la moindre illustration explicite – dans *Work in Progress*.

Il est nécessaire, pour commencer, de condenser la thèse de Vico, l'historien scientifique. Au commencement était le tonnerre : le tonnerre libéra la Religion, dans sa forme la plus objective et non philosophique – l'animisme idolâtre : la Religion produisit la Société, et les premiers hommes sociaux furent les hommes des cavernes, qui cherchaient un refuge

2. «Dédaigneux de l'empirisme.»

3. «La mise en œuvre d'un esprit souvent contradictoire, toujours supérieur à ces fins particulières que les hommes se proposent – ces fins restreintes, instrumentalisées afin de servir des fins plus amples, la Providence les a toujours utilisées pour assurer la pérennité de l'activité humaine sur cette terre» (Giambattista Vico, *Scienza nuova*, V [traduction de G.-O. Silvagni]).

4. «Le corps tout entier [...] la pièce maîtresse [...] de l'œuvre» (*ibid.*, II [traduction de G.-O. Silvagni]).

devant la Nature passionnée : cette vie de famille primitive fut incitée à se développer grâce à l'arrivée des vagabonds terrifiés : reconnaissons-le, ce sont les premiers esclaves : à mesure qu'ils deviennent plus puissants, ils exigent des concessions agraires, et le despotisme évolue vers un féodalisme primitif : la caverne se transforme en cité et le système féodal en démocratie : puis en anarchie : ceci se trouve corrigé par un retour à la monarchie : la dernière étape est une tendance à l'interdestruction : les nations se dispersent et le Phénix de la Société renaît de leurs cendres. À cette progression sociale en six termes correspond une progression en six termes des motivations humaines : nécessité, utilité, commodité, plaisir, luxe, abus de luxe : ainsi que leurs manifestations incarnées : Polyphème, Achille, César et Alexandre, Tibère, Caligula et Néron. C'est à ce stade que Vico applique Bruno – tout en prenant grand soin de ne pas le mentionner – et qu'il passe de données plutôt arbitraires à l'abstraction philosophique. Il n'y a aucune différence, dit Bruno, entre la corde la plus petite possible et l'arc le plus petit possible,[5] aucune différence entre le cercle infini et la ligne droite. Les maxima et minima de contraires particuliers sont égaux et indifférentiables. La chaleur minimale équivaut au froid minimal. En conséquence, les transmutations sont circulaires. Le principe (minimum) d'un contraire prend son mouvement au principe (maximum) de l'autre. Il s'ensuit que non seulement les minima coïncident avec les minima, les maxima avec les maxima, mais les minima avec les maxima lors de la succession des transmutations. La vitesse maximum est un état de repos. Le maximum de corruption et le minimum de génération sont identiques : en principe, la corruption est la génération. Et toute chose est en définitive identifiée à Dieu, la monade universelle, la Monade des monades. De ces considérations, Vico a tiré une Science et une Philosophie de l'Histoire. Ce pourrait être un exercice amusant de prendre Scipion et de l'étiqueter comme n° 3 ; cela n'est pas d'une importance fondamentale. Ce qui est d'une importance fondamentale, c'est de reconnaître que le passage de Scipion à César est tout aussi inévitable que le passage de César à Tibère, puisque les fleurs de la corruption chez Scipion et César sont les germes de la vitalité chez César et Tibère. De la sorte, nous avons le spectacle d'une progression humaine dont le mouvement dépend des individus et qui est tout à la fois indépendante des individus en vertu de ce qui apparaît comme une cyclicité préordonnée. Il s'ensuit que l'Histoire ne doit être considérée ni comme une structure sans forme, due exclusivement aux accomplissements d'agents individuels, ni comme possédant une réalité distincte et indépendante de ceux-ci, qui s'accomplirait derrière leur dos et en dépit d'eux, l'œuvre de quelque force supérieure, connue diversement sous les noms de Hasard, Fortune, Dieu. Ces deux perspectives, matérialiste et transcendantale, Vico les rejette en faveur d'une perspective rationnelle. L'individualité est la concrétion de l'universalité, et chaque action individuelle est en même temps supra-individuelle. L'individuel et l'universel ne peuvent pas être considérés comme distincts l'un de l'autre. L'Histoire n'est donc pas le résultat du Destin ou du

5. Voir *Ulysse*, première réplique de l'épisode « Ithaque » : « La corde de tout cercle étant inférieure à l'arc qu'elle sous-tend. »

Hasard – dans ces deux cas l'individu serait séparé de ce qu'il produit – mais le résultat d'une Nécessité qui n'est pas le Destin, ou d'une Liberté qui n'est pas le Hasard (comparez avec le «joug de la liberté» de Dante). Cette force, il l'a appelée Divine Providence, avec, semble-t-il, une bonne dose d'ironie. Et c'est à cette Providence que nous devons faire remonter les trois institutions communes à toutes les sociétés: l'Église, le Mariage, l'Enterrement. Ce n'est pas là la Providence de Bossuet, transcendante et miraculeuse, mais immanente, et la chose même dont est faite la vie humaine, œuvrant par des voies naturelles. L'Humanité est en elle-même son œuvre. Dieu agit sur elle, mais en se servant d'elle. L'Humanité est divine, mais aucun homme n'est divin. Cette classification sociale et historique a de toute évidence été adaptée par M. Joyce pour sa commodité – ou incommodité – structurelle. Sa position n'est d'aucune façon philosophique. C'est l'attitude détachée de Stephen Dedalus dans le *Portrait de l'artiste*... où ce dernier décrit Épictète au Maître d'Études comme un «vieux monsieur qui a dit que l'âme ressemble fort à un seau d'eau».[6] La lampe est plus importante que l'allumeur de lampe. Quand je dis structurel, je ne veux pas seulement parler d'une division intrépide vers l'extérieur, d'une structure nue où loger des matériaux. Je veux parler des variations substantielles sans fin sur ces trois rythmes, un entrelacs intérieur de ces trois thèmes pour former un décor d'arabesques – un décor et davantage qu'un décor. La Première Partie est une masse d'ombre du passé, correspondant en conséquence à la première institution humaine de Vico, la Religion, où à son âge Théocratique, ou plus simplement à une abstraction – la Naissance. La Deuxième Partie est l'amourjeu des enfants, correspondant à la deuxième institution, le Mariage, ou à l'âge Héroïque, ou à une abstraction – la Maturité. La Troisième Partie a lieu pendant le sommeil, correspondant à la troisième institution, l'Enterrement, ou à l'âge Humain, ou à une abstraction – la Corruption. La Quatrième Partie est le jour qui recommence, et correspond à la Providence de Vico, ou à une abstraction – la Génération. M. Joyce ne considère pas la naissance comme un acquis ainsi que Vico semble l'avoir fait. Voilà pour la structure. La conscience qu'il y a beaucoup de l'enfant non né chez l'octogénaire inanimé, et beaucoup des deux chez l'homme à l'apogée de la courbe de sa vie, écarte toute la rigidité de l'inter-exclusivité qui est souvent le danger d'une construction trop belle. La corruption n'est pas exclue de la Première Partie, ni la maturité de la Troisième Partie. Les quatre «*lovedroyd curdinals*»[7] sont présentés sur le même plan – «*his element curdinal numen and his enement curdinal marrying and his epulent curdinal weisswasch and his eminent curdinal Kay o' Kay!*».[8] On trouve de nombreuses références aux quatre institutions humaines de Vico – et la Providence est comptée comme l'une d'entre elles! «*A good clap, a fore wedding, a bad wake, tell hell's well*»:[9] «*their weatherings and their marryings and their buryings and their natural selections*»:[10] «*the lightning look, the birding cry, awe from the grave, ever-flowing on our times*»:[11] «*by four hands of forethought the first babe of reconcilement is laid in its last cradle of hume sweet hume.*»[12]

6. J. Joyce, *Portrait de l'artiste en jeune homme*, précédé de *Portrait de l'artiste*, trad. de l'anglais par L. Savitsky, Paris, Gallimard, coll. «Folio Classiques», 1992, p. 276.
7. «Caillerdinaux et namourés» [*FW*, p. 282].
8. «Son élément caillerdinal noumène et son élénavement caillerdinal mariant et son épulant caillerdinal weisswasch et son éminent caillerdinal Kay o' Kay!» [*FW*, p. 282].
9. «Une bonne craque, un mariage retôt, une mauvaise veillée, jusqu'à l'en faire bien» [*FW*, p. 117].
10. «Leurs érosions et leurs mariages et leurs enterrements et leurs sélections naturelles» [*FW*, p. 117].
11. «Le regard éclair, le cri oiseleur, terreur depuis la tombe, flot-continu dans notre temps» [*FW*, p. 117].
12. «Par quatre mains de prévoyance couchant le premier bébé de réconciliation dans son dernier berceau de l'humble hume chez-soi» [*FW*, p. 80].

Excepté cette insistance sur les commodités tangibles communes à l'Humanité, nous trouvons de fréquentes expressions de l'insistance de Vico sur le caractère inévitable de chaque progression – ou rétrogression : «*The Vico road goes round to meet where terms begin. Still onappealed to by the cycles and onappalled by the recoursers, we feel all serene, never you fret, as regards our dutyful cask.* [...] *before there was a man at all in Ireland there was a lord at Lucan. We only wish everyone was as sure of anything in this watery world as we are of everything in the newlywet fellow that's bound to follow.* [...]»[13] «*The efferfreshpainted livy in beautific repose upon the silence of the dead from Pharoph the next first down to ramescheckles the last bust thing.*»[14] «*In fact, under the close eyes of the inspectors the traits featuring the chiaroscuro coalesce, their contrarieties eliminated, in one stable somebody similarly as by the providential warring of heartshaker with housebreaker and of dramdrinker against freethinker our social something bowls along bumpily, experiencing a jolting series of prearranged disappointments, down the long lane of (it's as semper as oxhousehumper) generations, more generations and still more generations*»[15] – cette dernière citation, un exemple rare de subjectivisme chez M. Joyce. En bref, ici on trouve toute l'humanité tournant avec une monotonie mortelle autour du pivot de la Providence – le «*convoy wheeled encirculing abound the gigantig's lifetree*».[16] Nous en avons dit suffisamment, ou en tout cas nous en avons suffisamment suggéré, afin de montrer la présence importante de Vico dans *Work in Progress*. En passant à la Poétique de Vico, nous espérons établir un lien plus frappant encore, quoique moins direct.

Vico rejetait les trois interprétations populaires de l'esprit poétique, lesquelles considéraient la poésie comme soit l'expression populaire et ingénieuse des conceptions philosophiques, soit un amusant divertissement social, soit une science exacte accessible à toute personne qui en posséderait la recette. La Poésie, dit-il, est née de la curiosité, fille de l'ignorance. Les premiers hommes ont dû créer la matière par la force de leur imagination, et «poète» signifie «créateur». La Poésie était la première opération de l'esprit humain et sans elle la pensée ne pourrait pas exister. Les Barbares, incapables d'analyse et d'abstraction, doivent utiliser leur fantaisie pour expliquer ce que leur raison ne peut comprendre. Avant l'articulation vient le chant ; avant les termes abstraits, les métaphores. Le caractère figuratif de la plus ancienne poésie doit être perçu, non comme une fabrication sophistiquée, mais comme la preuve d'un vocabulaire frappé de pauvreté et d'une incapacité à parvenir à l'abstraction. La Poésie est essentiellement l'antithèse de la Métaphysique : la Métaphysique purge l'esprit des sens et cultive la désincarnation du spirituel ; la Poésie est toute de passion et de sentiment et elle anime l'inanimé ; la Métaphysique est la plus parfaite quand elle se préoccupe des universaux ; la Poésie, quand elle se préoccupe des singularités. Les poètes sont le sens, les philosophes, l'intelligence de l'humanité. Si l'on prend en compte l'axiome scolastique : «*niente è nell'intelletto che prima non sia nel senso*»,[17] il s'ensuit que la poésie est une condition première de la philosophie et de la civilisation.

13. «La Vico road tourne pour retourner où les termes commencent. Toujours enappelé par les cycles et enappété par les recourseurs, nous sommes tout à fait sereins, ne vous faites pas de bile, en ce qui concerne notre bâche dévouée. [...] avant même qu'il y eût un seul homme en Irlande il y avait un seigneur à Lucan. Nous aimerions seulement être aussi sûr de quoiquecesoit dans ce monde aqueux que nous le sommes de ce qui dans le type jeunemouillé ne peut qu'advenir. [...]» [*FW*, p. 452].

14. «La 'tite vie treffraîchepeinte, en repos beautifique, au-dessus du silence des morts, de Pharoph le derniervenu jusqu'à ramsesquialtère hantépénultième» [*FW*, p. 452].

15. «En fait, sous les yeux clos des inspecteurs les traits figurant le chiaroscuro coalescent, leurs contrariétés éliminées, dans une stable quelqu'un de même comme par conflit providentiel de secoucœur avec cambriocœur et de grosbuveur contre librepenseur notre quelque chose social tressaute rouéroule, subissant une série de cahots de déceptions préarrangées, sur le long sentier des (c'est aussi semper qu'écurigoleur) générations, plus de générations et encore plus de générations» [*FW*, p. 107].

16. Le «convoi roule encerculant à l'entour de l'arbrevie du gigantique» [*FW*, p. 55].

17. «Il n'y a rien dans l'intellect qui ne fut d'abord dans les sens.»

Le mouvement animiste primitif était une manifestation de la «*forma poetica dello spirito*».

Son traitement de l'origine du langage suit des lignes semblables. Ici encore, il rejette les points de vue matérialistes et transcendantaux; celui qui déclare que le langage n'est qu'un symbolisme respectueux et conventionnel; celui qui, en désespoir de cause, le décrit comme un don des Dieux. Comme précédemment, Vico est rationaliste, conscient de la croissance naturelle et inévitable du langage. Dans sa forme première, muette, le langage était geste. Si un homme voulait dire «mer», il indiquait la mer. Avec la progression de l'animisme, ce geste a été remplacé par le mot: «Neptune». Vico attire notre attention sur le fait que chaque nécessité de la vie, naturelle, morale et économique, trouve son expression verbale dans l'une ou l'autre des 30 000 divinités grecques. C'est là le «langage des Dieux» d'Homère. Son évolution à travers la poésie jusqu'à devenir un véhicule extrêmement civilisé, riche en termes abstraits et techniques, était tout aussi peu fortuite que l'évolution de la société elle-même. Les mots ont leur progression tout autant que les étapes sociales. «Forêt-cabane-village-cité-académie» est une progression approximative. Une autre progression pourrait être: «montagne-plaine-berge de rivière». Et chaque mot se déploie avec une inévitabilité psychologique. Prenez le mot latin: «*Lex*».

1. *Lex* = Récolte de glands.
2. *Ilex* = Arbre qui produit des glands.
3. *Legere* = Amasser.
4. *Aquilex* = Celui qui amasse l'eau.
5. *Lex* = Rassemblement de peuples, assemblée publique.
6. *Lex* = Loi.
7. *Legere* = Assembler des lettres en un mot, lire.

On peut faire remonter la racine de n'importe quel mot à quelque symbole prélangagier. Cette incapacité, au début de l'humanité, à abstraire le général à partir du particulier, produisit les Noms-types. On retrouve là l'esprit enfantin. L'enfant étend le nom des premiers objets familiers à d'autres objets étranges dans lesquels il a conscience de voir une analogie. Les premiers hommes, incapables de concevoir l'idée abstraite de «poète» ou de «héros», nommèrent tous les héros d'après le premier héros, tous les poètes d'après le premier poète. Si nous reconnaissons cette coutume qui consiste à désigner un certain nombre d'individus à l'aide du nom de leur prototype, nous sommes capables d'expliquer divers mystères classiques et mythologiques. Hermès est le prototype de l'inventeur égyptien: de même pour Romulus, le grand législateur, et de même pour Hercule, le héros grec: de même pour Homère. De la sorte, Vico affirme la spontanéité du langage et nie le dualisme de la poésie et du langage. De la même façon, la poésie est le fondement du l'écriture. Quand le langage était fait de gestes, les langages parlé et écrit étaient identiques. Les hiéroglyphes, ou langage sacré, comme il les appelle, n'étaient pas une invention de philosophes pour l'expression mystérieuse de pensées profondes, mais une nécessité commune aux peuples primitifs. La commodité ne commence à s'affirmer que lors d'une étape bien plus avancée de la civilisation, sous la forme de l'alphabétisme. Ici, Vico, en tout cas implicitement, fait une distinction entre écriture et expression directe. Dans une telle expression directe, forme et contenu sont inséparables. Comme exemples, nous avons les médailles du Moyen Âge, qui ne portaient pas d'inscription et étaient un témoignage muet de la faiblesse de l'écriture alphabétique traditionnelle : ainsi que les drapeaux d'aujourd'hui. Comme avec la Poésie et le Langage, de même avec le Mythe. Le Mythe, selon Vico, n'est ni une expression allégorique d'axiomes philosophiques généraux (Conti, Bacon), ni quelque chose dérivant de certains peuples, comme par exemple les Hébreux et les Égyptiens, ni encore l'œuvre de poètes isolés, mais une formulation historique de faits, de phénomènes contemporains réels, réels au sens où ils furent créés du fait d'une nécessité par des esprits primitifs, et que ceux-ci y croyaient fermement. L'Allégorie implique une opération intellectuelle à trois strates : la construction d'un message de signification générale, la préparation d'une forme fabuleuse, et un exercice d'une considérable difficulté technique qui est d'unir les deux, une opération absolument hors de portée de l'esprit primitif. En outre, si nous considérons le mythe comme étant essentiellement allégorique, nous ne sommes pas obligés d'accepter la forme sous laquelle il est transmis en tant que formulation de fait. Mais nous savons que les créateurs réels de ces mythes avaient une foi totale en leur valeur nominale. Jupiter n'était certainement pas un symbole : il était terriblement réel. C'est précisément leur caractère métaphorique superficiel qui les a rendus intelligibles à des gens qui étaient incapables de recevoir tout ce qui est plus abstrait que l'enregistrement simple de l'objectivité.

Telle est l'exposition douloureuse du traitement dynamique du Langage, de la Poésie et du Mythe par Vico. Il peut toujours paraître mystique à quelques-uns : dans ce cas, c'est un mystique qui rejette le transcendantal sous toutes ses formes comme facteur du développement humain, et dont la Providence n'est pas suffisamment divine pour agir sans la coopération de l'Humanité.

En nous tournant vers le *Work in Progress*, nous nous apercevons que le miroir n'est pas aussi convexe qu'on aurait pu le croire. Voici une expression directe – sur des pages et des pages. Et si vous ne la comprenez pas, Mesdames et Messieurs, c'est parce que vous êtes trop décadents pour la recevoir. Vous n'êtes satisfaits que lorsque la forme est si fortement séparée du contenu que vous pouvez comprendre l'un sans vous soucier de lire l'autre. Écrémer et absorber rapidement la bien maigre crème de sens devient possible grâce à ce que je pourrais appeler un processus continu de copieuse salivation intellectuelle. La forme, qui est un phénomène arbitraire et indépendant, ne peut remplir de fonction plus élevée que celle d'un stimulus pour un réflexe conditionné tertiaire ou quaternaire de compréhension baveuse.

Quand Miss Rebecca West part en guerre et s'élève contre l'élément narcissique chez M. Joyce en achetant 3 chapeaux,[18] on pourrait penser qu'elle devrait porter son bavoir à tous ses banquets intellectuels, ou, autrement, qu'elle devrait parvenir à un contrôle plus remarquable de ses glandes salivaires que ne peuvent le faire les pauvres chiens de Monsieur Pavlov. Le titre de ce livre est un bon exemple d'une forme contenant une détermination interne stricte. Elle devrait être à l'épreuve de la salve habituelle de ricanements cérébraux : et elle pourrait suggérer à certains une douzaine de Josué incrédules en maraude près du Queen's Hall faisant vibrer leur diapason contre des ongles qui n'ont pas encore été raffinés au point de disparaître de l'existence.[19] M. Joyce a un mot à vous dire sur ce sujet : « *Yet to concentrate solely on the literal sense or even the psychological content of any document to the sore neglect of the enveloping facts themselves circumstantiating it is just as harmful* » ;[20] etc. Et un autre : « *Who in his heart doubts either that the facts of feminine clothiering are there all the time or that the feminine fiction, stranger than the facts, is there also at the same time, only a little to the rere? Or that one may be separated from the other? Or that both may be contemplated simultaneously? Or that each may be taken up in turn and considered apart from the other?* »[21]

Ici la forme *est* contenu, le contenu *est* forme. Vous vous plaignez que ce truc n'est pas écrit en anglais. Il n'est pas écrit du tout. Il n'est pas là pour être lu – ou plutôt il n'est pas là seulement pour être lu. Il doit être regardé et écouté. Son écriture n'est pas *au sujet* de quelque chose ; *elle est ce quelque chose même.* (Un fait qu'a compris un romancier et historien anglais éminent dont l'œuvre est en opposition totale avec celle de M. Joyce.[22]) Quand le sens est le sommeil, les mots s'endorment. (Voir la fin de *Anna Livia*.) Quand le sens danse, les mots dansent. Prenez le passage à la fin de la pastorale de Shaun : « *To stirr up love's young fizz I tilt with this bridle's cup champagne, dimming douce from her peepair of hide-seeks tight squeezed on my snowybreasted and while my pearlies in their sparkling wisdom are nippling her bubblets I swear (and let you swear) by the bumper round of my poor old snaggletooth's solidbowel I ne'er will prove I'm untrue to (theare!) your liking so long as my hole looks. Down.* »[23] La langue est ivre. Les mots eux-mêmes sont inclinés et effervescents. Comment qualifier cette vigilance esthétique générale sans laquelle nous ne pouvons pas espérer piéger le sens qui ne cesse de remonter vers la surface de la forme et devient la forme elle-même ? Saint Augustin nous a mis sur la piste d'un mot avec son « *intendere* », Dante a : « *donne ch'avete intelletto d'amore* »,[24] et « *Voi che, intendendo, il terzo ciel movete* » ;[25] mais son « *intendere* » suggère une opération strictement intellectuelle. Lorsqu'un Italien dit aujourd'hui « *Ho inteso* », il veut dire quelque chose entre « *Ho udito* » et « *Ho capito* », un art brouillon sensuel de l'intellection. Il se peut que « *apprehension* » soit le mot anglais le plus satisfaisant. Stephen dit à Lynch : « *Temporal or spatial, the esthetic image is first luminously apprehended as selfbounded and selfcontained upon the immeasurable background of space or time which is not it.* [...] *You apprehend its wholeness.* »[26] Il y a un point à préciser : la Beauté de *Work in Progress* n'est pas présentée seulement dans l'espace, car son

18. Rebecca West, « The Strange Necessity », dans *The Strange Necessity. Essays and Reviews*, Garden City (N.Y.), Doubleday / Doran, 1928.
19. Allusion à une phrase de Stephen Dedalus dans le *Portrait de l'artiste en jeune homme* où l'artiste est comparé au Dieu de la création en train de se couper les ongles, indifférent à son œuvre.
20. « Pourtant se concentrer uniquement sur le sens littéral ou même le contenu psychologique de tout document en grandement négligeant les faits enveloppants eux-mêmes qui les circonstancient est tout aussi nocif » [*FW*, p. 109].
21. « Qui dans son cœur douterait que les faits de la vesture féminine sont là en permanence ou que la fiction féminine, plus étrange que les faits, est aussi présente en même temps, mais un peu à la rieur ? Ou que l'une puisse être séparée de l'autre ? Ou que les deux puissent être contemplées simultanément ? Ou que chacune puisse être prise à son tour et considérée en dehors de l'autre ? » [*FW*, p. 109].
22. Sans doute H. G. Wells, qui avait écrit un article élogieux sur le *Portrait de l'artiste en jeune homme* dans *The New Republic* (10 mars 1917).
23. « Pour remuer la jeune mousse de l'amour j'incline la coupe champagne avec la rènemarié, doucéteinte depuis sa voyeurepaire de cache-cache, fortserrée sur mon seineigeux et tandis que mes petites perles, dans leur sagesse bouillonnante, taquinent ses bubulles je jure (et vous laisse jurer) par la pleine rasade de la pauvre dentordue de mes dures entrailles que je ne serai jamais infidèle (na na na) à votre penchant tant que mon aspect tient. Couché » [*FW*, p. 462].
24. « Dames qui avez entendement d'amour » (Dante, *Vie nouvelle*, XIX, 1, trad. de l'italien par C. Bec, dans *Œuvres complètes*, Paris, Le Livre de poche, coll. « La Pochotèque », 1996, p. 48).
25. « Vous dont l'esprit meut le troisième ciel » (Id., *Banquet*, II, Première Chanson, *ibid.*, p. 211).

appréhension correcte dépend tout autant de sa visibilité que de son audibilité. Substituez «*and*» à «*or*» dans la citation et vous comprendrez de toute évidence pourquoi parler de «lire» *Work in Progress* est tout aussi inadéquat que de parler d'«appréhender» l'œuvre de feu M. Nat Gould.[27] M. Joyce a désophistiqué le langage. Et il vaut la peine d'ajouter qu'aucune langue n'est aussi sophistiquée que l'anglais. Il a été abstrait à mort. Prenez le mot «*doubt*»: il ne nous donne pas vraiment une impression sensuelle d'hésitation, de la nécessité d'un choix, d'une irrésolution statique. Alors que c'est ce que fait le mot allemand «*Zweifel*», ainsi que, à un degré moindre, le mot italien «*dubitare*». M. Joyce reconnaît à quel point «*doubt*» est inadéquat à exprimer un état d'incertitude extrême, et le remplace par «*in twosome twiminds*».[28] Et il n'est pas le premier à reconnaître à quel point il est important de traiter les mots comme un peu plus que de simples symboles respectueux. Shakespeare utilise des mots gras, graisseux pour exprimer la corruption: «*Duller shouldst thou be than the fat weed that rots itself in death on Lethe wharf.*»[29] Nous entendons le bruit de succion de la vase d'un bout à l'autre de la description de la Tamise par Dickens dans *Les Grandes Espérances*. Cette écriture que vous trouvez tellement obscure est une parfaite extraction de langage et de peinture et de geste, avec toute la clarté inévitable de l'ancienne inarticulation. Ici nous trouvons l'économie sauvage des hiéroglyphes. Ici les mots ne sont pas les contorsions respectueuses de l'encre d'imprimerie du XXe siècle. Ils sont vivants. Ils se frayent un chemin vers la page, et ils luisent et flamboient et se fanent et disparaissent. «*Brawn is my name and broad is my nature and I've breit on my brow and all's right with every feature and I'll brune this bird or Brown Bess's bung's gone bandy.*»[30] C'est Brawn qui passe parmi les arbres dans une légère rafale de vent ou Brawn qui s'en va avec le coucher de soleil. Comme le vent dans les arbres ne signifie pour vous pas plus que le panorama du soir depuis la Piazzale Michelangiolo – bien que vous les acceptiez tous les deux parce que votre refus de les accepter n'aurait aucun sens, cette petite aventure de Brawn n'a aucun sens pour vous – et vous ne l'acceptez pas, et pourtant ici également votre refus de l'accepter n'a aucun sens. H. C. Earwigger, lui aussi, ne se contente pas d'être mentionné comme un vaurien à trois-francs-six-sous, pour ensuite disparaître jusqu'à ce que les nécessités du récit exigent qu'on fasse de nouveau référence à lui. Il continue à suggérer sa présence pendant quelques pages, au moyen des permutations répétées de ses «*normative letters*»,[31] comme pour dire: «Tout ça parle de moi, H. C. Earwigger: n'oubliez pas que tout ça parle de moi!» Cette vitalité élémentaire interne et cette corruption de l'expression font passer une agitation furieuse dans la forme, et sont admirablement ajustées à l'aspect purgatorial de l'œuvre. Il y a là une germination, une maturation, une putréfaction verbales sans fin, le dynamisme cyclique de l'intermédiaire. Cette réduction des divers médias expressifs à leur caractère économique et primitif direct, ainsi que la fusion de ces essences primales en un média assimilé pour extérioriser la pensée, est du pur Vico, et du Vico appliqué au problème du style. Mais Vico se retrouve là bien plus explicitement que par la distillation

26. «[…] temporelle ou spatiale, l'image esthétique est d'abord lumineusement perçue comme un tout bien délimité sur le fond sans mesure de l'espace ou du temps, qui n'est pas cette image. […] Tu appréhendes son intégralité» (J. Joyce, *Portrait de l'artiste en jeune homme…*, *op. cit.*, p. 308).

27. Auteur anglais prolifique (1857-1919). Ses 130 romans parlent surtout de courses de chevaux.

28. «Savoudeux doublesprits» [*FW*, p. 188].

29. «Et tu serais plus indolent que l'herbe grasse / Qui prend nonchalamment racine aux berges du Léthé» (William Shakespeare, *Hamlet*, I, V, 32-33, dans *Shakespeare. Tragédies*, trad. de l'anglais par J.-M. Déprats, Paris, Gallimard, «Bibliothèque de la Pléiade», 2002, p. 733). La citation exacte est «*And duller shouldst thou be than the fat weed / That roots itself in ease on Lethe wharf*».

30. «Brawn est mon nom et bravache est ma nature et freude est sur mon front et tout va bien pour chaque trait et je branderai cette poulette ou les toupes de Chatte Posse un peu gauchies» [*FW*, p. 187].

31. «Lettres normatives» [*FW*, p. 32].

d'ingrédients poétiques disparates en un sirop synthétique. Nous remarquons qu'il n'y a pas ou peu de tentative de subjectivisme ou d'abstraction, pas de tentative de généralisation métaphysique. On nous présente une affirmation du particulier. C'est le vieux mythe : la fille sur le chemin de campagne, les deux lavandières sur les berges du fleuve. Et il y a beaucoup d'animisme : la montagne «*abhearing*»,[32] le fleuve [«] *puffing her old doudheen* [»].[33] (Voir le très beau passage qui commence par : «*First she let her hair fall down and it flussed*».[34]) Nous avons des Noms-types : Isolde – n'importe quelle belle fille : Earwigger – la brasserie Guinness, le monument Wellington, le Phoenix Park, tout ce qui se trouve dans la très confortable position d'être entre deux chaises. Anna Livia elle-même, mère de Dublin, mais pas plus l'unique mère que Zoroastre ne fut le seul astronome oriental. «*Teems of times and happy returns. The same anew. Ordovico or viricordo. Anna was, Livia is, Plurabelle's to be. Northmen's thing made Southfolk's place but howmultyplurators made eachone in person?*»[35] Basta ! Vico et Bruno sont là, et bien plus considérablement qu'il ne le paraît après ce rapide survol de la question. Pour le bénéfice de ceux qui apprécient un ricanement entre parenthèses, nous attirons leur attention sur le fait que, quand M. Joyce publia un de ses premiers pamphlets, *The Day of Rabblement*, les philosophes du coin se sont retrouvés dans un état de grande perplexité devant une référence, sur la première ligne, à «The Nolan». Ils sont finalement parvenus à identifier ce personnage mystérieux comme étant l'un des plus obscurs rois de l'ancienne Irlande. Dans l'œuvre dont nous parlons ici, il apparaît fréquemment en tant que «Browne & Nolan», le nom d'une librairie-papeterie très remarquable de Dublin.

Afin de justifier notre titre, il nous faut partir vers le Nord, «*Sovra'l bel fiume d'Arno alla gran villa*»[36]... Entre «*colui per lo cui verso – il meonio cantor non è più solo*»[37] et le «*still to-day insufficiently malestimated notesnatcher, Shem the Penman*»,[38] il existe une similitude circonstancielle considérable. Tous les deux ont vu à quel point le langage conventionnel des artificiers littéraires rusés était éculé et rebattu, tous les deux rejetaient l'idée d'une approximation à un langage universel. Si l'anglais n'est pas encore définitivement une nécessité respectueuse comme l'était le latin au Moyen Âge, nous sommes cependant en droit d'affirmer que sa position vis-à-vis des autres langues européennes est en grande partie celle du latin médiéval vis-à-vis des dialectes italiens. Dante n'a pas adopté la langue vulgaire en raison d'un nationalisme local ni parce qu'il était déterminé à revendiquer la supériorité du toscan sur tous ses rivaux en tant que forme de la langue parlée italienne. À la lecture de son *De vulgari eloquentia*, nous sommes frappés par la liberté totale qu'il manifeste devant l'intolérance civique. Il attaque les Portadowniens[39] du monde : «*Nam quicumque tam obscenae rationis est, ut locum suae nationis delitosissimum credat esse sub sole, huic etiam prae cunctis proprium vulgare licetur, idest maternam locutionem* [...]. *Nos autem, cui mundus est patria*»,[40] etc. Lorsqu'il en vient à examiner les dialectes, il trouve le toscan : «*turpissimum* [...] *fere omnes Tusci in suo turpiloquio obtusi* [...] *non restat in dubio quin aliud sit vulgare quod quaerimus quam quod attin-*

32. «Déteste en entendant» [*FW*, p. 23].

33. «Tirant bouffées de sa pipe» [*FW*, p. 200].

34. «D'abord elle dénoua ses cheveux et ils fluxèrent» [*FW*, p. 206].

35. «Abonbenz des ages, bienheureux retours. Paraleillement. Ordivico et viricordo. Anna fut, Livie est, Plurabelle sera. Le Thing des nordiques céda platz au sudvolk, mais combien bien d'incestre pour faire chaque seul nous?» (J. Joyce, *Finnegans Wake* [traduction de 1928 par S. Beckett et A. Péron]).

36. «Sur le beau fleuve Arno, dans la grande cité» (Dante, «L'Enfer», XXIII, dans *La Divine Comédie*, trad. de l'italien par J. Risset, Paris, Flammarion, 1985-1990, p. 213).

37. «Celui auprès de qui le chantre de Méonie n'est plus seul» (Giacomo Leopardi, *Canti*, II, «Sopra il monumento di Dante» [traduction du traducteur]).

38. «Encore aujourd'hui insuffisamment malestimé, le notepiqueur, Shem the Penman» [*FW*, p. 125].

39. Portadown est une des nombreuses villes d'Irlande du Nord où tous les ans, le 12 juillet, se déroulent des défilés orangistes, les protestants y sont particulièrement bigots et chauvins.

40. «Car quiconque raisonne d'assez piètre façon pour croire que le lieu le plus délicieux sous le soleil est celui de sa naissance, celui-là estime par-dessus tous autres aussi son propre vulgaire, c'est-à-dire son parler maternel, et partant cuide que ce fut là le propre langage d'Adam [...]. Mais moi, dont la patrie est le monde [...]» (Dante, *De l'éloquence en langue vulgaire* [*De Vulgari Eloquentia*],

git populus Tuscanorum.»[41] Sa conclusion est que la corruption commune à tous les dialectes rend impossible la sélection de l'un d'entre eux comme forme littéraire adéquate et que celui qui voudrait écrire dans la langue vulgaire doit assembler les plus purs éléments de chaque dialecte et construire une langue synthétique qui possèderait au moins davantage qu'un intérêt local limité : ce qui est précisément ce qu'il fit. Il n'écrivit pas plus en florentin qu'en napolitain. Il écrivit dans une langue vulgaire qui *aurait* pu être parlée par un Italien idéal qui aurait assimilé ce qu'il y avait de meilleur dans tous les dialectes de son pays, mais une langue qui en fait n'était pas parlée et ne l'avait jamais été. Ce qui élimine l'objection principale qui pourrait être faite à l'encontre de ce parallélisme séduisant entre Dante et M. Joyce sur la question du langage, c'est-à-dire que, au moins, Dante écrivait dans la langue qui se parlait dans les rues de sa ville, alors qu'aucune des créatures des cieux ou de la terre n'a jamais parlé le langage de *Work in Progress*. Nous pouvons raisonnablement admettre qu'un individu phénoménal et international pourrait se montrer capable de le parler, tout comme, en 1300, seul un individu phénoménal et interrégional aurait pu parler le langage de *La Divine Comédie*. Nous avons tendance à oublier que le public littéraire de Dante était latin, que la forme de son Poème était jugée par des yeux et des oreilles latines, par une Esthétique latine hostile à toute innovation et qui n'aurait certainement pas manqué de s'offusquer de la substitution de «*Nel mezzo del cammin di nostra vita*»,[42] avec sa franchise «barbare», à l'élégance mielleuse de : «*Ultima regna canam, fluido contermina mundo*»,[43] exactement comme les yeux et les oreilles anglais préfèrent : «*Smoking his favourite pipe in the sacred presence of ladies*» à «*Rauking his flavourite turfco in the smukking precincts of lydias*».[44] Boccace n'a pas ironisé sur le «*piedi sozzi*»[45] du paon dont avait rêvé la Signora Alighieri.

Il y a deux chapeaux bien faits dans le *Convivio*, l'un a la taille de la tronche collective des Arcadiens monodialectiques dont la fureur est condensée par leur incapacité à trouver «*innoce-free*»[46] dans le Concise Oxford Dictionary et qui qualifient de «*ravings of a Bedlamite*»[47] la structure formelle érigée par M. Joyce après des années d'un travail patient et inspiré : «*Questi sono da chiamare pecore, e non uomini ; chè se una pecora si gittasse da una ripa di mille passi, tutte l'altre le adrebbono dietro ; e se una pecore a per alcuna cagione al passare d'una strada salta, tutte le altre saltano, eziandio nulla veggendo da saltare. E io ne vidi già molte in uno pozzo saltare per una che dentro vi salto, forse credendo di saltare un muro.*»[48] L'autre est pour M. Joyce, biologiste des mots : «*Questo* (innovation formelle) *sarà luce nuova, sole nuovo, il quale sorgerà ore l'usato tramonterà e darà luce a coloro che sono in tenebre e in oscurità per lo usato sole che a loro non luce.*»[49] Et, de peur qu'il s'en couvre les yeux et rie sous cape, je traduis «*in tenebre e in oscurità*» par «s'ennuyant à mort». (Dante commet une curieuse erreur en parlant de l'origine du langage lorsqu'il rejette l'autorité de la Genèse, qui dit qu'Ève fut la première à parler quand elle parla au Serpent. Son incrédulité est amusante : «*inconvenienter putatur tam egregium humani generis actum, vel prius quam a viro, foemina profluisse*».[50] Mais avant que naquît

I, VI, 2 et 3, dans *Dante. Œuvres complètes*, trad. de l'italien par A. Pézard, Paris, Gallimard, «Bibliothèque de la Pléiade», 1965, p. 559).

41. «[Turpidissime] […] bien que presque tous les Toscans aient les oreilles cassées de leur propre patois […]. Il n'est plus douteux que le vulgaire dont nous sommes en quête est tout autre chose que celui où peut atteindre le peuple toscan) (*ibid.*, I, XIII, 2, p. 579-580).

42. «Au milieu du chemin de notre vie» (Dante, «L'Enfer», I, *op. cit.*, p. 27).

43. «Le chant du règne ultime, le fluide contaminé du monde» (vers latins attribués à Dante par Boccace dans son *Trattatello in laude di Dante*, XXVI [traduction de M. Cariou]).

44. La phrase conventionnelle, «Fumant sa pipe préférée en la présence sacrée des dames», devient chez Joyce : «Rauching sa favoromatique turkvo dans l'enceinte frumante des lydias» [*FW*, p. 294].

45. «*Sozzi piedi*», «pattes crasseuses» (Boccace, *Trattatello in laude di Dante*, XXIX [traduction du traducteur]).

46. «Innoce-libre» [*FW*, p. 204].

47. «Divagations d'un aliéné.»

48. «Ceux-là ne valent pas tant le nom d'hommes que de moutons : qu'une seule brebis vienne à se jeter d'une falaise de mille pieds de haut, toutes les autres suivront ; et s'il prend à une brebis la lubie de sauter d'une piste à l'autre, toutes les autres sauteront, quand bien même il n'y aurait nul chemin. Et pour une qui croyant sauter un mur saute au fond d'un puits, combien en ai-je vu emboîter le pas» (Dante, *Convivio*, I, XI, 9-10 [traduction de B. Desroches]).

49. «Ceci sera la nouvelle lumière, le soleil neuf, qui se lèvera et se couchera comme d'habitude et donnera vie et couleur à ceux qui sont dans le néant obscur d'un astre qui ne les éclaire plus» (*ibid.*, I, XIII, 12 [traduction de B. Desroches]).

50. «[…] imaginer qu'un acte aussi glorieux du genre humain n'ait pas pris source dans l'homme plutôt que la femme, c'est inconvenance» (Dante, *De l'éloquence en langue vulgaire*, I, IV, 3, *op. cit.*, p. 556).

Ève, «Adam donna leurs noms aux animaux», Adam, qui fut le «premier à dire oua à une oie». En outre, il est dit explicitement que le choix des noms avait été confié exclusivement à Adam, de sorte qu'il n'existe aucune source biblique mentionnant que la conception du langage serait un don direct de Dieu, pas plus qu'il n'existe de source intellectuelle pour l'idée selon laquelle nous serions redevables, pour le *Concert*, à l'individu qui achetait habituellement les pigments pour Giorgione.)

Nous en savons très peu sur la réception immédiate accordée à la puissante défense de la langue «vulgaire», mais nous pouvons forger notre propre opinion quand, deux siècles plus tard, nous rencontrons Castiglione coupant plus d'un cheveu en quatre à propos des avantages respectifs du latin et de l'italien, et Poliziano rédigeant la plus plate des plates Élégies latines afin de justifier son existence en tant qu'auteur de l'*Orfeo* et des *Stanze*. Nous pourrions également comparer, si nous pensions que cela en vaut la peine, la tempête d'insultes ecclésiastiques soulevée par l'œuvre de M. Joyce, avec le traitement que *La Divine Comédie* avait certainement subi de la part de la même institution. Sa Sainteté Contemporaine aurait pu avaler la crucifixion de «*Lo sommo Giove*»,[51] et tout ce qu'elle représentait, mais il est difficile de croire qu'elle a regardé avec approbation le spectacle de trois de ses prédécesseurs immédiats plongés tête la première dans la pierre embrasée de Malebolge, ni même l'identification de la Papauté dans la procession mystique du Paradis terrestre à une «*puttana sciolta*».[52] Le *De Monarchia* fut brûlé publiquement à l'époque du pape Giovanni XXII sur la demande du cardinal Beltrando et les ossements de son auteur auraient enduré le même sort sans l'intervention d'un homme de lettres influent, Pino della Tosa. Un autre point de comparaison est l'intérêt pour la signification des nombres. La mort de Béatrice lui inspira rien moins qu'un poème d'une immense complexité traitant de l'importance du nombre 3 dans la vie de celle-ci. Dante n'a jamais cessé d'être obsédé par ce nombre. Ainsi le poème est divisé en trois *Cantiche*, chacun composé de 33 *Canti*, et écrit en *terza rima*. Pourquoi, semble demander M. Joyce, devrait-il y avoir quatre pieds à une table, quatre jambes à un cheval, et quatre saisons, et quatre Évangiles et quatre Provinces en Irlande? Pourquoi douze Tables de la Loi, et douze Apôtres et douze maréchaux napoléoniens et douze hommes à Florence répondant au nom d'Ottolenghi? Pourquoi l'Armistice doit-il être célébré la onzième heure du onzième jour du onzième mois? Il ne peut pas vous le dire parce qu'il n'est pas Dieu Tout-Puissant, mais dans mille ans il vous le dira et, entre-temps, il faut se contenter de savoir pourquoi les chevaux n'ont ni cinq jambes ni trois. Il est conscient que les choses qui possèdent une caractéristique numérique commune tendent à avoir des liens d'une grande signification. Cette préoccupation est librement traduite dans l'œuvre en question, voir le chapitre des «Questions et Réponses», et les Quatre qui parlent à travers le cerveau de l'enfant. Il existe les quatre vents tout comme il existe les quatre Provinces, et les quatre Sièges Épiscopaux tout comme les premiers et les seconds.

51. «Jupiter souverain» (Id., «L'Enfer», XXXI, *op. cit.*, p.285).
52. «Une putain demi-nue» (Id., «Le Purgatoire», XXXII, dans *La Divine Comédie*, *op. cit.*, p.303).

Un dernier mot à propos des Purgatoires. Celui de Dante est conique et implique, en conséquence, la culmination. Celui de M. Joyce est sphérique et exclut la culmination. Chez l'un, on trouve une ascension de la végétation réelle – Ante-Purgatoire – à la végétation idéale – le Paradis terrestre : chez l'autre, il n'y a pas d'ascension ni de végétation idéale. Chez l'un, une progression absolue et un apogée garanti : chez l'autre, un flux – progression ou rétrogression, et un apogée apparent. Chez l'un, le mouvement est unidirectionnel et un pas en avant représente une véritable avancée : chez l'autre, le mouvement est non directionnel – ou multidirectionnel, et un pas en avant est, par définition, un pas en arrière. Le Paradis terrestre de Dante est l'entrée des carrosses d'un Paradis qui n'est pas terrestre : le Paradis terrestre de M. Joyce est l'entrée de service qui donne sur le bord de mer. Le péché est un obstacle au mouvement qui monte le long du cône, et une condition pour le mouvement autour de la sphère. Dans quel sens, alors, l'œuvre de M. Joyce est-elle purgatoriale ? Par l'absence absolue de l'Absolu. L'Enfer est l'absence statique de vie d'une méchanceté que rien ne soulage. Le Paradis, l'absence statique de vie d'une immaculation que rien ne soulage. Le Purgatoire est une inondation de mouvement et de vitalité déclenchée par la conjonction de ces deux éléments. Un processus purgatorial continu est à l'œuvre, au sens où le cercle vicieux de l'humanité s'accomplit, et où cet accomplissement dépend de la prévalence récurrente de l'une des deux qualités importantes. Pas de résistance, pas d'éruption, et ce n'est qu'en Enfer et au Paradis qu'il n'y a pas d'éruption, qu'il ne peut pas y en avoir, qu'il n'est pas nécessaire qu'il y en ait. Sur cette terre qui est un Purgatoire, le Vice et la Vertu – que vous pouvez interpréter comme signifiant n'importe quelle paire de facteurs humains contraires – doivent à leur tour être purgés vers le bas, vers les esprits de rébellion. Alors la croûte dominante du Vicieux et du Vertueux se solidifie, une résistance prend forme, l'explosion a lieu comme il se doit et la machine avance. Et rien d'autre que ça ; ni prime ni pénalisation ; simplement une série de stimulations qui permettent au chaton d'attraper sa queue. Et l'agent partiellement purgatorial ? Partiellement purgé.

Texte
paru dans
Ruby Cohn (éd.), *Disjecta. Miscellaneous Writings and a Dramatic Fragment*,
Londres, John Calder, 1983,
p. 19-33.

*Traduit
de l'anglais par Bernard
Hœpffner*

9/7/37 6 Clare Street
Dublin
IFS

Cher Axel Kaun!

Tous mes remerciements pour votre lettre. J'étais sur le point de vous écrire quand elle est arrivée. J'ai dû alors partir en voyage, comme le timbre mâle de Ringelnatz,[2] quoique dans des circonstances moins passionnées.

Le mieux est de vous dire immédiatement et sans ambages que Ringelnatz, à mon avis, ne vaut pas grand-chose. Vous ne serez sans doute pas plus déçu de m'entendre vous le dire que je ne l'ai été de le constater.

J'ai lu les 3 volumes, j'ai choisi 23 poèmes et j'en ai traduit 2 à titre d'exemple. Il est certain que le peu qu'ils ont nécessairement perdu alors doit être évalué en fonction de ce qu'ils avaient à perdre, et je dois dire que j'ai trouvé ce coefficient de dégradation plutôt insignifiant, même là où Ringelnatz se montre davantage poète et moins coolie de la rime.

Il ne faut pas du tout en conclure qu'un Ringelnatz traduit ne susciterait pas d'intérêt ni ne trouverait de succès auprès du public anglais. Mais à cet égard je suis totalement incapable de porter un jugement puisque les réactions du public, petit ou grand, me sont de plus en plus incompréhensibles et, ce qui est encore pire, elles m'importent très peu. Car je ne parviens pas à me débarrasser de l'opposition naïve, pour le moins en ce qui concerne la littérature, selon laquelle une chose soit en vaut la peine soit ne la vaut pas. Et s'il nous faut à tout prix gagner de l'argent, gagnons-le ailleurs.

Je ne doute point que Ringelnatz, en tant qu'être humain, ait été d'un intérêt exceptionnel. En tant que poète, cependant, il semble avoir partagé l'avis de Goethe : *Mieux vaut écrire RIEN que ne pas écrire*. Mais sans doute même le conseiller privé aurait-il autorisé le traducteur à se sentir indigne de ce grand cacoéthès.[3]

Je serais heureux de vous expliquer mon exécration de la fureur rimailleuse de Ringelnatz quand vous désirerez mieux la comprendre. Mais pour l'instant je vais vous ménager. Peut-être n'appréciez-vous pas plus que moi les oraisons funèbres.

De la même manière, je pourrais également vous indiquer quels poèmes j'ai choisis et vous envoyer les exemples de traduction.

Je suis toujours heureux de recevoir une lettre de vous. Écrivez-moi aussi fréquemment et abondamment que possible. Êtes-vous certain de vouloir que je fasse de même en anglais? Vous ennuyez-vous autant en lisant mes lettres en allemand que moi quand j'en rédige une en anglais? Je serais désolé si vous deviez avoir le sentiment qu'il y a entre nous un contrat que je n'honore pas. Une réponse sera la bienvenue.

1. Beckett rencontra le traducteur Axel Kaun lors de son voyage en Allemagne (septembre 1936-avril 1937), et ce dernier suggéra qu'il traduise Joachim Ringelnatz. Dans la deuxième partie de cette lettre, Beckett donne en quelques phrases ce qui semble être son credo sur la langue et la communication, credo qu'il a plus tard répudié comme n'étant que «de la foutaise en allemand». Au cours de ce voyage en Allemagne, Beckett remplit six carnets de notes, lesquels contiennent beaucoup de descriptions de peintures qui, selon James Knowlson, lui ont servi plus tard pour ses mises en scène. (Toutes les notes de bas de page sont du traducteur.)

2. Joachim Ringelnatz est le pseudonyme de Hans Bötticher (1893-1934). Le petit poème «Le timbre mâle» joue sur *Briefmark*, timbre, féminin en allemand, léché par une Princesse

3. Manie d'écrire, verbosité, mot tiré de Juvénal, Satire VII, vers 52 : «*insanabile scribendi cacoethes*».

Il m'est en fait de plus en plus difficile, absurde même, d'écrire dans un anglais officiel. Et ma propre langue m'apparaît de plus en plus comme un voile qu'il faut déchirer afin d'atteindre les choses cachées derrière (ou le rien caché derrière). Grammaire et style. J'ai l'impression qu'ils sont devenus tout aussi caducs qu'un costume de bain Biedermeier ou que l'imperturbabilité d'un gentleman. Un masque. Espérons que viendra le temps, Dieu soit loué, il est déjà venu dans certains cercles, où le langage sera utilisé au mieux là où il est malmené avec le plus d'efficacité. Comme nous ne pouvons pas le supprimer d'un seul coup, tâchons au moins de le discréditer. Y forer un trou après l'autre jusqu'à ce que ce qui est tapi derrière lui, que ce soit quelque chose ou rien, commence à suinter – je ne peux pas imaginer de but plus élevé pour un écrivain d'aujourd'hui.

Sinon, faut-il que la littérature suive seule les chemins de l'ancienne paresse depuis longtemps délaissés par la musique et la peinture ? Y a-t-il quelque chose de sacré et de paralysant dans le côté monstrueux du mot qui ne se trouve pas dans les éléments des autres arts ? Existe-t-il une seule raison qui explique pourquoi la matérialité terriblement arbitraire de la surface des mots ne peut pas se dissoudre, comme par exemple la surface sonore de la *Septième Symphonie* de Beethoven dévorée par d'immenses pauses sombres, de sorte que sur des pages entières nous ne pouvons percevoir autre chose qu'un vertigineux chemin de sons reliant des abîmes insondables de silence ? Une réponse sera la bienvenue.

Je sais qu'il existe des personnes, des personnes sensibles et intelligentes, qui ne déplorent pas l'absence de silences. Je ne peux m'empêcher de supposer qu'elles sont dures d'oreille. Car dans la forêt des symboles, qui n'en sont pas, les petits oiseaux de l'interprétation, qui n'en est pas une, ne sont jamais silencieux.

Naturellement, il nous faut pour l'instant nous contenter de peu. Tout d'abord, il s'agit simplement d'inventer une méthode quelconque nous permettant de représenter par des mots cette posture ironique face au mot. C'est dans cette dissonance entre les moyens et l'utilisation que nous pourrons peut-être sentir un souffle de cette musique ultime ou de ce silence qui est à la base de tout.

À mon avis, la toute dernière œuvre de Joyce n'a absolument rien à voir avec un tel programme. Il semble que chez lui on se trouve plutôt en présence d'une apothéose du mot. À moins que l'ascension au ciel et la descente aux enfers ne soient qu'une seule et même chose. Comme il serait beau de pouvoir croire qu'il en est ainsi. Mais pour l'instant nous allons nous en tenir à l'intention.

Il se peut fort bien que les logographes de Gertrude Stein soient plus proches de ce que j'ai en tête. Au moins la trame de la langue est-elle devenue poreuse, même si c'est malheureusement dû au hasard, et d'ailleurs plus ou moins la conséquence d'une technique semblable à la pratique de Feininger. La malheureuse dame (vit-elle encore?) est sans aucun doute toujours amoureuse de son véhicule, même s'il faut accepter que ce n'est qu'à la façon dont un mathématicien l'est de ses chiffres, pour qui la solution du problème est d'un intérêt secondaire et doit même lui apparaître que comme terrible car elle sonne le glas des chiffres. Relier cette méthode à celle de Joyce, comme c'est la mode aujourd'hui, me paraît tout aussi absurde que la tentative, dont je ne sais encore rien, de comparer le nominalisme (au sens scolastique) au réalisme. Sur la route de cette littérature du non-mot que je désire tellement, il est possible qu'une certaine forme d'ironie nominaliste soit une étape nécessaire. Mais cela ne suffit pas, que le jeu perde un peu de sa gravité sacrée. Il doit cesser. Agissons donc comme ce mathématicien fou (?) qui utilisait un nouveau principe de mesure à chaque stade de son calcul. Les mots se lançant à l'attaque au nom de la beauté.

Entre-temps, je ne fais rien du tout. De temps en temps seulement, j'ai la consolation de me laisser aller malgré moi à pécher contre une langue étrangère, comme j'aimerais tant le faire de propos délibéré contre la mienne propre – et comme je le ferai – *Deo juvante*.

Cordiales salutations

Dois-je vous renvoyer le volume de Ringelnatz?

Existe-t-il une traduction anglaise de Trakl?

Texte
paru dans
Ruby Cohn (éd.), *Disjecta. Miscellaneous Writings and a Dramatic Fragment*,
Londres, John Calder, 1983,
p. 51-54.

Traduit de l'allemand par Bernard Hœpffner

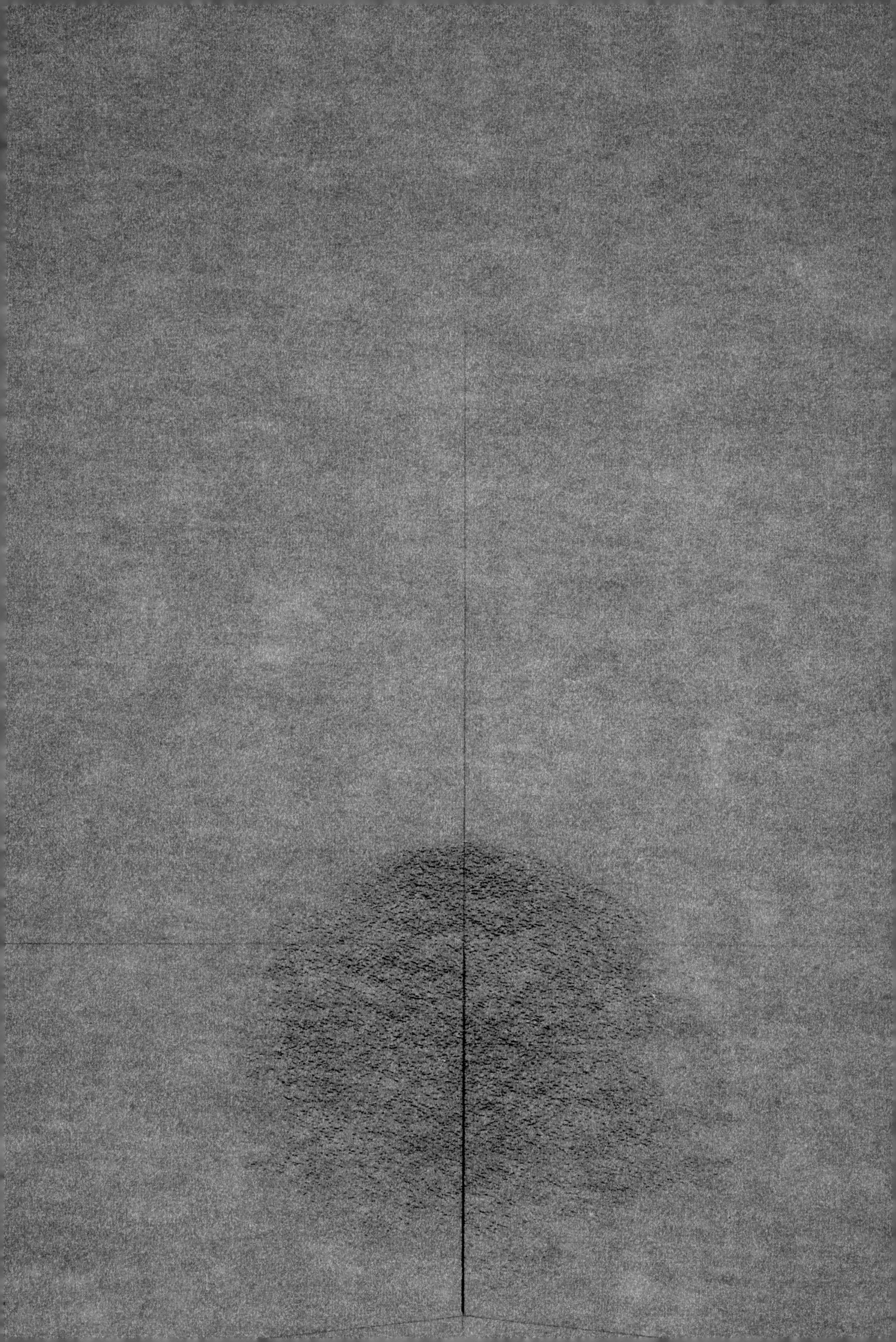

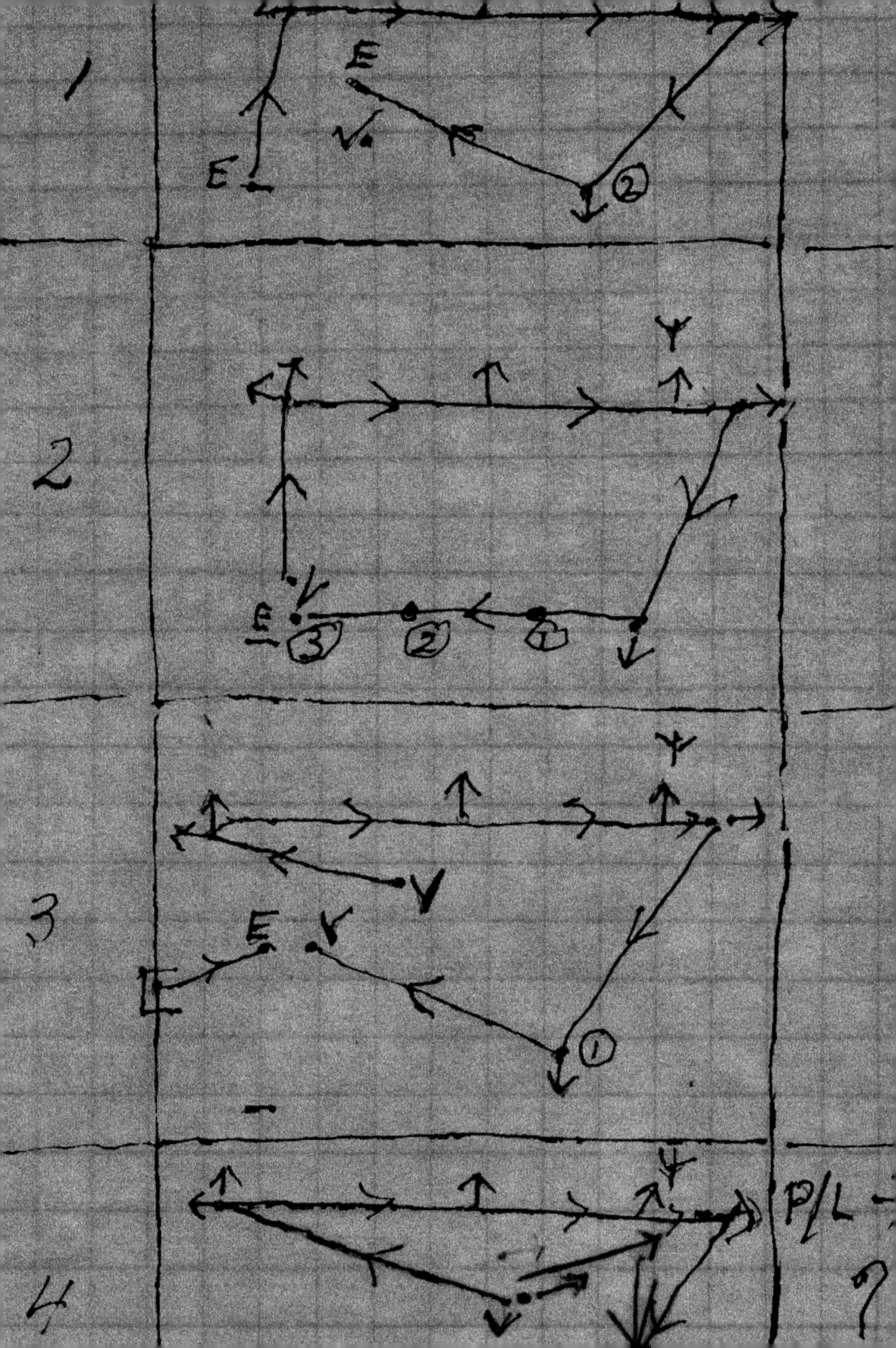
1
E
V
E
2
2
Y
E
3
2
1
3
Y
E
V
E
1
4
P/L

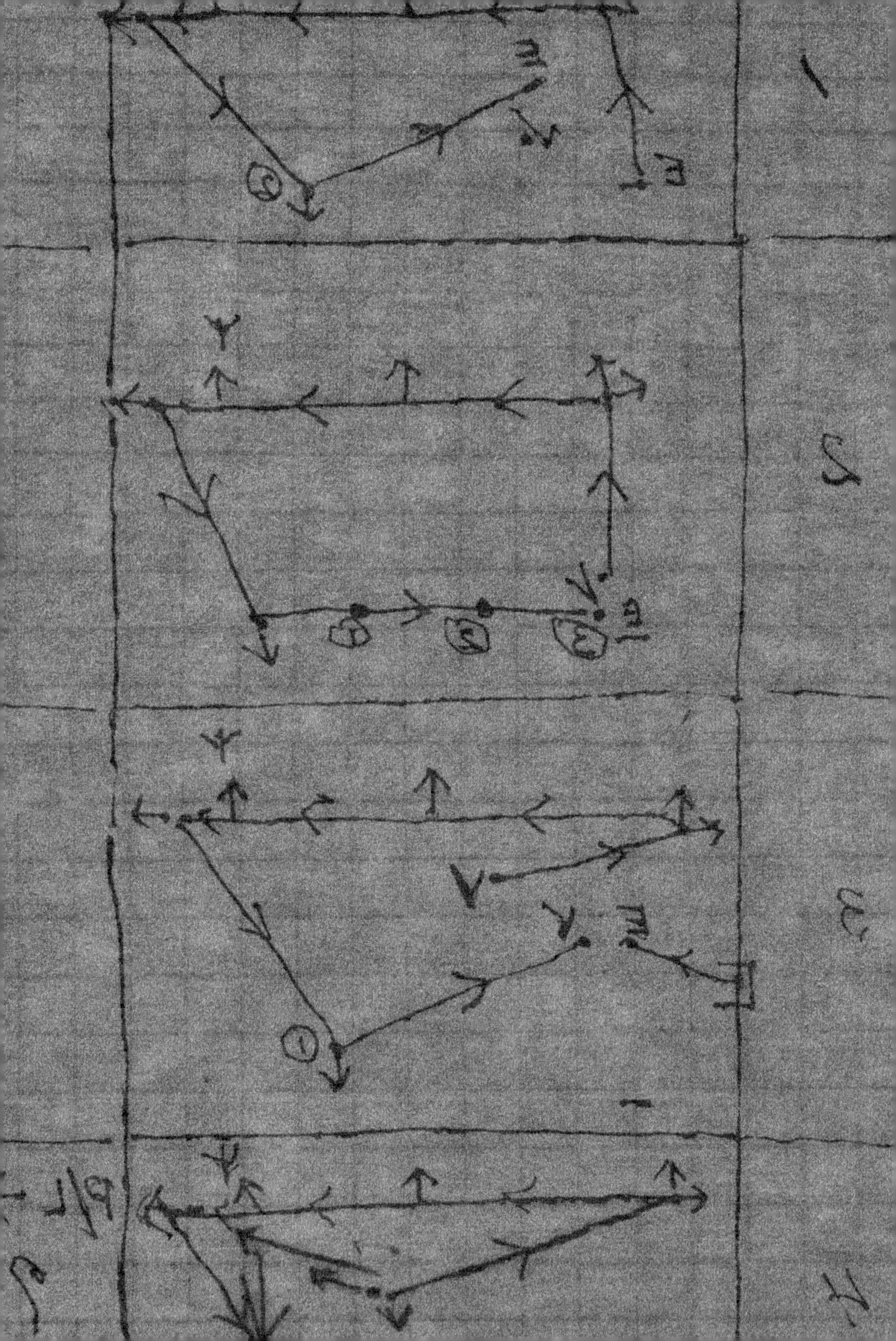

Suture

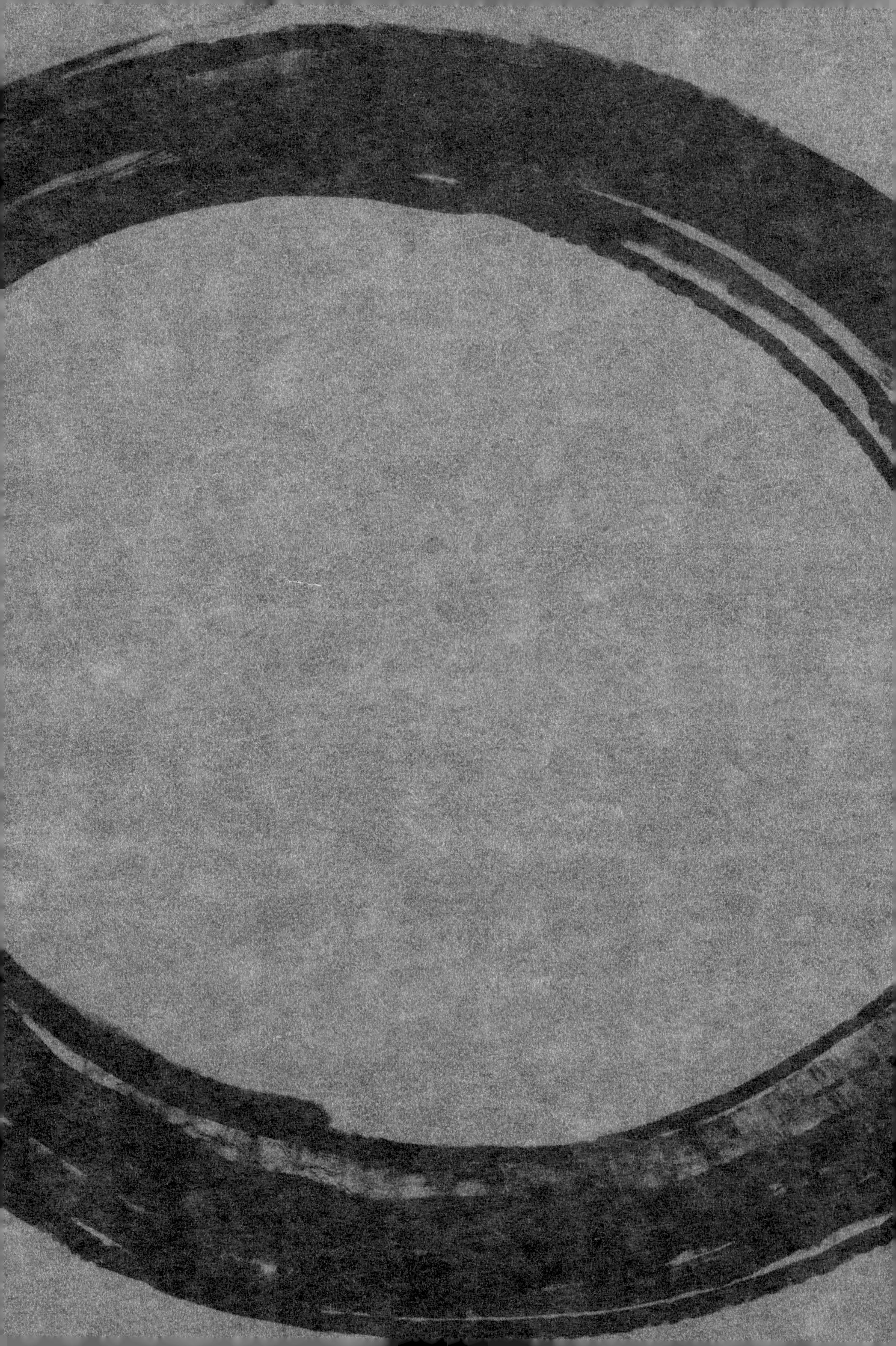

OUVRE-BOÎTE

BERGOUNIOUX

C'est un Allemand, Adorno, qui, dès 1949, prévient les écrivains qu'ils ne sauraient plus s'adonner sans péril à leur art, désormais: «Après Auschwitz, écrire un poème est barbare, et la connaissance exprimant pourquoi il est aujourd'hui devenu impossible d'écrire des poèmes en subit la corrosion.» Quelques années plus tard, il croit devoir réitérer l'avertissement: «Lorsqu'on parle des choses extrêmes, de la mort atroce, on éprouve une sorte de doute à l'égard de la forme, comme si celle-ci outrageait la souffrance en la réduisant impitoyablement à l'état de matériau mis à sa disposition.»

C'est un Irlandais, Samuel Beckett, qui va réaliser l'impossible: porter, ou maintenir, dans le registre formel hautement élaboré, en quoi la littérature, sous peine de n'être plus, doit consister, le visage abominable que le genre humain s'est découvert à la fin des hostilités.

Une constante des Temps modernes, en Europe, c'est que les événements majeurs trouvent invariablement un interprète à leur hauteur. Ce qu'on appelle le moi s'éveille simultanément de part et d'autre de la Manche. Montaigne en relève précautionneusement les contours tout au long des *Essais*, Shakespeare au hasard d'un monologue ou d'une querelle, dans *Hamlet* et ailleurs, par aperçus fulgurants. L'ego transcendantal naît, en Allemagne, de père français, bretteur de profession, mais c'est en Espagne que le désenchantement consubstantiel au projet rationnel reçoit, sous les espèces du chevalier Don Quichotte, une expression grandiose.

Le désastre, après cinq siècles, de l'aventure européenne affecte ses fondements de croyance et jusqu'aux moyens d'expression, jusqu'aux langues naturelles qui explicitent l'expérience. Ce qui s'est passé a jeté sur toute chose, et sur les mots eux-mêmes, une ombre et comme une souillure. Chercher le terme qui dira le mieux le crime, c'est minimiser le crime, détourner l'attention totale, sacrée, qu'il réclame au profit de questions techniques, verbales. Ce qu'annonce Adorno, c'est une détérioration nécessaire, consentie, du niveau formel auquel l'Europe s'était élevée, une éclipse partielle des énoncés qui commentaient sa marche triomphale depuis la Renaissance. Leur perfection insulterait à la tragédie sans exemple ni précédent dont ils seront l'écho et cette tragédie dénoncerait leur réussite comme manquement coupable à la considération tremblante, balbutiante, de ce qui a été.

La littérature est un mode ouvert, indéterminé, de conscience qui subsiste on ne sait comment – il lui appartient d'en administrer chaque fois la preuve – en marge tant du sens commun que des vérités rigoureuses que les sciences sociales proposent, depuis un siècle et plus, aux habitants des pays développés, des sociétés primitives, aussi, qui s'en seraient parfois très volontiers passé. Elle présuppose toutefois l'essentiel de ce qui est communément admis. Elle s'élève dans une large mesure sur le sol de l'évidence partagée, prend appui sur les prénotions du lecteur. Mais elle vaut d'autant moins qu'elle s'y réfère plus largement. Lorsqu'elle se confond avec elles, le livre nous tombe des mains.

Beckett est affreusement difficile, sa lecture, une épreuve bousculante, brisante. Il fait litière de ce que nous tenions pour acquis, et jusqu'aux fondements. Un univers différent, atroce et minable, invivable, supplante celui que nous habitions sans y faire réflexion, sans y voir malice, et cet univers *tient*. Il est très solidement bâti d'abjections et de débris, d'épaves, d'aberrations, d'insanités. Les personnages, les objets, les agissements, les pensées sont ceux qu'on peut observer en périphérie de la civilisation urbaine, sur les terrains vagues, les dépôts d'ordures, les champs d'épandage, dans les hôpitaux, les squats, les hospices de vieillards et les asiles de fous. Et si ces lieux de la déchéance physique et mentale sont différents, c'est qu'ils sont coextensifs, chez Beckett, à la totalité du monde. Celui-ci exclut les zones respirables, agréables, parfois, qui confèrent, par opposition, par contraste, leurs propriétés négatives à la maladie, aux déchets, à la déraison, etc. Il est sans issue ni horizon, sans reste, sans espoir.

À deux reprises, au moins, Beckett a largué toutes les amarres, créé, en marge de la création, des enclaves étrangères aux lois de notre monde mais pourvues d'une même cohérence, d'une égale nécessité. Ce sont *Le Dépeupleur* et *Comment c'est*. Le premier affiche nettement son caractère artificiel, quasi expérimental.

«C'est l'intérieur d'un cylindre surbaissé ayant cinquante mètres de pourtour et seize de haut pour l'harmonie. Lumière. Sa faiblesse. Son jaune. Son omniprésence [...]. Température. Une respiration plus lente la fait osciller entre chaud et froid. Elle passe de l'un à l'autre extrême en quatre secondes environ. [...] Sol et mur sont en caoutchouc dur ou similaire. [...] Échelles. Ce sont les seuls objets. [...] Il faut cependant du courage pour s'en servir. Car il leur manque à toutes la moitié des échelons et cela de façon peu harmonieuse.»[1]

Les conditions de température, de luminosité de cet espace clos sont déprimantes mais constantes dans leurs variations, donc calculables, prévisibles. Les occupants ont un but, un seul, qui leur prescrit leur étude, leur souci: occuper, au moyen des échelles, une des niches creusées dans la paroi et dont le nombre est, naturellement, très inférieur à celui des concurrents. Pareil lieu rappelle certains sites du complexe militaro-industriel, silos, casemates et abris

1. Samuel Beckett, *Le Dépeupleur*, Paris, Les Éditions de Minuit, 1970, p. 7-9.

antiatomiques, parkings souterrains, fours à peinture, chambres de décompression ou de confinement, navettes spatiales. Quant à la rivalité pour investir les niches pariétales, c'est, réduite à l'absurde, la lutte hobbesienne de tous contre tous dans la société d'échange généralisé. On lit *Le Dépeupleur* comme on observerait, derrière une vitre blindée, un exercice en milieu hostile, dans l'axe vertical.

Comment c'est se déroule à l'air libre et à l'horizontale, uniquement. À la différence des cobayes aux lèvres parcheminées qui gravissent leurs échelles incomplètes avec l'acharnement frénétique de rats de laboratoire, le héros-narrateur, qui est aussi l'unique personnage, se meut dans la boue qui recouvre tout. Bon mathématicien, ferme logicien, raisonneur infatigable, quoique l'asthénie physique le tienne couché, ses capacités intellectuelles font sa misère et son tourment. L'univers où elles s'exercent est si pauvre, lui-même si seul et démuni que ses hypothèses sont vouées à rester sans réponse, ses énoncés inadéquats non seulement au monde où il agit, aux actes qu'il effectue, mais à eux-mêmes. Pourtant – et en cela réside le tour de force –, ils s'élèvent encore, toujours, de la fange dans laquelle plonge le bas du visage du rampeur, pour constater leur propre insuffisance, tenter d'y remédier, reprendre ce qui ne va pas, n'ira jamais. Et c'est ainsi qu'un texte sourd des prémisses dévastées, à peu près anéanties, dont Adorno a signalées qu'elles étaient celles, après 1945, sur lesquelles il n'était plus permis de ne pas écrire. Le discours mutilé, sommaire, féroce, ratiocinant qui monte de la boue, en même temps qu'il accuse l'atteinte portée par le siècle au suprême attribut de l'homme, au langage articulé, accomplit, par son existence même et ses carences, le projet apparemment irréalisable de maintenir la littérature dans l'imperfection contrôlée, rigoureuse, parfaite ou la perfection dégradée, grossière, assumée que la réalité de son temps lui prescrivait.

Le type, donc, s'aidant alternativement du bras et de la jambe d'un même côté, avance à plat ventre. À son cou, un sac en toile de jute à moitié pourri, contenant des conserves (rien que des sardines et des miettes de thon, ni viande ni légumes) et l'ouvre-boîte. Sa mémoire ancienne est à peu près effacée – un bouquet de marguerites dans une chambre d'hôpital, les papillons dont il découpait les ailes en rubans avant de rendre sa liberté au corps ainsi atrophié... Seuls et obsédants souvenirs : ceux de Pim, autre homme du même âge, pareillement vieux, grabataire et loqueteux, autre lui-même, lui-même vu et torturé par un tiers, qu'il a rencontré, un jour, dans sa reptation, persécuté pendant un laps de temps indéfini – « énorme » – avant qu'ils ne reprennent, chacun, son chemin séparé.

Si l'on adopte, provisoirement, les critères quantitatifs que les auteurs anglo-saxons appliquent à leurs travaux – une nouvelle de cinquante mille signes, un roman de deux cent mille –, la prouesse est incroyable. Avec, pour unique viatique, une uniforme et plane étendue de boue, un vieillard amoral, sadique et le souvenir qu'il garde d'un semblable aux tendances complémentaires, masochistes, Beckett avance. Que ce soit d'un mouvement homogène à celui du personnage, d'un amble grotesque – « jambe droite bras droit pousse tire dix mètres quinze mètres »[2] –, c'est sans importance. Non, c'est le comble de l'art que cette progression saccadée, par courts paragraphes plus ou moins avortés, pleins de redites et de renoncements, d'ellipses, équivoques parce que sans ponctuation, avec très peu de verbes et rarement conjugués, livrés à l'état brut, aux modes impersonnels et a-temporels de l'infinitif et du participe.

2. Id., *Comment c'est*, Paris, Les Éditions de Minuit, 1961, p. 39.

Et l'ouvre-boîte, dans l'affaire? Il porte le sceau d'infamie, la polyvalence perverse que l'âge dont Beckett fut le contemporain a imprimée aux agissements de l'espèce pensive, à toute chose. D'abord, son emploi strict, qui est de découper le couvercle des conserves – on ne sait d'où elles viennent, de toute éternité dans le sac ou éparses sur la trajectoire en ligne brisée du héros –, cet emploi se trouve compliqué par le fait que celui-ci a perdu le pouce droit, le doigt opposable qui caractérise, anatomiquement, l'humanité. Si Dupin, dans «Le double assassinat de la rue Morgue» de Poe, peut prouver que le meurtre a été commis par un orang-outan, c'est en montrant qu'il est impossible à un homme de placer son pouce à l'endroit où celui de l'assassin, d'un singe, donc, a laissé sa marque livide sur le cou de la victime.

Mais le principal usage de l'ouvre-boîte est tout autre, et des plus éminents. C'est un instrument de torture et, du même coup, l'opérateur de la parole.

«première leçon thème qu'il chante je lui enfonce mes ongles dans l'aisselle main droite aisselle droite il crie je les retire grand coup de poing sur le crâne son visage s'enfonce dans la boue il se tait fin de la première leçon repos»[3]

«le jour donc où griffé à l'aisselle au lieu de crier il chante le chant s'élève au présent ça repart au présent»[4]

«je retire mes ongles il continue le même air il me semble je suis assez musicien cette fois j'ai ça dans ma vie cette fois et cette fois au vol quelques mots yeux cieux amour ce dernier peut-être au pluriel aussi chic nous usons du même idiome c'est énorme»[5]

«[...] tout ça me tue je vais renoncer lorsque touché au rein un jour enfin il n'est pas bête seulement lent au lieu de crier il articule

3. *Ibid.*, p. 98.
4. *Ibid.*, p. 100.
5. *Ibid.*

hé vous moi quoi je ne hé vous moi quoi je ne ça va ça va j'ai compris coup sur le crâne c'est gagné [...]»[6]

«tableau des excitations de base un chante ongles dans l'aisselle deux parle fer de l'ouvre-boîte dans le cul trois stop coup de poing sur le crâne quatre plus fort manche de l'ouvre-boîte dans le rein»[7]

Le temps est le sens de nos existences. Aussi longtemps que des hommes survivront aux catastrophes naturelles ou aux entreprises criminelles qu'ils ne cessent de tramer les uns contre les autres, il leur faudra reprendre leur marche vers une fin qu'il leur appartient, à chaque instant, de fixer. Le siècle de Beckett fut sans doute le plus noir de l'histoire. La littérature a partie liée avec ce qui se passe et nous échappe parce que la conscience est toujours à la traîne de l'existence, de son tremblement, de son urgence. Elle a vocation à enregistrer les tendances sourdes, la teneur essentielle et cachée de l'heure qu'il est, à les porter dans cette clarté qui n'est que d'elle. Mais elle rétroagit sur la réalité qui lui a imposé son thème. Elle n'est pas sans pouvoir sur la vie qu'elle reflète. Témoin consterné d'un régression innommable, Beckett l'a dite, écrite avec une telle probité dans l'abjection, une si haute maîtrise des ressources avilies qui étaient tout ce qu'il restait, que la littérature s'est tenue, élevée – ou abaissée, c'est pareil – à la hauteur de son objet, du monde de l'après, de ce qui était arrivé. Je ne sais toujours pas ce que j'admire le plus, chez Beckett, de l'intelligence, du courage, de la générosité. C'est qu'il les possédait, sans doute, au même et suprême degré.

6. *Ibid.*, p. 107-108.
7. *Ibid.*, p. 108.

MISSING T

FEDERMAN

La première fois que j'ai entendu le mot Godot, c'était en 1956, le jour où j'ai vu *Waiting for Godot* à New York. Depuis 1956, j'ai dû voir plus de vingt représentations de *Godot*, en français, en anglais, et même en allemand, et une fois en polonais. Mais la première reste pour moi la plus mémorable, même si ce n'était pas la meilleure.

C'était le 22 avril 1956, neuf jours après l'anniversaire de Sam, quand j'ai entendu le mot Godot pour la première fois. Je me souviens de cette date parce que ce jour-là, je l'ai écrite dans le petit carnet noir que j'avais toujours avec moi pour ne pas oublier l'importance de ce jour. À l'époque, naïf et romantique comme j'étais, j'écrivais dans mon petit carnet ce que je ferais dans l'avenir. Je me faisais des promesses.

Le 22 avril 1956, j'ai aussi écrit dans mon carnet qu'un jour, j'écrirais un livre sur Beckett, même si je ne savais pas qui il était

Oui, je me suis fait cette promesse le jour ou j'ai vu la production de *Waiting for Godot* avec Bert Lahr jouant Estragon, E.G. Marshall jouant Vladimir, Kurt Krasner jouant Pozzo, et Alvin Epstein jouant Lucky. Je ne les oublierai jamais.

En sortant du ſpectacle, j'ai écrit dans mon petit carnet: *One day I'll write a book about this Thomas Becket guy.*

C'est exactement ce que j'ai écrit. J'ai encore ce petit carnet pour le prouver. *Un jour j'écrirai un livre sur ce mec Thomas Becket.* Beckett avec un seul T.

Des années plus tard, j'ai montré à Sam ce que j'avais écrit quand j'ai vu *Godot* pour la première fois. *Tu sais, Raymond*, qu'il m'a dit, toujours avec ce mince sourire plein de compréhension, *On le fait tout le temps. Beckett avec un seul T. Et on me colle toujours cet affreux prénom Thomas.*

Digression au sujet de Beckett avec un seul T. Au début de ma carrière académique, quand je me croyais encore critique, j'ai édité pour la maison d'édition Appleton-Century-Croft une petite anthologie de fiction expérimentale. Le livre s'appelait *Cinq nouvelles nouvelles*, avec des textes d'Alain Robbe-Grillet, Robert Pinget, J.M.G. Le Clézio, Boris Vian et Samuel Beckett. Très excité le jour de la parution du livre, je reçois un paquet avec dix exemplaires. Je l'ouvre immédiatement. À l'époque, la publication d'un nouveau livre me donnait encore grand plaisir et anxiété. Je sors un exemplaire de ce paquet et… je hurle. Horreur! Je ne peux croire ce que je vois. Je jette le livre par terre.

Je sors un autre livre du paquet pour vérifier. La même chose. Le nom de Samuel Beckett sur la couverture n'a qu'un seul T.

Je téléphone immédiatement chez Appleton-Century-Croft à New York pour leur indiquer l'erreur et demander qu'on la corrige avant que le livre soit distribué.

Trop tard, me dit la personne au téléphone. Nous avons déjà imprimé 10000 exemplaires du livre qui ont été expédiés chez les diffuseurs. Je crie, je gueule dans le téléphone, j'insulte même la personne au bout du fil, une jeune fille à la voix nasillarde, lui disant que je ne permettrai pas que le livre soit vendu comme cela. Je ferai un scandale. Un procès.

La jeune fille au téléphone ne peut pas comprendre qu'on puisse se mettre tellement en colère pour un petit T à la fin d'un nom. Elle n'a aucune idée de qui est Beckett. Ce genre de choses arrive, qu'elle m'explique, dans le business des livres. Eh bien, que cela arrive à quelqu'un d'autre, je lui crie au téléphone.

L'éditeur en chef prend le téléphone pour confirmer que c'est trop tard, mais qu'il a une solution.

Il va faire imprimer un *little sticker*, une petite étiquette adhésive avec un T dessus. Ce T sera de la même dimension que les autres lettres, et il sera facile de le coller à la fin du nom de Monsieur Beckett.

J'étais furieux. Mais je ne pouvais rien faire. Seulement accepter cette misérable solution. Cette solution finale du T.

Quelques jours plus tard, je reçus dix *T-stickers*. Je ne les ai pas collés sur mes dix exemplaires. Je voulais montrer la pathétique incompétence des éditeurs.

J'ai envoyé une copie de ce livre à Sam. Il me remercia dans une note disant qu'il aimait assez *ce Becket bancal*.

Quand les exemplaires de ce livre arrivèrent dans les librairies, ils avaient tous ce *T-sticker* sur la couverture. Cela avait l'air tellement laid. Moche. Tellement pauvre.

Je devrais ajouter que la grande maison d'édition Appleton-Century-Croft fit banqueroute peu après la publication de *Cinq nouvelles nouvelles*. Je ne sais pas si mon livre en était la cause, mais je n'ai jamais reçu mes droits d'auteur, bien que le livre avec le *T-sticker* continuât à être vendu. Ce doit être maintenant un objet de collectionneur.

[*Fin de la digression du* T.]

En tout cas, c'est ce que j'ai écrit dans mon petit carnet le 22 avril 1956. *One day I'll write a book about this Thomas Becket guy.* Becket avec un seul T. Oui, il est vrai que le nom de Beckett a souvent été abusé. Lui-même dans *Eleutheria*, cette pièce en trois actes écrite entre 1947 et 1948, et qui resta inédite jusqu'en 1995, s'amuse avec son propre nom. Au troisième acte, quand un spectateur saute sur la scène en demandant, *Qui a fait ce navet?* Et après avoir consulté son programme il ajoute: *Beckett* (il dit: «Béquet»), *Samuel, Béquet, Béquet, ça doit être un juif groenlandais mâtiné d'Auvergnat.*

Je n'avais aucune idée de qui était Samuel Beckett quand j'ai vu *Waiting for Godot* pour la première fois. Et je n'ai absolument rien compris à ce qui se passait ou ne se passait pas sur la scène. Une pièce où rien se passe deux fois, comme l'a dit un certain critique hostile dans le *London Time*, qui lui non plus n'avait rien compris. Mais cela m'était égal. Car ce jour-là, j'ai ressenti quelque chose. Quelque chose comme une révélation. Pas une révélation très claire. Pas une révélation qui spécifiait le chemin que je devais suivre alors. Néanmoins, quelque chose glissa en moi pendant que je regardais les acteurs jouer sur scène. Oui, quelque chose glissa en moi. Ce glissement c'était un peu comme celui que Arsène avait ressenti un jour dans la maison de Monsieur Knott où les objets et les mots ne semblaient plus coïncider.

Voici comment Arsène explique cela à Watt: [...] *soudain quelque part il glissa quelque chose, un petit quelque chose, un infime quelque chose.* [...] *C'est ce genre de glissement que je ressentis* [...] *des millions de petites choses s'en allaient toutes ensemble de leur vieille place dans une nouvelle tout à côté, et sournoisement, comme si c'était défendu.*

C'est un glissement comme celui-là que j'ai ressenti pendant que j'attendais Godot avec ceux qui étaient au théâtre avec moi ce soir-là.

Ce soir-là, quand j'ai vu Lucky entrer en scène avec cette longue corde au cou qui disparaissait dans les coulisses, et que j'ai entendu quelqu'un lui crier *on pig* et que j'ai vu apparaître Pozzo – Pozzo le maître, le tyran avec son fouet à la main – ce soir-là, j'ai ressenti quelque chose qui changeait en moi.

Les yeux fixés sur cet étrange couple, sur ce troublant tableau, je me suis dit quel courage il a celui qui a écrit cette pièce. Quel culot il a de nous faire voir quelque chose de si horrible, de si affreux, et en même temps de nous faire rire.

What courage, what daring, what guts to show us something so horrible and yet make us laugh at the same time. Oui, j'ai dû me dire cela en anglais. Et ce soir-là, dans la salle de théâtre, j'ai entendu les gens rire autour de moi quand Lucky et Pozzo sont apparus sur le plateau, et moi aussi j'ai ri, et je me suis demandé, comme les autres dans la salle se sont sans doute aussi demandé, qui des deux était Godot? Pozzo ou Lucky? Mais bien sûr ni l'un ni l'autre n'était Godot. Godot ne viendra jamais. Mais cela, il m'a fallu des années pour le comprendre, même si, ce soir-là, j'ai confondu Samuel Beckett avec Thomas Becket.

BANC

CHEVILLARD

C'est une excellente chose, ces nouveaux bancs obliques sur les quais du métro parisien, très étroits, très glissants, si bien que la pauvre cloche n'a aucune chance non seulement de s'y étendre plus ou moins confortablement mais de s'y étendre même sans souci de confort, d'autant que la loque humaine, textile spongieux, comme on sait, a tendance à s'imbiber, ce qui nuit encore à son équilibre déjà affecté par l'âge et les douleurs, ce misérable étant rarement de première jeunesse, souvent un peu lourd, boiteux sinon quasi impotent, et grabataire, il ne demanderait pas mieux s'il lui était loisible de s'allonger, mais non, donc, puisque l'on a poussé le scrupule jusqu'à hisser la plupart de ces bancs à un mètre au-dessus du sol, de sorte que la pauvre cloche assez aventureuse pour tenter malgré tout l'escalade en vue de piquer là-haut un petit somme réparateur dérape inexorablement et dévale comme d'un gai toboggan sur le quai où elle s'effondre parmi ses sacs, une excellente chose, oui, une de ces belles idées qui germent dans les têtes fécondes, ces nouveaux bancs, une saine mesure qui a suffi à transformer la pauvre cloche en un quidam très correctement vêtu désormais, voire coquet, qui ventouse son petit cul délicat à cette escarpolette et déploie son journal. Un miracle de plan social. Ça marche donc, quelquefois.

Jamais longtemps. Notre homme, directeur des ressources humaines d'une fabrique de mines antipersonnel soudain délocalisée en Asie, se voit signifier son licenciement puis son expulsion du domicile conjugal, par voie de conséquence, alors se hâte vers l'abri du métro et tente à nouveau d'établir sa couchette sur ce banc haut perché mais pour chuter encore et dégringoler toujours plus bas dans la déchéance, jusqu'aux ultimes profondeurs.

Il me semble pourtant que Beckett saurait y coucher tendrement ses personnages et les border dans leur long manteau et qu'ils ne tarderaient pas, au prix de quelques contorsions et déboîtements, à faire leur lit douillet de cet appui-fesses dont l'inclinaison a été malicieusement calquée sur la pente du vide-ordures et de la rampe d'abattoir. Car, en raison même et à proportion de ses infirmités, le personnage beckettien, toujours en mouvement (alors que la paralysie incline toute personne raisonnable à l'immobilité), développe un sens de l'équilibre admirable. Vous bâillerez au numéro de l'antipodiste dansant sur son tapis de clous et de braises après l'avoir vu se mouvoir. Puis, quand la fatigue enfin vient à bout de sa remarquable résistance, il se laisse choir là où il se trouve, considérant que s'il n'est un endroit sur cette terre où l'on ne puisse durablement creuser sa tombe, il sera bien aisé de n'y faire que son lit. Mais certaines fois aussi, c'est un banc qui le reçoit, aussi prodigieux que le divan de la comtesse toujours opportunément là sous elle quand, par excès d'émotion amoureuse ou carence de fer dans le sang et pour un cercle de spectateurs choisis, elle s'évanouit.

Qu'il soit de bois ou de pierre, le banc est un modeste phénomène naturel favorable à l'homme. Il permet d'entrevoir ce qu'eût été un monde selon nos goûts et nos besoins. Voici un bon cheval qui a compris que l'on appréciait surtout sa large selle et très modérément le triple galop. L'homme compose avec lui un beau groupe équestre à l'écurie.

Quand nous n'avons plus rien, si, il nous reste le banc. Canapé-lit, salon et chambre, avec le vaste monde en terrasse. Telle est sa nature, hospitalière sans discrimination: souvent j'y ai vu le bonhomme de neige étalé de tout son long et si bien avachi qu'on ne distinguait plus ni sa tête ni ses membres.

Le personnage de *Premier amour*, sans feu ni lieu, élit naturellement domicile sur un banc, position couchette.

«C'était un banc très bien situé, adossé à un monceau de terre et de détritus durcis, de sorte que mes arrières étaient couverts. Mes flancs aussi, partiellement, grâce à deux arbres vénérables, et même morts, qui flanquaient le banc de part et d'autre. [...] Devant, à quelques mètres, le canal coulait, si les canaux coulent, moi je n'en sais rien, ce qui faisait que de ce côté-là non plus je ne risquais pas d'être surpris.»[1]

La position semble inexpugnable, en effet, tout comme celle de Watt, étendu lui aussi sur un banc, «ses sacs sous la tête et son chapeau sur le visage. Il se trouvait ainsi à l'abri de la lune, jusqu'à un certain point, et des beautés moindres de cette nuit splendide [...], veuf de toute pensée, de toute sensation».[2] Les temps sont rudes mais Beckett veille, dont on ne saura jamais comme il souffrit de compassion, qui rassemble plumes et brindilles et bâtit un nid, un berceau, pour le dormeur.

Il s'agit de réunir les meilleures conditions pour suspendre un moment le cours normal des avatars et des avanies. «La chose qui m'intéressait moi, lit-on dans *Premier amour*, [...] celle dont la disposition de ma carcasse n'était que le plus lointain et futile des reflets, c'était la supination cérébrale, l'assoupissement de l'idée de moi et de l'idée de ce petit résidu de vétilles empoisonnantes qu'on appelle le non-moi, et même le monde, par paresse.»[3] Cette béatitude péniblement gagnée va être perturbée et même pulvérisée par l'arrivée de Lulu qui s'assoit sur le banc et y prend de plus en plus de place, jusque dans les pensées de son occupant légitime. Celui-ci préfère quitter les lieux mais, irrésistiblement, il y revient, associant dès lors dans ses songeries la femme et le banc, «de sorte que parler du banc, tel qu'il m'apparaissait le soir, c'est parler d'elle, pour moi».[4] On ne connaît qu'une méthode pour se soulager de la hantise amoureuse: y céder. Il consent donc à suivre Lulu et s'installe chez elle, dans ses meubles, pourrait-on dire, s'il ne commençait par les évacuer un à un de la chambre qui lui échoit, à l'exception d'un sofa dont il tourne le côté ouvert contre le mur de manière à recréer, si l'on y regarde bien, les conditions idéales que lui offrait son banc et retrouver la paix: «[...] déjà je commençais à ne plus l'aimer. Oui, je me sentais déjà mieux, d'attaque presque pour les descentes lentes vers les longues submersions dont j'étais depuis si longtemps privé, par sa faute.»[5]

On attend beaucoup, chez Beckett. Usage du temps que le banc favorise ou encourage. Ce n'est pas pour rien qu'il est scellé au sol: on attend de pied ferme (parfois même sur des pattes de lion). Attente sans objet qui vaut pour elle-même; l'objet serait une distraction regrettable.

1. Samuel Beckett, *Premier amour*, Paris, Les Éditions de Minuit, 1970, p. 18.
2. Id., *Watt*, Paris, Les Éditions de Minuit, 1968, p. 241.
3. Id., *Premier amour*, *op. cit.*, p. 21.
4. *Ibid.*, p. 22.
5. *Ibid.*, p. 45-46.

«C'était un vieux banc, bas et usé. La nuque de Monsieur Hackett reposait contre l'unique traverse, au-dessous sa bosse jaillissait sans contrainte, ses pieds frôlaient le sol. Au bout des longs bras déployés ses mains serraient les accoudoirs, la canne accrochée à son cou pendait entre ses jambes.

«Ainsi mêlé à l'ombre il regardait passer les derniers trams, oh pas les tout derniers, mais presque, et au ciel, et à la calme surface du canal, les longs ors et verts du soir d'été.»[6]

On ne goûte pas souvent une telle quiétude dans l'œuvre de Beckett. Pas souvent non plus hors de son œuvre. Il est à remarquer que cette fois aussi coule (s'il coule) un canal devant le banc élu, canal ici redoublé par la circulation des trams: c'est que l'on jouit mieux encore de l'inébranlable stabilité du banc dans le trafic désespérément vain des choses animées. Tout passe, sauf moi. J'y suis, j'y reste. On ne se noie jamais deux fois dans le même canal mais on se couche toujours sur le même banc. Fidèle banquette, ponctuelle, avec ou sans rendez-vous, là où vous l'avez laissée, vous la retrouvez, à côté de quoi le sein d'une mère est une dune de sables mouvants.

«Mon banc était toujours à sa place»,[7] constate avec satisfaction le personnage de «La fin». «On l'avait creusé d'après les courbes du corps assis»,[8] ajoute-t-il, mais ce qu'il m'intéresse surtout de noter ici, c'est son emploi du possessif: «Mon banc». Pas de banc public pour le personnage beckettien pourtant peu sujet aux vanités du propriétaire et dont toutes les possessions tiennent ordinairement dans une poche percée. L'incipit de *Watt* épuise la question: «Monsieur Hackett prit à gauche et vit, à quelque distance de là, dans le demi-jour déclinant, son banc. Il semblait occupé. Ce banc, propriété sans doute de la ville, ou du public sans distinction, n'était certes pas à lui, mais pour lui il était à lui. C'était là l'attitude de Monsieur Hackett envers les choses qui lui plaisaient.»[9] Son banc est en effet occupé par un couple d'amoureux enlacés que Monsieur Hackett n'hésite pas à dénoncer à un agent (de la force publique) sous prétexte d'indécence, afin de récupérer son bien.

La plume de Beckett, vaillante, dure au mal, pour se délasser trace volontiers le mot *procrastination*. Figure de la gymnastique mentale dont Murphy ou Molloy sont les champions hors catégorie. Remettons la corvée à demain. Fort de cette fière devise, il n'est plus qu'à trouver un banc où s'étendre et demain sera toujours à venir.

6. S. Beckett, *Watt*, *op. cit.*, p. 9.
7. Id., «La fin», dans *Nouvelles et Textes pour rien*, Paris, Les Éditions de Minuit, 1958, p. 78.
8. *Ibid.*
9. S. Beckett, *Watt*, *op. cit.*, p. 7.

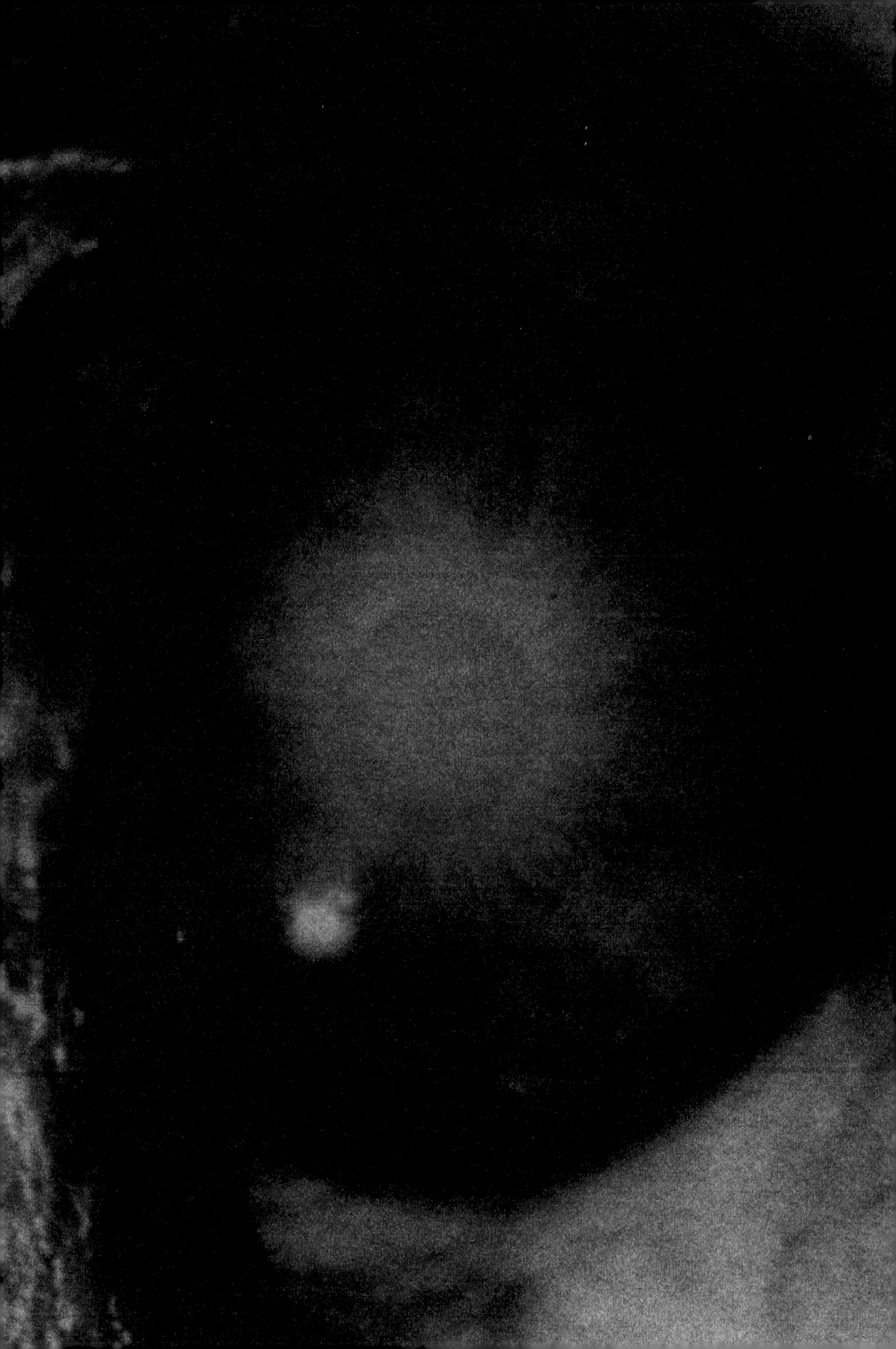

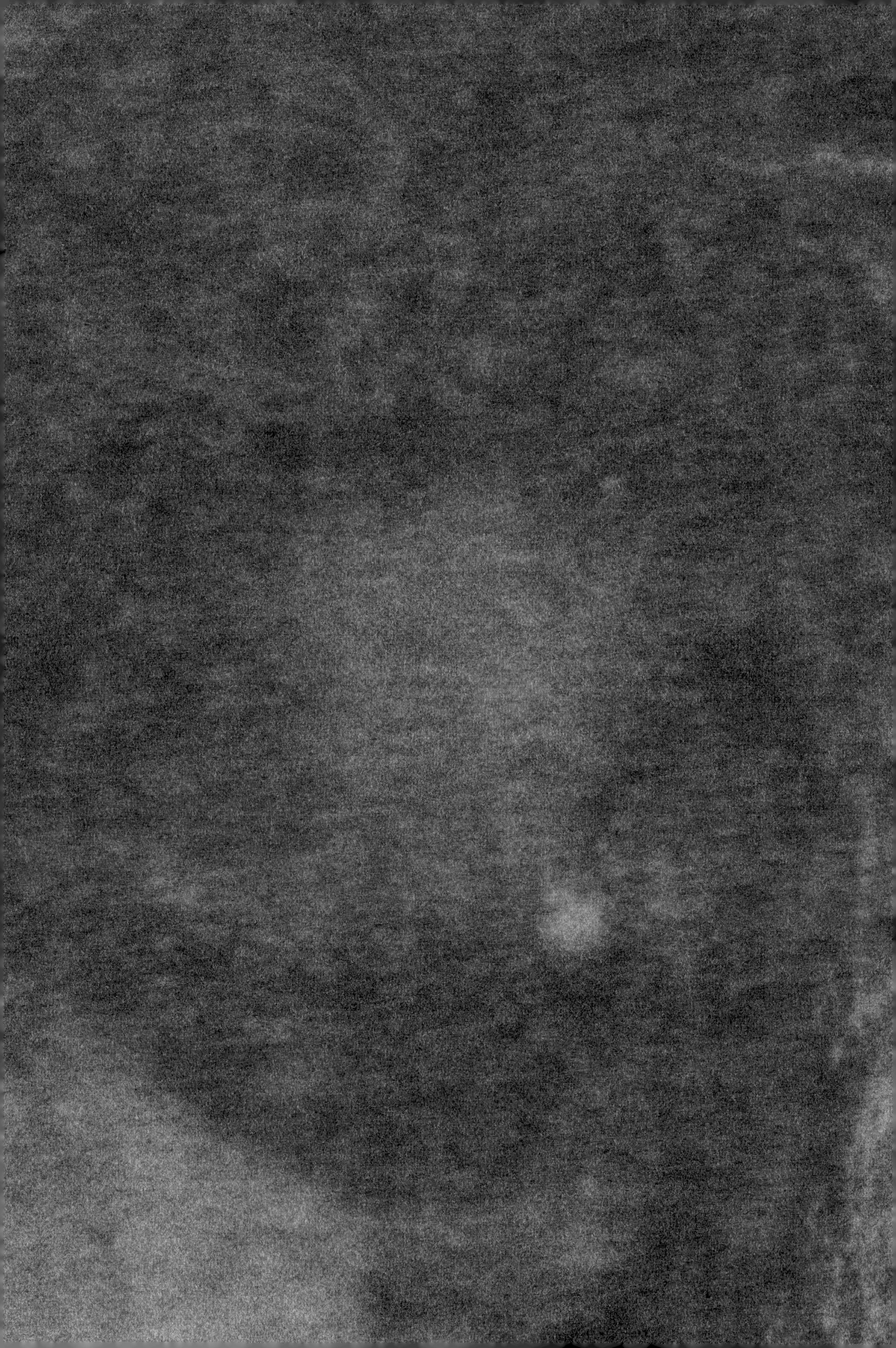

Pièce pour quatre interprètes, lumière et percussions[1].

Les interprètes (1, 2, 3, 4) parcourent une aire donnée, chacun suivant son trajet personnel.

Aire : un carré. Longueur du côté : 6 pas.

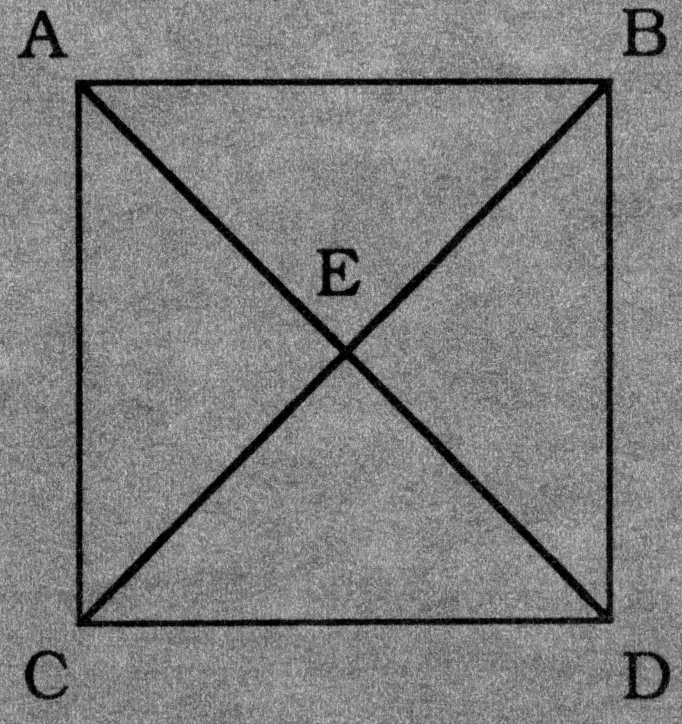

Trajet de 1 : AC, CB, BA, AD, DB, BC, CD, DA

Trajet de 2 : BA, AD, DB, BC, CD, DA, AC, CB

Trajet de 3 : CD, DA, AC, CB, BA, AD, DB, BC

Trajet de 4 : DB, BC, CD, DA, AC, CB, BA, AD

Pièce pour quatre interprètes, lumière et percussions[1].

Les interprètes (1, 2, 3, 4) parcourent une aire donnée, chacun suivant son trajet personnel.

Aire : un carré. Longueur du côté : 6 pas.

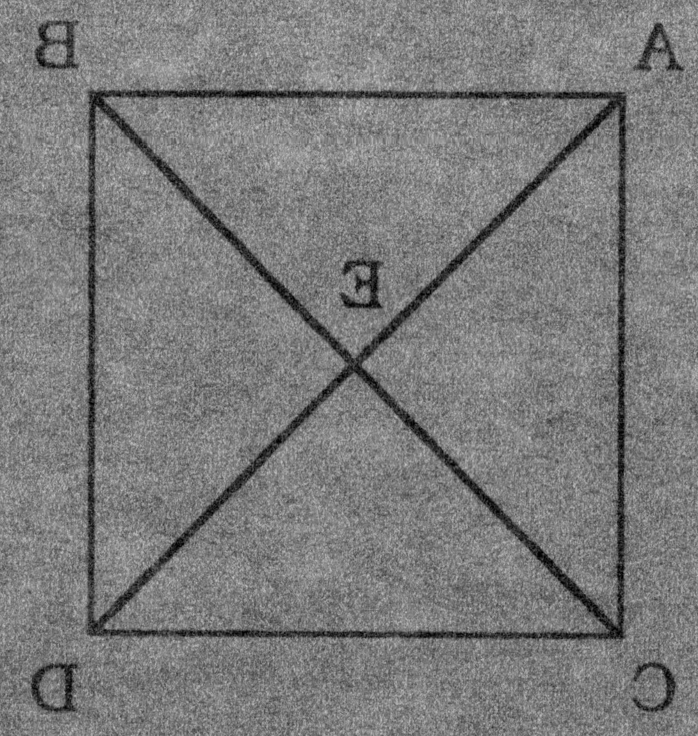

Trajet de 1 : AC, CB, BA, AD, DB, BC, CD, DA

Trajet de 2 : BA, AD, DB, BC, CD, DA, AC, CB

Trajet de 3 : CD, DA, AC, CB, BA, AD, DB, BC

Trajet de 4 : DB, BC, CD, DA, AC, CB, BA, AD

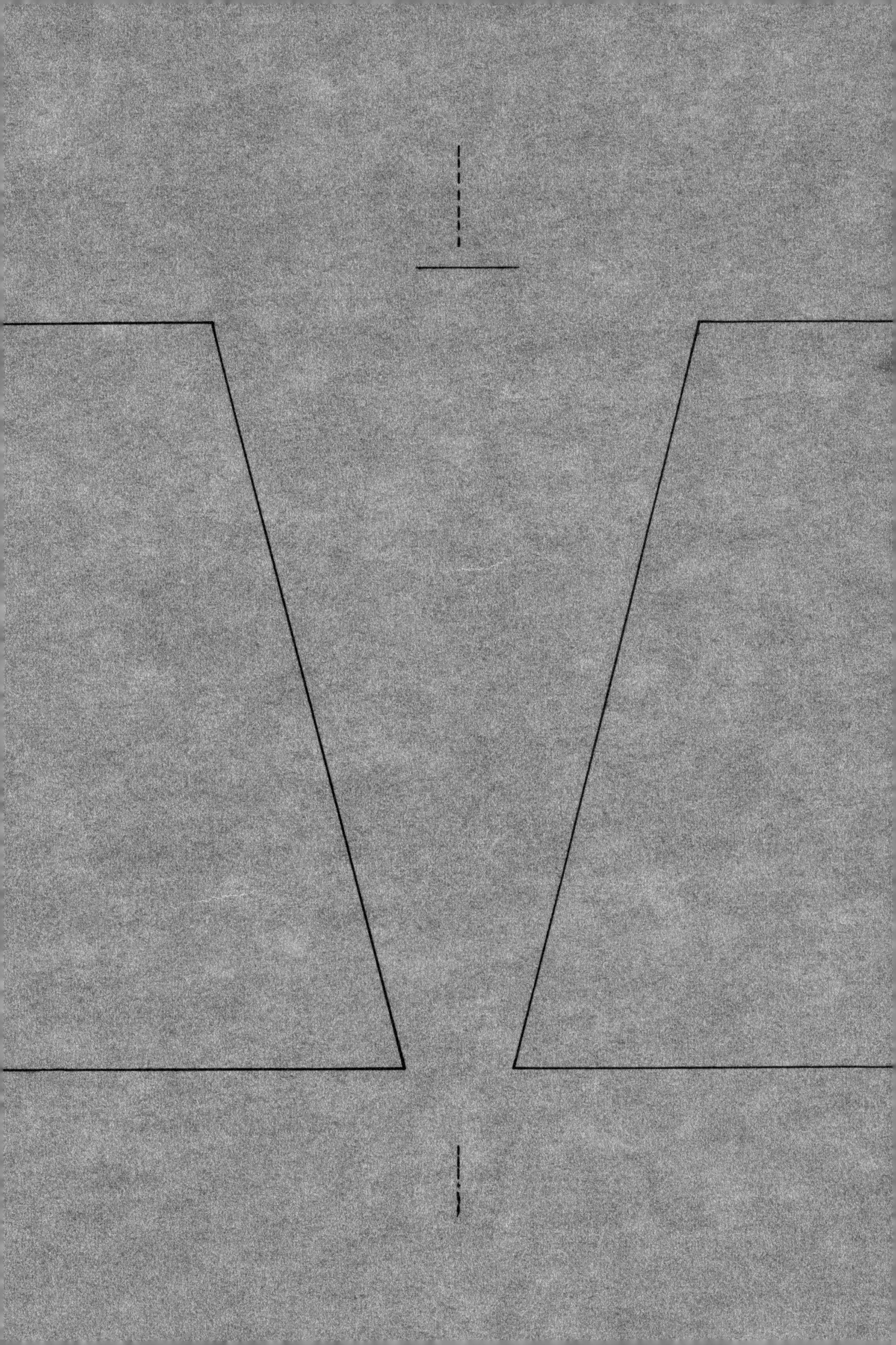

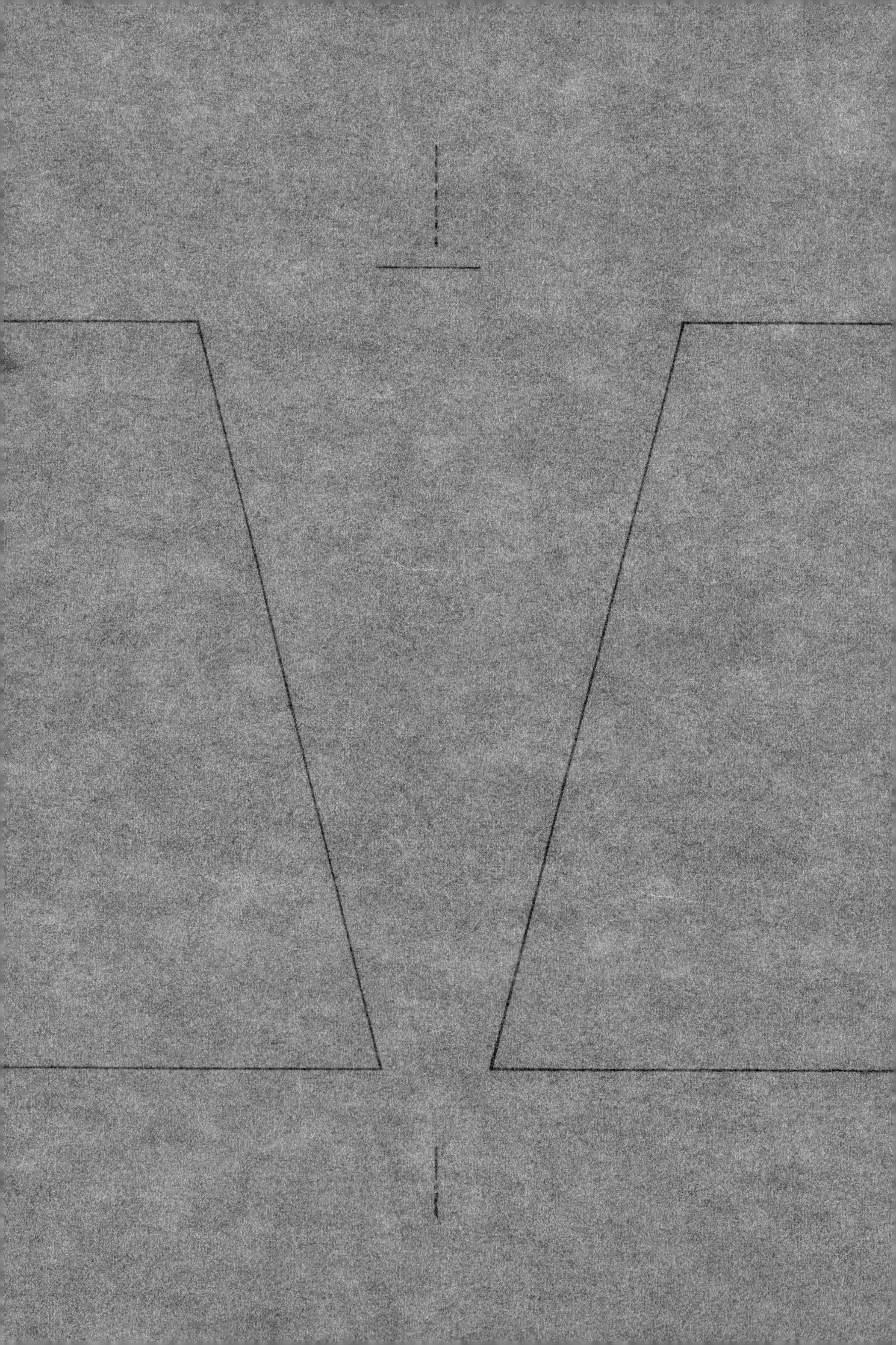

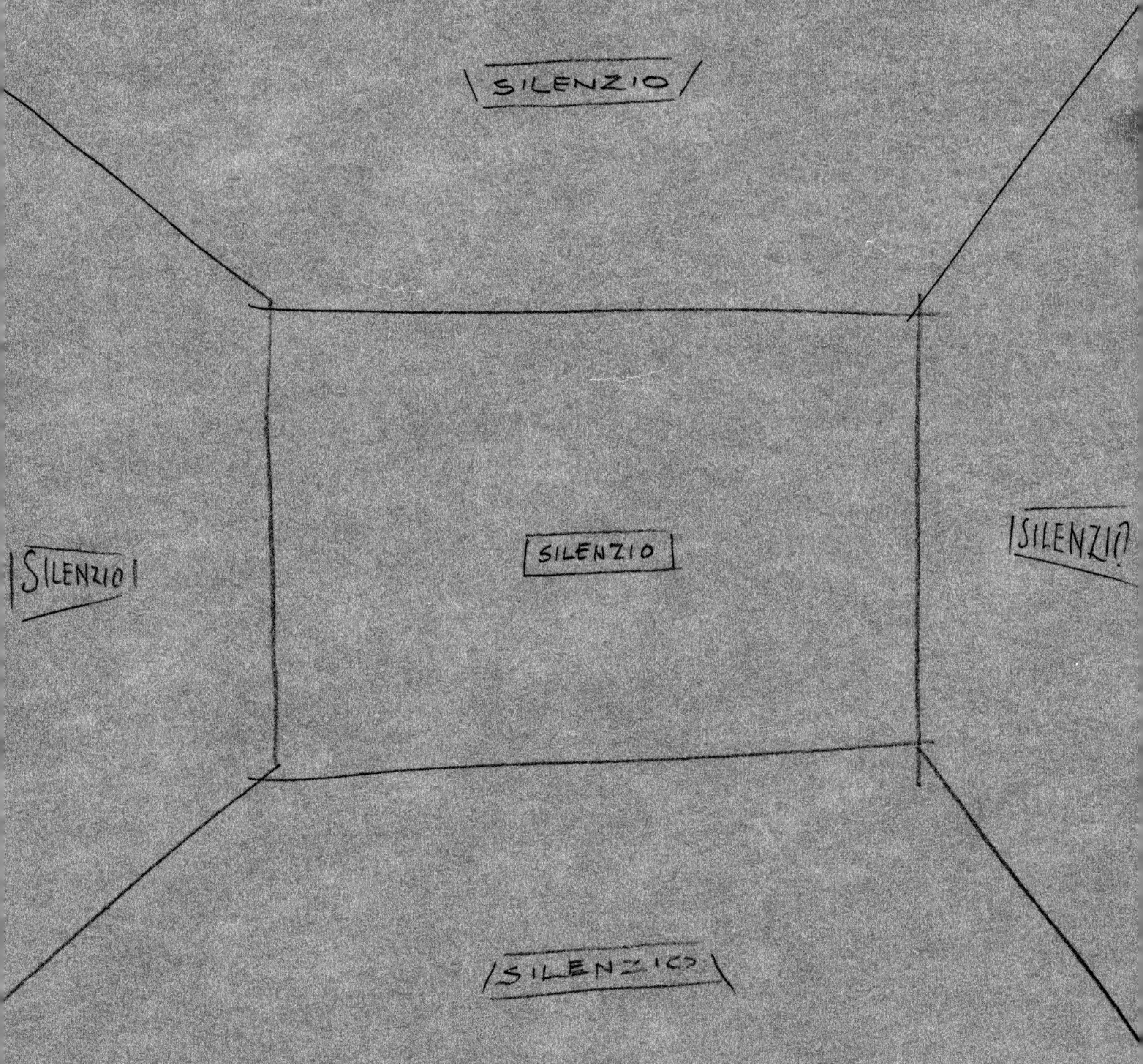

SILENZIO

SILENZIO

SILENZIO

SILENZIO

SILENZIO

SILENZIO

SILENZIO SILENZIO SILENZIO

SILENZIO

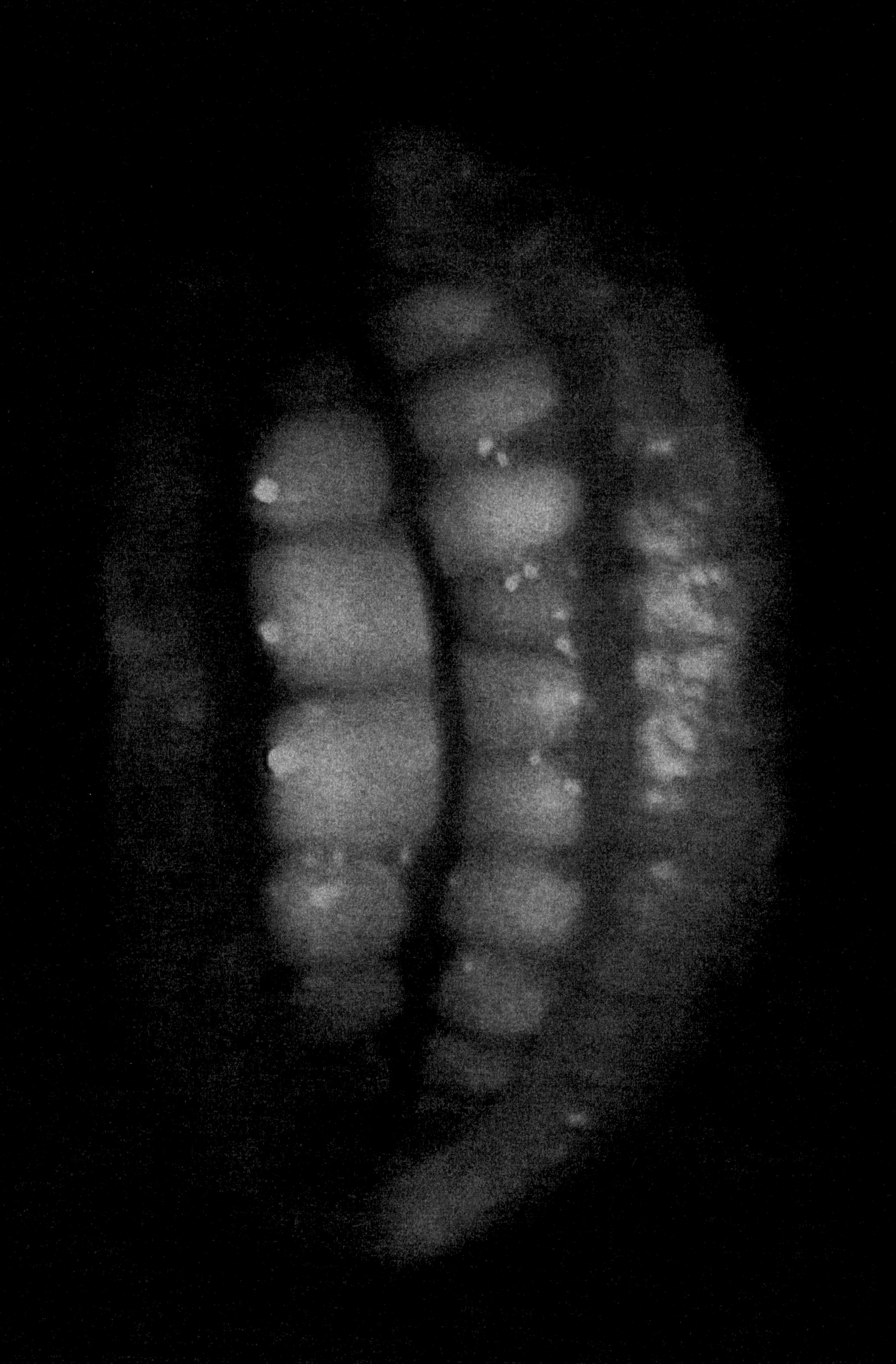

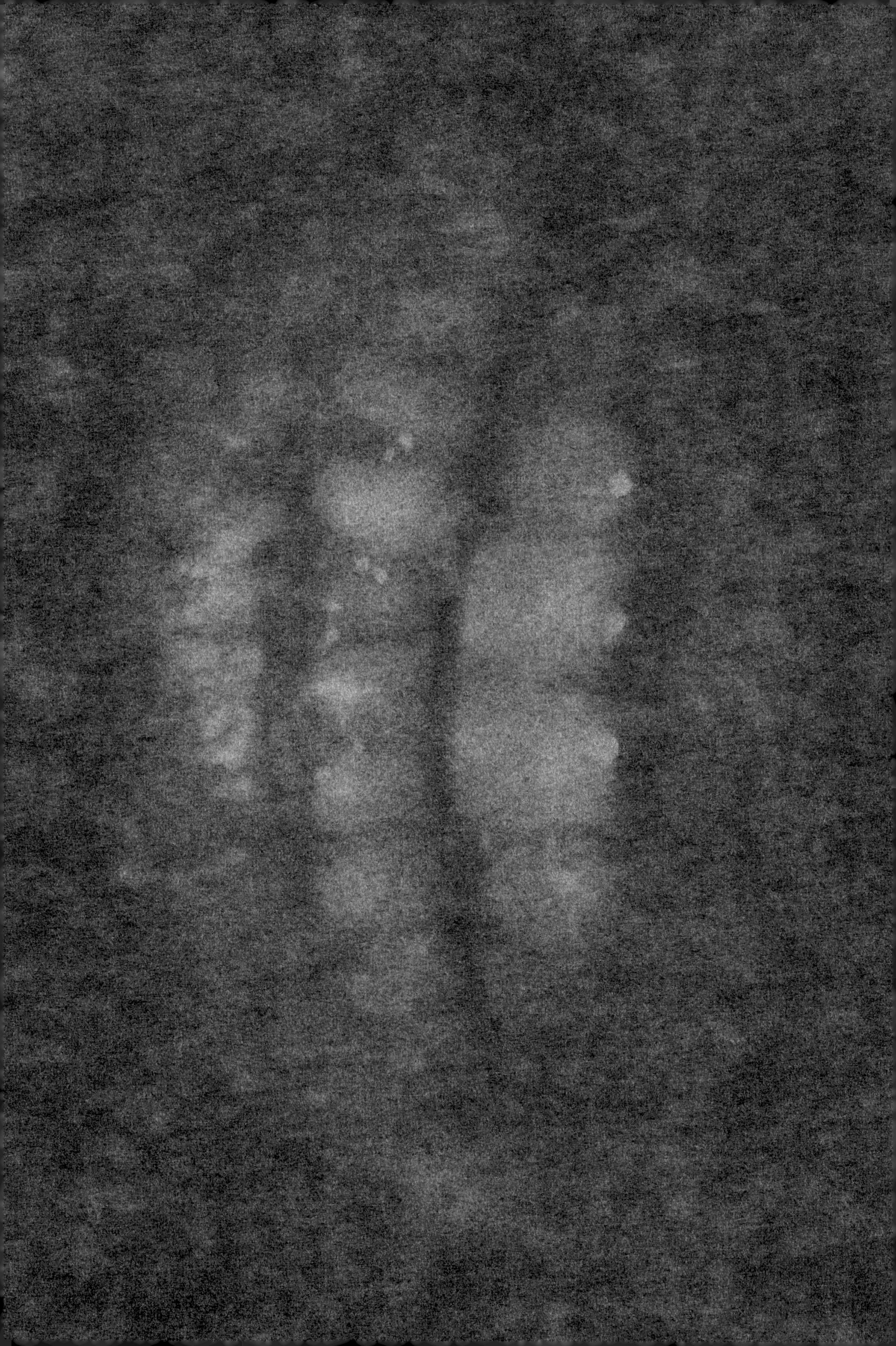

OBJET

BECKETT

POUBELLE

FLEISCHER

Peut-on se jeter soi-même à la poubelle comme on se jette par la fenêtre? *That is the question*... Et vivre dans une poubelle, serait-ce une alternative au suicide? Ainsi, la fameuse interrogation pourrait se décliner en cette variante: continuer d'être (dans une poubelle) ou ne plus être?

À première vue, la poubelle est destinée à tout recevoir, sauf un occupant, même si celui-ci est son propriétaire. On peut jeter toutes sortes de choses à la poubelle, par sentiment de leur inutilité, par volonté de faire le ménage, par mesure d'hygiène, pour faire le vide, par dépit, par désespoir..., mais il est rare que l'on aille jusqu'à se laisser emporter soi-même par ce mouvement de rejet, d'élimination. Le détenteur d'une poubelle la remplit, la sort, la rentre... D'autres ramassent les poubelles, les vident. Ce que l'on jette à la poubelle est ce que l'on ne reconnaît plus, ce dont on ne veut plus être le propriétaire, le responsable, ce que l'on préfère renvoyer à l'anonymat collectif, une sorte de cadavre sans tête, méconnaissable, voué à la fosse commune. Se mettre à la poubelle, cela signifierait-il ne plus se reconnaître soi-même, s'abandonner comme son propre déchet, sa propre ordure, avec l'espoir d'un enlèvement par les services de la voirie, ceux qu'on appelle les éboueurs et à qui on donne des étrennes en fin d'année?

Dans l'espace domestique, la poubelle est le lieu de ce qui n'a plus sa place, de ce qui ne doit pas rester là plus longtemps. Elle reçoit en transit ce dont la présence persistante et l'accumulation deviendraient inconvenantes, malpropres, étouffantes, menaçantes. Dans la poubelle vont atterrir les restes, les déchets, les rebuts, les résidus, les détritus, les emballages, les saletés, quand la part des choses a été faite, et quand tout ce qu'il est bon, utile ou nécessaire de consommer, et dont le profit est acquis, a laissé derrière la part inconsommable, celle qui n'a plus de rôle, celle qui ne sert plus à rien, même après que sa fonction ait pu être essentielle: dans la poubelle vient basculer ce qui, d'un article de consommation désirable, est devenu le reste indésirable, et qui pourtant a fait partie de ce qu'on a désiré, en a même parfois aiguisé le désir. La poubelle est la première partie, sorte de bouche d'un appareil digestif pour évacuer ce qui ne se consomme pas jusqu'à consumation, dans les objets et les matières consommables, lorsque ce reste est solide et qu'il ne peut être acheminé par les canalisations et les égouts qui reçoivent les rejets liquides ou boueux. Après ce premier avalement, il y a l'arrivée dans la benne à ordures, puis l'ingestion et la transformation par l'usine de traitement.

Les poubelles ont leur odeur particulière, comme si l'entassement de ce qu'elles contiennent présentait toujours, au bout du compte, une somme et une formule semblables, celles d'une matière singulière bien que composite, mais d'une composition finalement stable, avec son odeur singulière et stable elle aussi. Quoi qu'elle contienne, dans quelque quartier de quelque ville qu'elle se trouve, une poubelle sent toujours la poubelle.

Pourtant, dans certaines poubelles en provenance des opulents, les indigents peuvent encore trouver matière à sauvegarde et à prolongation de la consommation: on appelle cela «faire les poubelles», comme on dit aussi «faire les magasins» ou «faire les poches». Car la part des choses n'est pas la même chez les riches et chez les pauvres et la matière, une première fois épuisée, déqualifiée et jugée bonne pour la poubelle par les uns, peut encore offrir des ressources vitales aux autres, qui voient en elle un panier à provisions bien garni.

Le train de vie d'une maison ou d'un ménage, comme disent les économistes, peut se juger bien mieux encore au contenu de ses poubelles qu'à son décor privé, à son mobilier, à ses objets précieux, à ses biens immobiliers, car cette richesse dont le fisc évalue les signes extérieurs peut avoir un caractère illusoire : ne voit-on pas des gens démunis vivre au milieu de bibelots rares, de bijoux, de tableaux de maître? Parmi tous les objets qu'ils possèdent, seule leur poubelle dit la vérité sur leur situation. Une poubelle vidée réjouit le foyer opulent – bon débarras ! – qui peut dès lors s'empresser de la remplir à nouveau de tout ce que sa consommation quotidienne va produire de semblables déchets, rebuts, ordures, cette part maudite – après avoir été chérie – de la consommation. Au contraire, la poubelle vide – qui n'a pas à être vidée – désespère l'individu ou la famille modeste qui n'a rien à rejeter, rien de trop, rien d'inutile, rien qui ne puisse servir encore, rien dont l'usage ait été épuisé jusqu'à l'usure définitive, rien qui ne puisse produire un quelconque service, une quelconque valeur. La poubelle, vide et inutile parce qu'on n'a rien à y jeter, peut acquérir un usage plus noble du fait même de cette misère : on peut alors la remplir d'eau et s'en faire un tub, une piscine pour les enfants. La poubelle et ses ordures sont un luxe. Et si l'on maintient dans son usage une poubelle, il peut apparaître comme un luxe de vivre dedans. À moins que le corps lui-même de celui qui vit dans une poubelle ne soit son propre luxe, cette part de son être en plus, en trop, le rebut, le déchet splendide de son existence : un corps à mettre à la poubelle pour que la poubelle soit remplie de quelque chose et que l'être soit allégé, débarrassé, de cette ordure de la consommation qu'est l'organisme même du consommateur. Mais celui qui vit dans une poubelle n'est-il pas un consommateur qui ne consomme plus rien, qui se consume seulement?

Il y a donc, à la réflexion, une grande différence entre se jeter à la poubelle et se jeter par la fenêtre – c'est-à-dire se suicider –, car on ne jette pas les ordures par la fenêtre – même s'il fut un temps où l'on vidait ainsi son pot de chambre –, et aussi parce qu'on ne se jette par la fenêtre que pour se tuer, pour mourir, pour être emporté dans la terre, ou dans les flammes, pour disparaître. Vivre dans une poubelle, habiter une poubelle est un tout autre projet : avoir réduit les restes de la consommation du corps au corps lui-même, qui peut donc aller se loger là, sans le contact avec un autre déchet que lui-même, avoir fait de l'objet qui accueille ce qui n'a plus de place dans le logement, le logement lui-même, la place exacte à quoi se résume à l'extrême, et idéalement, toute habitation. Une poubelle est, à sa façon, confortable : on s'y trouve installé dans une ergonomie archaïque, le dos et les reins bien calés, les jambes et les bras repliés, la tête émergeant à l'air libre comme dans les urnes ou les sacs funéraires de certaines civilisations anciennes. On est prêt à être emporté, on est devenu un «prêt-à-emporter», il n'y a plus à craindre de terminer mal son existence, étendu mort sur une chaussée, ou agonisant sur le triste gravas d'une salle d'hôpital: on a choisi pour toujours sa place et sa position, et la compagnie que l'on trouve lorsque l'on habite une poubelle, c'est-à-dire le voisinage d'autres êtres semblablement logés, peut être rassurante, chaleureuse et même spirituelle. En général, les poubelles sont rassemblées les unes auprès des autres et l'on peut ainsi faire connaissance, entreprendre des conversations, échanger des réflexions avec un voisin ou une voisine qui habite une poubelle d'un modèle identique, une semblable niche. Comme tout espace de vie sur terre, la poubelle est un lieu de survie, qui ne fait pas semblant de croire, comme un hôtel particulier faubourg Saint-Germain ou comme une villa sur la Côte d'Azur, à l'éternité de son contenu, de son occupant. Lorsqu'on habite une poubelle, il y a la tranquillité d'esprit de l'éphémère, du passager: aucune responsabilité, aucun entretien, aucune succession à assumer... La poubelle dit clairement que la vie sur terre est un moment de transit qui, dès le début, dès la naissance, est déjà proche de sa fin, déjà dans l'imminence du devenir-déchet de l'être vivant, et la poubelle sait qu'elle n'attend que cela: être un jour ou l'autre vidée, et que son contenu soit emporté.

On peut trouver misérable de vivre dans une poubelle, mais cette résidence si simple, si dépouillée, est un luxe si on la compare au sort de ceux qu'on appelle aujourd'hui les «sans domicile fixe». Car la poubelle a sa place, son adresse, elle est une propriété privée, certes modeste mais d'une commodité et d'un avantage appréciables. Avoir sa poubelle à soi, avec sa place sur un trottoir, n'est pas donné à tout le monde et, bien que toutes les poubelles soient semblables, chacune semble étrangement faite sur mesure pour chaque individu qui l'occupe. Les êtres les plus divers, dont les destins sont si différents les uns des autres, trouvent un habitat et un vêtement précisément à leur taille dans les poubelles standard des services urbains.

Il y a bien longtemps, alors que j'étais un étudiant mû par les ambitions de la jeunesse, j'ai vu sur scène, au théâtre, Roger Blin et ses comparses dans les poubelles qu'avait prévues pour eux une pièce de Samuel Beckett, et je me suis dis alors qu'il y aurait toujours, en cas d'échec ou de malheur dans mon existence, cet asile, cette fin de partie possible.

MAGNÉTOPHONE

PENNEQUIN

Pour Beckett, la voix sortait d'un appareil. Pour Beckett, déjà la bande passante existait. C'était la première des bandes, et Beckett l'appelait la dernière. Il l'a appelée *La Dernière Bande*, parce qu'il s'agissait d'un dernier tour de piste dans la machinerie des moteurs à viande qui soliloquent, le dernier tour de manivelle dans les corps à voix nue. Maintenant Beckett attaquait de nouveaux corps, ouvrait de nouveaux espaces à ces corps. Corps machiniques en déroulement. Déroulement des bandes enregistrables. Beckett est alors un passionné de la bobine («Bobiiine!»,[1] s'écrie Krapp). Pour Beckett, la voix n'est pas encore sortie correctement. Ou alors ça sort trop proprement, mais ce n'est pas juste. Le soi ne s'arrête pas au corps. Alors, comment sortir du corps? Comment quitter la physique une bonne fois, se demande Beckett? Beckett sait bien que la voix sort comme elle peut, qu'elle se tortille dans la langue, qu'elle veut en finir avec les lois, et que c'est dans cette volonté d'en finir que s'inscrira maintenant son écriture. Beckett le sait. Il connaît la voix. Il voit bien son destin machinique, que tout est affaire de bidouilles et de corps animés – des corps humains, des acteurs, des mouvements d'acteurs. Mais cela ne suffit pas, il faut aussi de la technique, il faut aussi des enregistrements, il faut aussi dépasser la technique et montrer le vrai ratage de l'être. L'être dans son ratage énorme. Beckett sait qu'il lui faudra montrer les êtres enfin dépassés par leurs événements techniques. Beckett sait qu'il faut rendre la vie au théâtre en présentant des choses mortes. La présence de l'acteur se fera par ses extensions de corps, extensions d'être. L'acteur devient lui-même une extension d'un autre corps qui serait le magnétophone, comme aujourd'hui nous sommes divisés en plusieurs corps et en différents temps. Divisés pour mieux faire régner notre absence des écrans. Nous sommes les propres absents de notre monde, alors que le monde voudrait nous cerner avec ses langues mortes.

«Passé minuit. Jamais entendu pareil silence. La terre pourrait être inhabitée.»[2]

Le silence du monde est aussi sur la bande. C'est même la bande-son de ceux qui inhabitent le monde. Beckett reprend pour lui le «Nous ne sommes pas au monde». Mais ça veut dire quoi pour lui? Le «nous» c'est quoi, se demande Beckett? C'est quoi le monde?

Nous tordons la pensée. Nous reprenons la parole. Nous attrapons des choses dans l'air parlé. Nous reprenons ça ensuite dans la parole, comme on tord des fils de fer. Nous reprenons l'autre, nous sommes à l'autre, mais par l'écrit. Nous le rendons à son travail qu'il avait lancé dans l'air. Le rendu de ce travail est le son de comment ça s'est vraiment dit et que personne n'entend. Personne ne l'entend parce que c'est lui-même qui le prononce. L'écriture de Beckett a constamment changé. Elle a pris en compte les nouveaux médiums. Le théâtre, puis la radio, puis enfin le cinéma. Mais il s'agit toujours pour lui de questions d'écritures.

1. Samuel Beckett, *La Dernière Bande*, Paris, Les Éditions de Minuit, 1959, p. 12.
2. *Ibid.*, p. 24.

Dessin
réalisé par l'auteur
le 20 juin 2006

Beckett pense que nous ne reviendrons au lieu que grâce à l'écrit, et ça par retour de bande. Sinon la parole, la pensée et les gestes restent dans l'air, et rien ne s'accroche. Pour qu'il y ait un retour au lieu, il faut nécessairement écriture. L'écriture pour Beckett, c'est maintenant du son et du mouvement. Son + mouvement = choses dans l'air qu'on accroche. Beckett savait déjà que la voix ne sortait pas de la bouche, mais d'un micro, microsillon ou microphone. Beckett savait déjà que l'action, le drame peuvent aussi sortir d'un dictaphone ou d'un magnétophone. La voix nous sort d'ailleurs, car la voix chez Beckett n'est pas un organe naturel. La voix n'est pas un organe commandé à Dame Nature, mais une invention de toutes pièces. Une bidouille pour l'intime. Jamais dans l'œuvre de Beckett il n'a été question de choses intimes autant que dans *La Dernière Bande*. Ce n'est pas un hasard. C'est plus facile de se raconter en faisant parler la machine. L'intime est imité. L'intime est une grosse mite qui fait son raffut à côté du corps. L'intime est le boucan qui sort des corps par des bidouilles d'instruments. La voix chez Beckett, dans *Krapp's Last Tape* (titre anglais de *La Dernière Bande*), sort autant de la bouche de Krapp que du magnéto. Il y a donc concurrence entre l'acteur et l'objet immobile. L'intimité est donc emboucanée d'hésitation, et ce à cause des sorties non naturelles de la voix. Intimité, chez Beckett = perturbation du trafic (intime). Intimité = moteur de recherche. Intimité = je suis dans un Compact Disc et j'ai créé une machine qui s'appelle la parole. C'est pour cela que le théâtre chez Beckett sera de moins en moins tourné au recueillement pour la voix nue. La chair de la parole est avant tout une chair truquée qui provoque des interférences dans le discours. Ce n'est pas du mysticisme : on bidouille gaiement la bande passante du vivant. On provoque des parasites en soi, en notre parasite. Le parasite intuable de soi est donc parasité à son tour !

L'homme est né bourré de tics. L'homme est né avec ses trucs. Tics et trucs, et postures. Postures d'artistes. Postures d'écrivains. Postures d'acteurs. Postures de vivants. Il faut donc retravailler l'imposture, et ce ne sera pas triste ! Beckett aime le comique, d'ailleurs. Pour Beckett, le catastrophique ce n'est pas triste. Beckett n'est pas un triste ! Seule la chair est triste, hélas.

VÉNUS

REGNAULT

41

«De sa couche elle voit se lever Vénus. Encore. De sa couche par temps clair elle voit se lever Vénus suivie du soleil. Elle en veut alors au principe de toute vie. Encore. Le soir par temps clair elle jouit de sa revanche. À Vénus. Devant l'autre fenêtre.»[1]

Paraphrase, d'abord, de ces phrases: «De sa couche elle voit se lever Vénus»: deux fois. La seconde fois, avec en plus: «par temps clair» et «suivie du soleil». La répétition indique la poésie. Comme la répétition: *vé-vé*; se le-*ver Vé*-nus.

Je le mets en vers:

«De sa couche elle voit se lever Vénus.
Encore.
De sa couche par temps clair elle voit se lever Vénus suivie du soleil.
Elle en veut alors au principe de toute vie.
Encore.
Le soir par temps clair elle jouit de sa revanche.
À Vénus.
Devant l'autre fenêtre.»

C'est Vénus tout entière l'objet de ma recherche, la cause de mon désir. L'objet Vénus dans *Mal vu mal dit*. Le début me hante depuis que je l'entendis répéter par Elmar Tophoven, le traducteur allemand de Samuel Beckett. C'est une vieille femme qui regarde à la fenêtre de sa maison isolée dans la nature. Pas dans la lande: «Une lande aurait mieux fait l'affaire.»[2] On l'appelle «la vieille». Mais j'arrête de décrire, d'évoquer. Ce serait inutile, nuisible.

À qui en veut-elle? Au principe de toute vie. Quel est le principe de toute vie? Vénus? Non, puisqu'elle guette son lever, son coucher, encore, tous les matins, tous les soirs où on peut voit Vénus et qu'elle l'appelle «la radieuse». Elle se remet mal du coucher de Vénus: «Vite alors la vieille à peine remise du coucher de Vénus vite à l'autre fenêtre [...].»[3] Si Vénus s'est couchée, qu'est-ce qu'elle va voir à l'autre fenêtre? «L'autre merveille.»[4] Qu'est-ce que l'autre merveille? La lune, je suppose: «Comme de plus en plus blanche à mesure qu'elle s'élève elle blanchit les cailloux de plus en plus.»[5] Seule la lune, le soleil disparu, Vénus couchée, seule la lune peut s'élever et blanchir: «[...] contre la vitre longuement elle s'émerveille.»[6]

Le principe de toute vie, c'est peut-être le soleil. Oui. Le soleil qui gêne et qui brouille Vénus. Vénus n'est pas le principe de toute vie, ou alors la déesse? Il n'y a pas de déesse. Le soleil, on le dit principe de toute vie: du système solaire. De la vieille on dit: «Comme si elle avait le malheur d'être encore en vie.»[7] Oh! elle est vieille, elle n'est pas heureuse, se meut mal, voit peu clair, ne dit rien. Ne peut que mal voir, et si elle disait, mal dire.[8] Mais il est dit «comme si»: le malheur d'être encore en vie, ne dites pas qu'elle l'a, c'est *comme si* elle l'avait.

1. Samuel Beckett, *Mal vu mal dit*, Paris, Éditions de Minuit, 1981, p.7.
2. *Ibid.*, p.12.
3. *Ibid.*, p.10.
4. *Ibid.*
5. *Ibid.*
6. *Ibid.*
7. *Ibid.*, p.8.
8. Sur le sens du titre *Mal vu mal dit*, je suis l'interprétation d'Alain Badiou dans son *Beckett. L'increvable désir* (Paris, Hachette, 1995): «L'événement est forcément ‹mal vu›, puisqu'il est justement ce qui est en exception des lois ordinaires de la visibilité. [...] Mais l'événement est aussi ‹mal dit›. Car le bien dire n'est que le ressassement des significations établies.»

Astronomie, maintenant, ou *cosmographie*, tout au plus. «Vénus est bien visible, tantôt le matin, tantôt le soir, selon qu'elle précède ou qu'elle suive le soleil. Aussi l'appelle-t-on tantôt *Étoile du matin*, tantôt *Étoile du soir* suivant les époques où on l'observe»,[9] dit mon manuel de cosmographie. Elle est la plus brillante après le soleil et la lune. En l'absence de la lune, elle peut même projeter des ombres. C'est une planète inférieure, dont l'orbite est entre le soleil et la nôtre; elle semble en conjonction inférieure avec le soleil, puis s'écarter de lui, puis revenir sur sa trajectoire, arriver en conjonction supérieure, puis rétrograder, comme les autres planètes, selon leurs vitesses autour du soleil, en fonction de la nôtre, et, du fait de notre illusion qu'elles avec le soleil tournent autour de nous, nous les croyons errantes. Elle est éclairée par le soleil: «Dans la conjonction inférieure, elle est invisible, [ensuite] on en aperçoit une moitié dont la convexité est vers le soleil, [ensuite] elle est vue pleinement (*pleine Vénus*), [ensuite], encore un quartier à convexité vers le soleil.»[10] Ce sont ses phases, elle paraît petite, éloignée de la terre, mais plus grande, proche: «Mon sens de la beauté est blessé, dit le Galilée de Brecht, si Vénus, dans ma vision du monde, n'a pas de phases!»[11] (Galilée en effet a décrit et expliqué le premier les phases de Vénus). Elle est comme la jumelle de la terre, à peu près de la même taille et de la même masse qu'elle, mais elle est sèche. L'eau s'en est évaporée. Enfin elle tourne autour du soleil dans le sens contraire à celui des autres planètes, en 243 jours. Une bien courte année!

La vieille de *Mal vu mal dit* ne sait pas tout cela, mais elle voit bien ceci: «Assise raide sur sa vieille chaise elle guette la radieuse. Sa vieille chaise en sapin à barreaux et sans bras. Elle émerge des derniers rayons et de plus en plus brillante décline et s'abîme à son tour. Vénus. Encore.»[12]

Du lever bientôt effacé par celui du soleil, le coucher est la revanche! Car elle se fait voir après le soleil, un moment, puis s'abîme: «Le soir par temps clair elle jouit de sa revanche. À Vénus.»[13] Je construis: «Sa revanche, à Vénus», comme on dit: Son soulier, à Cendrillon!

La reverrons-nous ensuite, la Vénus de la vieille de *Mal vu mal dit*?

Quatre fois.

Derrière la maison, la caillasse, qui envahit, et les champs, dont les cailloux remontent et gagnent sur l'herbe. La vieille pleure sur ses larmes déjà versées, sur le monceau de cailloux qui monte: «Qui s'il continue gagnera les cieux. La lune. Vénus.»[14] Étrange stalagmite.

Puis, chez la pauvre vieille, «la folie s'en mêle».[15] Elle craint sa disparition, celle de tout: «Et le reste. Tout de bon. Et le soleil. Derniers rayons. Et la lune. Et Vénus. Plus que ciel noir.»[16]

Puis – car il arrive qu'on ne la voie plus, la vieille – «Elle réapparaît le soir à la fenêtre. Quand ce n'est pas la nuit c'est le soir. Si elle veut revoir Vénus il va lui falloir l'ouvrir».[17] Vous voyez que même pour la mal voir, elle veut la voir, Vénus.

9. Roland Maillard, Albert Millet, *Cosmographie*, Paris, Hachette, 1953, §106.
10. *Ibid.*, §107.
11. Bertolt Brecht, *La Vie de Galilée*, scène 8, dans *Die Stücke von Bertolt Brecht*, Francfort, Suhrkamp, 1978, p. 519 [trad. F. R.].
12. S. Beckett, *Mal vu mal dit*, *op. cit.*, p. 7.
13. *Ibid.*
14. *Ibid.*, p. 33.
15. *Ibid.*, p. 38.
16. *Ibid.*
17. *Ibid.*, p. 59.

Enfin elle se perd avec le reste. C'est la fin sans fin. Sa bouche? Son sourire? «Rien de changé à la bouche et cependant le sourire n'est plus le même. Vrai que la lumière fausse. Celle du couchant surtout. Ce fiasco. Vrai aussi que les yeux braqués tantôt vers l'invisible planète sont maintenant fermés. Sur d'autres invisibles dont ce n'est pas le moment.»[18] L'invisible planète, c'est Vénus si le soleil ne l'éclaire pas. Et les autres? Ce n'est pas le moment.

À quoi sert Vénus? À rien. Ce n'est pas une déesse, ni un symbole, ni un fantasme. Rien qu'un point de repère, plutôt *heureux* (car, le dernier mot de *Mal vu mal dit*, reportez-vous-y, il est inouï!), intermittent, mais régulier.

Vénus, elle marque les deux lieux d'où on la voit de la maison dans l'espace: les deux fenêtres. Et les deux moments où on la voit dans le temps: le matin et le soir. C'est tout. Et elle est radieuse, non étincelante.

L'espace (assez vide, ouvert), le temps (un peu morne, vide): de pures coordonnées. Sa lumière, faible, blanche. Mais c'est le monde de Newton! L'espace, le temps, chez Newton, ce sont *comme* les sens de Dieu: «Et les choses étant ainsi bien disposées, ne ressort-il pas des Phénomènes qu'il y a un Être incorporel, vivant, intelligent, omniprésent, qui, dans l'espace infini, comme si c'était dans son sens, *tanquam in Sensorio suo*, voit les choses elles-mêmes intimement...?»,[19] dit l'*Optique* de Newton. Et la lumière, une substance.

La vieille, outre sa chaise et quelques objets qu'on devine, n'a plus que les coordonnées de l'espace et du temps (comme tant de personnages de Beckett), et elle n'a plus qu'une lumière sans substance. Tout ce qui reste ici de Dieu: l'espace et le temps. Vénus, tout ce qui reste de Sa lumière supportable... «Vrai que l'éclairage.»[20]

«Vite avant l'heure toujours deux mystères»:[21] dans la maison, des rideaux, il ne reste que les tringles: «Seules d'une part les tringles seules. [...] Et seul de l'autre très seul le clou. Inaltéré. Bon pour le resservice. À l'instar de ses glorieux ancêtres. Au lieudit du crâne. Un après-midi d'avril. Descente faite.»[22]

Vous avez compris, les clous: ce qui reste de la Crucifixion le jour de Pâques une fois le Christ descendu de la Croix. Instruments d'une passion passée, nous sommes les héritiers des clous.

Imagination morte, imaginez: Vénus? Religion défunte, reste une géodésie.

18. *Ibid.*, p. 63.
19. Isaac Newton, *Opticks*, New York, Dover Publications, 1952, p. 370 [livre III, question 28]. Pour l'expression latine, voir Alexandre Koyré, *Du monde clos à l'univers infini*, Paris, PUF, 1962, p. 201, note 1.
20. S. Beckett, *Mal vu mal dit*, *op. cit.*, p. 66.
21. *Ibid.*, p. 72.
22. *Ibid.*

PIERRES À SUCER

ROSSET

Ce qu'on appelle l'emploi du temps est souvent, s'il ne l'est toujours, une manière de *ne pas* employer le temps, de mettre celui-ci en sursis et à l'écart. Disons plus précisément une façon de ne pas l'éprouver en tant que tel. Ce qui vient occuper le temps, l'emploi du temps justement, est aussi ce qui rend le temps imperceptible, insensible, hors conscience et comme hors champ. C'est quand il n'y a rien à faire que le temps devient perceptible – pas le temps au sens de cadre transcendantal de toute perception possible, comme l'enseigne Kant, mais le temps comme durée pure que rien ne saurait occuper – et se révèle aussitôt comme source d'ennui et d'angoisse. Or, il se trouve qu'il n'y a rien jamais rien de sérieux à faire, rien du moins dont le sérieux ne s'évapore à la moindre réflexion, tel le beurre qui fond à la chaleur de la poêle. Il est donc toujours urgent de ne pas laisser le temps s'écouler à vide, d'improviser dans l'instant, en cas de rupture de l'attention qui accaparait autour d'un objet quelconque, une occupation de rechange telle que le temps puisse continuer à s'écouler sans dommage. Au fond l'expression courante de «passer le temps» signifie principalement qu'on a trouvé un investissement tel que précisément le temps ne passe plus, ou plutôt qu'on a trouvé moyen d'oublier que le temps passait. Le problème du temps est qu'il ne «passe» (c'est-à-dire s'oublie) que si on a quelque chose à y faire. Et son drame est qu'il n'y a malheureusement jamais rien à y faire.

Personne plus que Molloy n'est persuadé, et que l'expérience du temps pur est mortelle, et que l'expérience du temps occupé est aussi incertaine que fragile. Le moindre jeu peut résoudre le problème, mais combien de temps durera-t-il? C'est pourquoi Molloy, dans un moment du roman de Samuel Beckett, choisit d'instinct, et il a raison, l'occupation la plus gratuite : car plus celle-ci est gratuite, plus on peinera à en démontrer le caractère gratuit. En effet, pour une occupation présentant la moindre apparence de sérieux, l'arrêt viendrait plus vite : le peu d'utilité ou de consistance que présente celle-ci apparaîtra très vite. Il n'en va pas de même d'une occupation résolument gratuite, dont il est moins facile de démontrer l'inanité (seule la lassitude, comme le dit Molloy à la fin de l'épisode des pierres à sucer, aura le pouvoir de mettre un terme au jeu). L'occupation en question consiste, on le sait, à ramasser des pierres dont Molloy emplit ses quatre poches avant d'entreprendre de les sucer méthodiquement l'une après l'autre dans un ordre dont le détail ne nous est pas plus épargné que ses variantes possibles. Cet ordre est d'ailleurs beaucoup plus important que le fait de sucer les pierres en les faisant passer d'une poche à l'autre. Car ce dernier fait est insuffisant, je veux dire insuffisant à distraire l'attention du temps. Si Molloy suçait ses pierres au petit bonheur la chance, l'exercice ne suffirait pas à retenir l'attention et à maintenir celle-ci à l'abri du temps. Sitôt sucée la troisième pierre, Molloy s'ennuierait, se distrairait, retomberait dans le sentiment du temps vide. Tout autre est l'attention qu'il a de ne jamais sucer deux fois la même pierre, ce qui l'entraîne dans des complications arithmétiques qui ont l'avantage, ici comme dans d'autres passages de *Molloy* ou d'autres écrits de Samuel Beckett, de retenir l'attention le plus longtemps possible. «Extraordinaire comme les mathématiques vous aident»,[1] dit d'ailleurs Molloy après avoir établi la moyenne horaire du nombre de ses pets. Effectivement, le moindre relâchement dans le comptage, à la fois vain et utile, risquerait de faire retomber dans le trou du temps.

Car le temps est comme un avion qui doit constamment se méfier des trous d'air. Ceux-ci doivent être aussitôt amortis par les manœuvres du pilote, s'il veut éviter que son appareil ne s'écrase à terre. De même, la vie ne peut continuer son cours que si, en cas d'interruption soudaine de l'action, elle trouve, avant de s'effondrer, la ressource d'une nouvelle action qui lui évite les affres de la retombée dans le temps. Puisque j'évoque ici Cioran et sa *Chute dans le temps*, je remarquerai qu'en de telles circonstances le mieux est d'agir et le pire de réfléchir; que jouer au philosophe, comme le fait Cioran, contribue à aggraver le mal plutôt qu'à l'apaiser. Bref, il faut combler le trou et peu importe avec quoi, pourvu que ce quoi soit un tant soit peu matériel. Tout ce que trouve Molloy en son inactivité, et dans l'urgence, est de sucer des pierres. Sucer des pierres, pour passer le temps: solution de fortune, en attendant mieux. Un lecteur fripon pourrait songer ici à une variante salace de la célèbre chanson de marin, *Chantons pour passer le temps*: «Suçons, pour passer le temps».

Que l'irruption du temps occasionne une sorte du trou dans la durée active et soit source de très graves inconvénients, c'est ce que confirment tant le sens commun que des témoignages émanant des auteurs les plus divers. Ainsi Hergé, dans *Le Trésor de Rackham Le Rouge*. Les policiers Dupont et Dupond rebouchent un vaste trou creusé dans une île déserte par ceux qui y recherchaient en vain l'emplacement d'un trésor supposément enfoui par ledit Rakham. Interrogés sur les motifs de cet acte absurde, les deux policiers répondent: «Ce que nous faisons? Nous rebouchons le trou. C'est plus prudent vous savez. Les gens sont si distraits.» Ainsi, Valère Novarina, dont le théâtre est comme un vaste trou qu'il est nécessaire de combler sans cesse avec les moyens du bord (c'est-à-dire la ressource des mots), et qui profite justement d'un «trou», dans *L'Opérette imaginaire*, pour combler celui-ci par l'avalanche des mots improvisés sur le champ par l'Infini Romancier qui entreprend de lire à son auditoire les premières pages de son roman. Tandis qu'il fredonne une chanson intitulée *Vilain soir*, le Mortel est victime d'un trou de mémoire dans lequel le Romancier s'engouffre aussitôt: «Pendant ce blanc, puis-je vous lire le début de mon roman? Je viens d'écrire un roman.»[2] Et la lecture commence: «‹Voyez› dit Jean; ‹Soyez attentifs!› ajouta Jacques; ‹S'arrêtera-t-elle?› demanda Pierre; ‹Oui› répondit Marie; ‹L'arrêterons-nous?› reprit Josette; ‹Certainement pas› répliqua Anne; ‹Continuons› poursuivit Jean-Louis [...].»[3] Et ainsi de suite, pendant une douzaine de pages. L'usage des mots, ainsi emprisonnés dans le même étroit corset syntaxique, stoppe l'angoisse tout en provoquant l'hilarité. Tout comme le temps musical tel que le concevait Stravinski, le temps des mots efface – provisoirement – le temps tout court.

1. Samuel Beckett, *Molloy*, Paris, Les Éditions de Minuit, 1951, p. 47.
2. Valère Novarina, *L'Opérette imaginaire*, Paris, P.O.L, 1998, p. 146.
3. *Ibid.*, p. 147.

Quant à l'ennui, donnée fondamentale puisque c'est lui qui déclenche la parade, si dérisoire soit-elle, destinée à suspendre l'effet corrosif du sentiment du temps, Beckett n'en fait évidemment pas mystère ; pas plus qu'il ne cherche à cacher les sources littéraires dont il s'inspire parfois. Quelques pages avant l'épisode des pierres à sucer, Molloy en signale spontanément une importante, le *Bouvard et Pécuchet* de Flaubert : «On voit que je m'intéressais à l'astronomie, autrefois. Je ne veux pas le nier. Puis ce fut la géologie qui me fit passer un bout de temps. Ensuite c'est avec l'anthropologie que je me fis brièvement chier [...].»[4]

Resteraient à élucider quelques points de détail qui demeurent un peu énigmatiques. Pourquoi Molloy refuse-t-il d'appeler caillou un caillou et préfère-t-il utiliser le terme de pierre? «C'étaient des cailloux mais moi j'appelle ça des pierres»,[5] déclare-t-il. Question oiseuse sans doute, mais que rend un peu obscure le fait que les objets dont il s'agit ne sont de toute façon ni des cailloux ni des pierres mais des galets, puisque c'est au bord de la mer que Molloy en fait la récolte. Question annexe : Beckett aurait-il songé à Démosthène, qui soignait son élocution en s'entraînant à parler avec des cailloux plein la bouche ? Et dans quel sens faut-il entendre cette autre déclaration de Molloy : que trop de distraction «m'aurait fait passer le goût de la pierre, en très peu de temps»?[6] De quel «goût» s'agit-il là ? Du goût de sucer ou de la saveur des pierres? On ne sait trop. Mais évidemment tout le monde s'en moque, et Molloy certainement le tout premier.

4. S. Beckett, *Molloy*, *op. cit.*, p. 62.
5. *Ibid.*, p. 113.
6. *Ibid.*, p. 121.

OBJET

BECKETT

Ouvrage
réalisé à l'occasion
de l'exposition
«Samuel Beckett»,

imec
éditeur

présentée au Centre Pompidou,
Galerie 2, du 14 mars
au 25 juin
2007

Légendes des œuvres et des documents reproduits sur papier cristal (dans leur ordre d'apparition)

Philippe Millot
Sans titre, 2007
Geneviève Asse
Trace I, 1972 (détail)
Geneviève Asse
Trace I, 1972 (détail)
Alberto Giacometti
Homme et arbre, vers 1952
Samuel Beckett
Notes pour la mise en scène de *Warten auf Godot* [*En attendant Godot*] au Schiller Theater, Berlin, mars 1975
Giuseppe Penone
Suture, 1989 (détail)
Richard Serra
Double Ring II, 1972 (détail)
Philippe Millot
Sans titre, 2007
Samuel Beckett
Photogramme de *Film*, 1966
Samuel Beckett
Quad, dans *Quad et autres pièces pour la télévision*, Paris, Les Éditions de Minuit, 1992, p. 9
Sol LeWitt
Geometric Figures and Color, 1979 (détail)
Claudio Parmiggiani
Silenzio, 1971 (détail)
Samuel Beckett
Photogramme de *Not I*, 1989
Richard Serra
Spoleto Circle, 1972 (détail)

© The Estate of Samuel Beckett.

© Adagp, Paris 2007 :
Jean-Michel Alberola, Geneviève Asse, Alain Fleischer, Alberto Giacometti, Henri Hayden, Jean-Olivier Hucleux, Sol LeWitt, Bruce Nauman, Giuseppe Penone, Richard Serra, Tal Coat, Bram Van Velde.

Pour Gisèle Freund :
© Estate Gisèle Freund.

Pour Mona Hatoum :
© Mona Hatoum.

DR pour les autres artistes représentés.

© Éditions du Centre Pompidou, Paris, 2007
ISBN 978-2-84426-327-8
© IMEC-Éditeur, Paris, 2007
ISBN 2-908295-87-3

N° éditeur 1319
Dépôt légal mars 2007

Centre national d'art et de culture Georges Pompidou

Le Centre national d'art et de culture Georges Pompidou est un établissement public national placé sous la tutelle du ministère chargé de la Culture (loi n° 75-1, du 3 janvier 1975).

Bruno Racine
Président

Bruno Maquart
Directeur général

Bernard Stiegler
Directeur du Département du développement culturel

Alfred Pacquement
Directeur du Musée national d'art moderne – Centre de création industrielle

Frank Madlener
Directeur de l'Institut de recherche et coordination acoustique / musique

Jacques Machurot
Président de l'Association pour le développement du Centre Pompidou

François Trèves
Président de la Société des amis du Musée national d'art moderne

Institut Mémoires de l'édition contemporaine

L'Institut Mémoires de l'édition contemporaine (Imec) est une association loi de 1901 soutenue par le ministère de la Culture et de la Communication (Drac de Basse-Normandie) et le Conseil régional de Basse-Normandie.

Christian Bourgois
Président

Olivier Corpet
Directeur

Marie Archambault
Secrétaire générale

Alain Desmeulles
Directeur administratif et financier

Albert Dichy
Directeur littéraire

Nathalie Léger
Directrice scientifique

Alain Massuard
Directeur des collections

Commissariat de l'exposition

L'exposition « Samuel Beckett » a été conçue conjointement par le Département du développement culturel du Centre Pompidou et l'Institut Mémoires de l'édition contemporaine (Imec).

Marianne Alphant
Centre Pompidou

Nathalie Léger
Institut Mémoires de l'édition contemporaine

Exposition réalisée en partenariat avec

L'Institut national de l'audiovisuel (INA)
L'Institut de recherche et coordination acoustique / musique (IRCAM)

Exposition réalisée avec le concours exceptionnel de

The Estate of Samuel Beckett
Beckett International Foundation at University of Reading
Bibliothèque nationale de France, Paris
Harry Ransom Center, The University of Texas at Austin
The Board of Trinity College Dublin

ircam Centre Pompidou

BnF

BANC
BARQUE
BASE
BERCEUSE
CARRELAGE
CENDRIER
CHAUSSURES
IMAGE
LANGUE
LILAS
MAGNÉTOPHONE
MISSING T
OS
OUVRE-BOÎTE
PIERRES À SUCER
POMMES DE TERRE
POUBELLE
RAVANASTRON
SAC DE WINNIE
SOIF
VÉNUS
AUSTER
BERGOUNIOUX
CASANOVA
CHEVILLARD
DEMÉLIER
DERVAL
DIDI-HUBERMAN
DORIS
FEDERMAN
FLEISCHER
FRÉMON
PAJAK
PENNEQUIN
PORTUGAL
REGNAULT
RIVIÈRE
ROSSET
SOBELMAN
STÉFAN
TOUSSAINT
VILA-MATAS

Bruno Racine

Avant-propos

Une exposition Beckett pour le trentième anniversaire du Centre Pompidou? Pour qui se souvient du climat des années 1970, la proposition peut sembler paradoxale, sinon ironique. La vieille Sorbonne venait de céder sous les assauts de Roland Barthes et de la nouvelle critique; les deux piliers de l'histoire littéraire, «l'homme et l'œuvre», se trouvaient relégués pour toujours, croyait-on, au rayon des idéologies démasquées, et avec ces vieilles lunes, l'«intention» de l'auteur et son fameux «message» sur lesquels, pendant toutes mes années de lycée, des maîtres estimables n'avaient cessé de m'interroger… Beckett, écrivain de l'épuisement, comme l'écrivait Gilles Deleuze dans un essai magistral, n'est-il pas devenu l'exemple canonique de l'effacement de l'auteur qu'appelait de ses vœux Maurice Blanchot? Et pourtant que sera-t-il donné à voir au visiteur du Centre Pompidou? Une biographie de l'homme, photos de famille à l'appui; des manuscrits, remplis de l'écriture singulière, inimitable, de l'individu Samuel Beckett, avant que le passage à l'imprimé ne les dissolve dans l'océan impersonnel de l'intertextualité; des peintures abstraites qu'il aimait (celles de Van Velde en premier lieu, ou d'autres dont on suppose qu'il aurait pu les aimer, faute de savoir avec certitude s'il les a jamais contemplées); des créations récentes commandées pour l'exposition à des artistes sensibles à l'œuvre de Beckett. Ainsi, des documents, des faits et des dates, des sources et des influences: serions-nous revenus aux bonnes vieilles recettes de Gustave Lanson et de ses épigones que l'on avait crus terrassés? Évidemment non, car la manière dont le Centre expose Beckett aujourd'hui reflète bien le temps qui est le nôtre, un temps qui n'est plus aux affrontements des années 1970 (provisoirement, on peut le supposer, car les questions demeurent, seules les réponses varient) et s'efforce de dépasser le manichéisme des querelles d'alors dont les ouvrages d'Antoine Compagnon, successeur lointain de Barthes au Collège de France, nous ont mieux fait percevoir, avec le recul, le caractère forcé. On sait, par exemple, que pour Barthes, la meilleure preuve que la littérature (à vrai dire essentiellement le roman) n'a rien à voir avec le monde réel (ou n'a à voir qu'avec elle-même) est l'impossibilité de la mettre en œuvre. Déjà problématique à propos de textes écrits pour être joués sur scène ou à la télévision, la thèse se heurte aussi, dans le cas de Beckett, à la méticulosité maniaque de ses instructions – «*Intérieur sans meubles. Lumière grisâtre.* […] *Porte à l'avant-scène à droite. Accroché au mur, près de la porte, un tableau retourné* […]» – qui s'étalent sur des pages entières. Les metteurs en scène d'aujourd'hui, accoutumés à davantage de liberté, découvrent devant la fermeté d'ayants droit particulièrement vigilants que le Code de la propriété intellectuelle est autrement plus contraignant que la langue dont Barthes, en 1977 justement, dénonçait le caractère oppressif dans sa fameuse leçon inaugurale au Collège de France. Impossible, donc, d'évacuer l'auteur Beckett et ses intentions littérales… Mais Beckett, cas exceptionnel de multilinguisme, démontre aussi de la plus belle manière la capacité de l'écrivain à dominer la langue au lieu d'y rester assujetti – et ce en n'employant jamais les mots rares ou recherchés censés caractériser la «littérature»: «Je n'emploie que les mots les plus simples, j'espère, et cependant quelquefois je trouve ma façon de parler très… bizarre», dit un personnage de *Tous ceux qui tombent*. L'exposition, se demanderont certains, contribuera-t-elle à éclairer l'interprétation de l'œuvre? On répondra d'abord qu'elle sera en elle-même l'illustration de cette liberté de commentaire née du rejet des conceptions positivistes de l'ancienne histoire littéraire, puisqu'elle ne cherche en aucune manière à imposer un sens réputé univoque. Elle donnera en outre à voir l'horizon culturel dans lequel évoluait Beckett, à la fois milieu ambiant et interaction permanente, à commencer par la peinture abstraite si consonante à sa propre tendance au dépouillement (mais on aurait pu reculer encore l'horizon, faire surgir des figures antinomiques en apparence, un Montherlant par exemple dont le *Port-Royal* aurait pu s'intituler aussi bien *En attendant l'archevêque*, autre théâtre du vide que tente de masquer l'archaïsme volontaire de l'expression, en tant que manière opposée de vivre l'exténuation moderne). Si riche qu'il soit, le parcours proposé est donc une propédeutique: pour aller au-delà, le visiteur devra redevenir lecteur ou spectateur attentif. L'installation conçue par Alain Fleischer, avec sa cloison percée de trous, illustre à la perfection notre condition de lecteur (ou de spectateur), accumulant des points de vue toujours fragmentaires qui jamais ne réussiront à épuiser une œuvre pourtant elle-même placée sous le sceau de l'épuisement… Seul un lecteur omniscient pourrait abolir une telle cloison. On peut espérer que les ressources de l'intelligence numérique permettront aux pauvres lecteurs toujours lacunaires que nous sommes de se rapprocher un beau jour de ce personnage virtuel, pourvu que ce ne soit pas au prix du plaisir de lire. En attendant, il ne reste qu'à se replonger dans Beckett: en ce qui me concerne, il ne saurait y avoir meilleure conclusion.

Je remercie Marianne Alphant et Nathalie Léger, ainsi que toute leur équipe, pour avoir conçu et réalisé ce projet, qui coïncide non seulement avec le trentième anniversaire du Centre Pompidou, mais aussi, malgré un très léger décalage, avec le centième anniversaire de la naissance de Beckett. J'adresse un remerciement tout particulier à l'IMEC, notre partenaire privilégié dans cette initiative, comme il l'avait été avec «Roland Barthes».

Christian Bourgois

Préface

L'Imec connaît toute l'importance qu'il convient d'attacher à la présence de très belles pages manuscrites, de correspondances privées ou de quelques-uns de ces carnets annotés qui accompagnent l'élaboration d'une œuvre comme celle de Beckett, mais nous savons également combien l'évocation de son travail et de son œuvre se devait de déborder très largement le seul domaine de sa pratique d'écriture. Il s'agit bien, en effet, d'exposer les corps, les images et les espaces que Beckett a magistralement imposés au cœur de la création contemporaine, à travers le roman, le poème et le théâtre mais aussi le cinéma, la radio, la télévision ou la critique. Invention dans la langue, invention dans les formes réalisées, on le sait, avec une précision impitoyable, souvent légèrement, en forme de «Mirlitonnades», ou encore burlesquement, façon «Foirades», car l'œuvre de Beckett n'est pas (ou pas seulement) celle du désespoir mais elle est aussi celle du rire féroce et de l'humour ravageur, de l'exacte méditation sur le monde et de l'exigence formelle dans la phrase comme dans l'espace.

Chaque étape de l'exposition proposée par Nathalie Léger et Marianne Alphant organise une rencontre entre l'écriture de Beckett et les œuvres contemporaines dont elle s'est nourrie ou qu'elle a suscitées, car l'œuvre de Samuel Beckett offre aujourd'hui l'exemple rare d'un travail littéraire qui influence en profondeur la création contemporaine dans le domaine des arts plastiques comme dans celui de la musique. Insoutenable modèle littéraire, le texte beckettien nourrit en revanche librement, profondément, la démarche créative des plus grands artistes contemporains. C'est pourquoi l'exposition est aussi l'occasion de solliciter la collaboration d'artistes invités à proposer leur lecture de l'œuvre.

Mais Samuel Beckett ne fut pas seulement un grand créateur, il fut également, et on comprendra que j'y sois particulièrement sensible, une grande aventure de l'édition française. Elle fut portée par un seul d'entre eux (la liste des éditeurs qui refusèrent Beckett est aussi impressionnante qu'accablante – mais un éditeur un peu sincère peut-il se vanter de n'être jamais passé à côté d'une œuvre essentielle ?), un seul, Jérôme Lindon, a su aussitôt, et a lu juste, immédiatement. Il racontait volontiers que, lisant dans le métro le manuscrit de *Molloy*, il n'a pas cessé de rire, comme s'il avait compris dès les premières pages non seulement la puissance et la beauté de ce texte mais aussi l'intensité de leur rencontre, celle d'un auteur et de son éditeur. Là encore, je sais d'expérience le prix d'une telle rencontre où se mêlent intimement l'amitié, sinon l'affection, et l'estime, disons même l'admiration, non pas aveugle mais confiante, lucide, une admiration et une fidélité qui sont au fondement même du métier d'éditeur.

Je remercie le Centre Pompidou de nous permettre, grâce à notre très active collaboration, de poursuivre cette interrogation partagée sur l'événement littéraire, sa poétique comme sa politique. Et je remercie en particulier Edward Beckett de s'être associé avec tant de générosité à l'hommage que nous souhaitions rendre à l'une des œuvres et l'une des aventures éditoriales majeures de notre modernité littéraire.

Marianne Alphant

L'Exposé

«Une voix parvient à quelqu'un dans le noir. Imaginer.»[1] Des images, donc, pour commencer, toutes puissantes: Winnie dans le monticule d'*Oh les beaux jours*. Winnie et son ombrelle en feu. La brosse à dents sortie du sac. Winnie chantant «Heure exquise / Qui nous grise»[2] enterrée jusqu'au cou. Hamm en fauteuil roulant avec ses lunettes d'aveugle et son chien en peluche. Les deux vieux dans leurs poubelles. L'arbre sous lequel on attend Godot. L'attelage de Pozzo et Lucky. Le fouet de Pozzo. Lucky dansant. Une femme dans une berceuse. Les trois jarres dont sortent les trois têtes de *Comédie*. L'œil écarquillé de *Film* et le mur lépreux que longe Buster Keaton. Les quatre silhouettes encapuchonnées de *Quad*. La bouche de *Pas moi*, suspendue à trois mètres du sol dans une lumière qui l'isole. La tête de Krapp penchée vers le magnétophone. La silhouette d'un homme assis sur un grabat. Le plan rapproché d'un autre homme vu de dos, courbé sur une table invisible.

Est-ce parce qu'on les a vues sur scène ou bien filmées, photographiées, découpées par des cintres, par un écran, si souvent reproduites, passant presque inchangées d'un théâtre à l'autre tant les didascalies en sont précises, que ces images se sont ainsi gravées, aussi inusables que des archétypes? Leur puissance est un mystère s'agissant d'un écrivain, non d'un peintre – on se souvient de la phrase de *Têtes-mortes*: «[…] j'ai l'amour du mot, les mots ont été mes seules amours, quelques-uns.»[3] Ou de celle de *L'Innommable*: «Il ne faut pas oublier, quelquefois je l'oublie, que tout est une question de voix. Ce qui se passe, ce sont des mots.»[4]

Si l'exposition d'un écrivain tient souvent du paradoxe, il semble que Beckett rende la chose plus difficile encore: présentation de manuscrits (mais beaucoup des siens sont presque indéchiffrables), de photographies (Beckett s'y est toujours plié de mauvais gré), d'archives audiovisuelles (il n'a jamais voulu se laisser filmer), de dessins (il y a peu de choses à tirer des griffonnages en marge de ses manuscrits). Quant à ces images légendaires de son théâtre ou de ses pièces pour la télévision, on ne les montre pas sans risquer de faire écran au Beckett radical de la dissolution des figures, au créateur de ces personnages improbables qui vont s'annulant par glissements, répétitions, permutations: ces Pim, Bem, Bom, Krim, Kram, qui rampent dans la boue, haletant, murmurant, ressassant, couchés parmi les bribes de la «voix d'abord dehors quaqua».[5] Figures définies par de simples fonctions: l'entendant, le souvenant, le récitant ou, dans *Le Dépeupleur*, les grimpeurs, les chercheurs de l'arène, les chercheurs-guetteurs ou guetteurs tout court, les guetteurs de la seconde zone, les premiers de file, les sédentaires, les vaincus, la première vaincue, le dernier vaincu, le vieux chenu de la troisième zone, figures dont on ne dira pas qu'ils «sont l'auteur», mais bien plutôt ce qu'il donne à voir de lui – ou pour mieux dire: à ne pas voir. Une créature sans nom, un corps appartenant à «ce petit peuple de chercheurs dont un premier si ce fut un homme dans un passé impensable baissa enfin une première fois la tête si cette notion est maintenue».[6] Ainsi en va-t-il dans *Le Dépeupleur* comme ailleurs, toujours plus radicalement à mesure que les textes de Beckett tendent davantage vers l'épure, l'os, le grand murmure inouï, la blancheur ou son contraire,

1. Samuel Beckett, *Compagnie*, Paris, Les Éditions de Minuit, 1985, p. 7.
2. Id., *Oh les beaux jours*, dans *Oh les beaux jours*, suivi de *Pas moi*, Paris, Les Éditions de Minuit, 1963-1974, p. 76.
3. Id., «D'un ouvrage abandonné», dans *Têtes-mortes*, trad. de l'anglais par L. et A. Janvier en collaboration avec l'auteur, Paris, Les Éditions de Minuit, 1972, p. 27.
4. Id., *L'Innommable*, Paris, Les Éditions de Minuit, 1953, p. 98.
5. Id., *Comment c'est*, Paris, Les Éditions de Minuit, 1961, p. 9.
6. Id., *Le Dépeupleur*, Paris, Les Éditions de Minuit, 1970, p. 55.

l'image donnée pour invisible, le corps comme abstrait, couché sur le dos dans le noir, ou debout caché dans la blancheur. «Corps nu blanc fixe invisible blanc sur blanc. Seuls les yeux à peine bleu pâle presque blanc. Tête boule bien haute yeux bleu pâle presque blanc fixe face silence dedans.»[7] Image répétée, insistante, depuis ces jours lointains où le jeune Beckett s'attachait à ce personnage de Belacqua qui cache sa tête entre ses bras dans le Purgatoire de Dante. Figure de l'auteur, en somme, si réticent qu'il soit – et toujours plus à mesure des années –, si réticent qu'il soit à se montrer.

Le voici donc, pourtant: «Dans le même noir que sa créature», «Nulle part à trouver. Nulle part à chercher».[8] L'espace autour de lui est seul représentable: la «rotonde de large diamètre» dans laquelle il est couché sur le dos, «sa tête en occupe le centre»,[9] «Vu la faiblesse de la voix à son faible maximum une vingtaine de mètres doit suffire soit une dizaine depuis l'oreille. [...] Voilà pour la forme et l'étendue. Et la matière? [...] Ne rien décider pour le moment. Le basalte appelle. Du basalte noir».[10] Quant au noir lui-même, c'est un «noir immensurable. Sans bornes».[11]

Variante: le voilà désigné par la deuxième personne, marchant, comptant ses pas, marchant les yeux au sol, «dans le vieux melon la vieille tête baissée muette d'angoisse».[12] Le voilà s'adonnant «tout éveillé à l'œil clos! [...]. Simplement pour t'absenter».[13] Doué d'une «activité mentale des plus quelconques»[14] et d'une certaine «innommabilité».[15] Seule source de lumière, la voix: «[...] en principe il perçoit la faible lumière que répand la voix telle qu'imaginée. Hâtivement imaginée. Lumière infiniment faible d'accord puisque plus qu'à peine un murmure.»[16] Mais on peut aussi bien se reporter aux didascalies de *Pas*: «*Éclairage: faible, froid. Seuls sont éclairés l'aire et le personnage, le sol plus que le corps, le corps plus que le visage.*»[17] La voix doit être faible, le débit lent: quelque chose d'exténué, d'à peine perceptible, comme si tout, bien au-delà de *Pas*, devait se jouer aux frontières du visible, de l'audible, de l'identifiable, «voix quaqua» de *Comment c'est*, voix «*blanche, sourde, monotone*»[18] de *Berceuse*, «*faible lumière diffuse*» de *Solo*, lampe qui baisse puis s'éteint, laissant l'extrémité du grabat, le récitant et le globe blanc du lampadaire – «*grandeur crâne*»[19] – dans la pénombre.

Ainsi encore de P, le protagoniste de *Catastrophe*, que les didascalies présentent debout sur un cube noir au centre de la scène. Comme une statue, pourrait-on se dire – en matière d'exposition, décidément, Beckett a tout prévu, la lumière, la scénographie, et jusqu'à la hauteur du piédestal, 40 cm. L'homme porte un chapeau noir à larges bords et une robe de chambre noire, il est pieds nus, mains dans les poches, tête basse. Un personnage *exposé* mais tout autant dissimulé: «Qu'est-ce qu'il a dessous?», demande M, le metteur en scène, à son assistante, «A: Sa tenue de nuit. M: Couleur? A: Cendre».[20] Crâne? «A: Déplumé. Quelques touffes. M: Couleur? A: Cendre.»[21] Est-ce ainsi que l'auteur se voit? Immobile, exposé là, face cachée, muet («Pas piper»[22]). Figurant peu à peu dénudé par A et M, dépouillé de sa robe de chambre, livré aux regards en vieux pyjama gris, sans chapeau, le crâne couleur cendre, à «blanchir»,[23] la tête baissée plus bas, encore un peu, mais l'effet n'y est pas, «Ça manque de nudité»,[24] on va rouler la jambe de pyjama sur le tibia, la rotule, les jambes, on va «blanchir chairs»,[25] couper l'ambiance, le corps s'effaçant lentement dans le noir, la lumière n'éclairant que la tête baissée. «Bon. On la tient notre catastrophe.»[26] *Ecce homo*. Ecce Beckett.

Programme pour une exposition: «Essayer encore. Rater encore. Rater mieux»[27] – le noir, le gris, l'ombre, des formes à peine visibles comme

7. Id., *Bing*, dans *Têtes-mortes*, *op. cit.*, p. 61.
8. Id., *Compagnie*, *op. cit.*, p. 31.
9. *Ibid.*, p. 43.
10. *Ibid.*, p. 44.
11. *Ibid.*, p. 45.
12. *Ibid.*, p. 52.
13. *Ibid.*, p. 56-57.
14. *Ibid.*, p. 61.
15. *Ibid.*, p. 62.
16. *Ibid.*, p. 70.
17. S. Beckett, *Pas*, suivi de *Quatre esquisses*, Paris, Les Éditions de Minuit, 1978, p. 7-8.
18. Id., *Berceuse*, dans *Catastrophe et autres dramaticules*, Paris, Les Éditions de Minuit, 1986, p. 55.
19. Id., *Solo*, *ibid.*, p. 29.
20. Id., *Catastrophe*, *ibid.*, p. 73.
21. *Ibid.*
22. *Ibid.*, p. 77.
23. *Ibid.*, p. 75.
24. *Ibid.*, p. 78.
25. *Ibid.*, p. 79.
26. *Ibid.*, p. 80.
27. S. Beckett, *Cap au pire*, trad. de l'anglais par É. Fournier, Paris, Les Éditions de Minuit, 1991, p. 8.

autant de variations sur l'empêchement, le déclin, l'échec, l'infigurabilité?

Et pourtant, que de liens entre Beckett et le visible. Il a vingt ans et parcourt les salles de la National Gallery of Ireland, à Dublin, s'arrêtant devant Ruysdael (il se souviendra toujours du petit garçon qui pisse contre un mur, dans le bas, à droite), Van Goyen, Bruegel, Brouwer, Cuyp, une Mise au tombeau de Poussin («les bleus et les pourpres lyriques»[28]). Il a vingt-cinq ans et examine «centimètre carré par centimètre carré»[29] une Pietà du Pérugin, récemment entrée au musée de Dublin («Un Xist [Christ] puissant, rasé de près, et une passion de larmes pour la gloire. L'élément le plus mystique est le pot à onguent»[30]); ou bien il est à Florence, visitant «les sinistres Uffizi» et leur impressionnante collection de tableaux, enchaînant avec Santa Maria Novella et le *Déluge* d'Uccello, avec les fresques de Masaccio dans la chapelle Brancacci et les longues tresses épaisses, le bras droit posé sur la poitrine de la *Madeleine pénitente* du Titien au Palais Pitti. Encore des églises, des palais, des couvents, des galeries, Michel-Ange, Giorgione, Ghirlandaio, Giotto. Le parcours est traditionnel, non le regard: ce qu'il isole, retient des toiles vues et revues, décrit dans sa correspondance, a une étrange puissance: ainsi, «le visage renversé de l'Enfant dans une Circoncision de Giovanni Bellini»[31] qu'on retrouvera dans *Murphy*, les compositions du Caravage, trois femmes sur un pont enjambant une eau sombre (un Munch vu en Allemagne dans la collection de Rosa Shapire), le «talent de cauchemar» d'Otto Dix, ce «Georg Grosz de la mutilation».[32] C'est encore l'autoportrait de Giorgione au musée de Brunswick qui l'obsèdera pendant des années avec son «expression tout à la fois intense et patiente, angoissée et ferme», comme «l'antithèse de l'esprit et des sens».[33] C'est une Crucifixion de Burgkmair qui lui donne «l'idée d'un Christ crucifié tournant le dos à l'observateur»,[34] ou une Résurrection de Dierick Bouts, «un type intéressant de Christ, boschien ou pas loin, l'air mi-idiot, mi-malin. Quasi l'isolement de la schizophrénie.»[35]

Dresde, 1937: les *Deux hommes regardant la lune* de Caspar David Friedrich, un tableau qu'il dira un jour être à l'origine de *En attendant Godot*. Mais aussi le *Saint Sébastien* d'Antonello da Messina: un tableau «formidable, formidable», racontera-t-il des années plus tard à Georges Duthuit: «C'était dans la première salle, j'en étais bloqué chaque fois.»[36] (Est-ce le saint, debout comme sur un piédestal, qui hantera *Catastrophe*?) La même année, Beckett est à Munich devant une Annonciation du même peintre, étudiant le geste de la Vierge qui serre ses mains contre elle «comme pour ramasser tout son être»,[37] un geste que Billie Whitelaw, longtemps plus tard, imitera à sa demande en jouant *Pas*.

Ces images, on pourrait dire qu'elles traversent l'œuvre de l'écrivain d'une façon spectrale. Ce sont leurs fantômes, leurs résidus, leurs structures qui *informent* secrètement ces corps errants ou prostrés, immobiles ou dérivant au ralenti, rampant, gisant, Vanités, Crucifixions, Mises au tombeau, «crâne seul dans le noir lieu clos».[38]

Elles encore qui traversent la phrase beckettienne en la dépouillant à l'extrême, et qui tirent toute leur puissance de sa radicalité. Sans doute faut-il y voir la clé de la singulière postérité de Beckett dans la création contemporaine, notamment dans les arts visuels. On connaît les relations d'amitié qui ont lié Beckett à des artistes comme Jack Butler Yeats, Bram Van Velde, Avigdor Arikha, Henri Hayden ou Geneviève Asse. Mais l'exposition est aussi l'occasion de montrer que d'autres générations

28. James Knowlson, *Beckett*, trad. de l'anglais par O. Bonis, Arles, Actes Sud/Solin, 1999, p. 97. Référencée sous le titre *The Entombment* dans le catalogue des collections de la National Gallery of Ireland (*National Gallery of Ireland. Illustrated Summary Catalogue of Paintings*, Dublin, Gill and Macmillan, 1981, p. 129), cette œuvre a pour titre original *La Lamentation sur le Christ mort* (voir Pierre Rosenberg, Louis-Antoine Prat, *Nicolas Poussin*, cat. d'expo., Paris, Galeries Nationales du Grand Palais, 1994, p. 494-495).
29. S. Beckett, Lettre à Thomas McGreevy, 20 décembre 1931, citée par J. Knowlson, *Beckett*, *op. cit.*, p. 196.
30. *Ibid.* Cette œuvre est référencée sous le titre *The Pietà dans National Gallery of Ireland. Illustrated Summary Catalogue of Paintings*, *op. cit.*, p. 126.
31. S. Beckett, *Murphy*, Paris, Les Éditions de Minuit, 1965, p. 180.
32. Id., Carnets allemands, 2, 13 novembre 1936, cité par J. Knowlson, *Beckett*, *op. cit.*, p. 315.
33. *Ibid.*, 9 décembre 1936, p. 321.
34. S. Beckett, Carnets allemands, 5, 13 mars 1937, cité par J. Knowlson, *Beckett*, *op. cit.*, p. 339.
35. *Ibid.*, 9 mars 1937, p. 339-340.
36. S. Beckett, Lettre à Georges Duthuit [printemps 1950?], citée par Rémi Labrusse, «Beckett et la peinture. Le témoignage d'une correspondance inédite», *Critique*, vol. 46, nº 519-520, août-septembre 1990, p. 674.
37. J. Knowlson, *Beckett*, *op. cit.*, p. 340.
38. Id., *Pour finir encore et autres foirades*, Paris, Les Éditions de Minuit, 1976, p. 7.

de vidéastes, de plasticiens ou de compositeurs lui empruntent aujourd'hui ces images, ces obsessions, ces structures, ces agencements: de Robert Ryman à Sean Scully, de Sol LeWitt à Bruce Nauman, de Richard Serra à Stan Douglas, de Robert Motherwell à Jean-Michel Alberola, de Pascal Dusapin à Jérôme Combier, quelque chose *passe*, une référence explicite ou secrète, un code, une reconnaissance, fondant ce qu'on pourrait appeler une communauté beckettienne. Voici donc les hommages que certains lui rendent à travers des crânes, une lumière, des structures combinatoires, une disparition des formes et des couleurs, l'emprunt ou le détournement des gestes, des rythmes, des objets, de tout ce qui constitue *l'habitus* et le monde beckettien: la nudité, le déchet, le rire, un crâne, une chute, un arbre, le silence, un cube, l'obscurité, la voix, des ruines.

Et si l'écrivain est là, c'est peut-être comme à la fin du *Dépeupleur*, un corps, «assis dans l'abandon sans retour»,[39] le «tronc profondément courbé vers le sol»,[40] silhouette fantomatique la plus immobile de toutes, «si souvent prise comme repère»[41] mais vainement scrutée par un visiteur qui tenterait de lui relever la tête pour un impossible face-à-face: «Dévoré le visage mis ainsi à nu les yeux enfin par les pouces sollicités s'ouvrent sans façon. Dans ces calmes déserts il promène les siens jusqu'à ce que les premiers ces derniers se ferment et que la tête lâchée retourne à sa vieille place.»[42]

39. Id., *Le Dépeupleur*, *op. cit.*, p. 53.
40. *Ibid.*, p. 54.
41. *Ibid.*
42. *Ibid.*

Nathalie Léger

Forer des trous

«Fous-moi la paix avec tes paysages!
Parle-moi du sous-sol!»[1]

Samuel Beckett est à sa table, la tête légèrement penchée, il scrute un point qui nous échappe, un objet posé là, cendrier ou stylo, à moins que ce ne soit le blanc du papier. Il est comme le saint Jérôme de Dürer, la tête appuyée dans la main, désignant d'un doigt le crâne posé devant lui entre le livre et l'encrier, «crâne seul dans le noir lieu clos front posé sur une planche»,[2] «crâne abri dernier / pris dans le dehors»,[3] «dans le crâne tout disparu sauf le crâne».[4] Crâne, cellule, chambre, tombe… On ne peut parfois dire la chose la plus essentielle qu'en décrivant les contours de ce qui la contient (pour parler de l'écriture, on parle de la chambre où l'écrivain s'enferme, on parle de la vie matérielle, on parle de ses papiers). Beckett vient de reposer les écrits de saint Jérôme sur l'étagère toute proche et repense peut-être à ces quelques phrases: «Souvent nous entrions dans ces cryptes creusées dans les profondeurs de la terre où l'on avance entre des morts ensevelis à droite et à gauche le long des parois. Ici et là, une clarté venue d'en-haut tempère la profondeur des ténèbres: moins une fenêtre qu'un trou foré, croirait-on, par la clarté qui tombe» – à moins qu'il ne laisse revenir à lui les derniers mots de *L'Innommable*: «ça va être le silence, là où je suis, je ne sais pas, je ne le saurai jamais, dans le silence on ne sait pas, il faut continuer, je ne peux pas continuer, je vais continuer.»[5] C'est à l'époque où il est photographié immobile à sa table, la tête légèrement penchée. Nous sommes en 1966.

Il a réalisé très précisément dans la langue ce qu'il projetait de faire dès 1937 et qu'il expliquait alors à un jeune ami allemand: «Y forer un trou après l'autre jusqu'à ce que ce qui est tapi derrière lui, que ce soit quelque chose ou rien, commence à suinter – je ne peux pas imaginer de but plus élevé pour un écrivain d'aujourd'hui.»[6] Il a le même visage concentré que celui de ce spéléologue interrogé par la télévision française: au bord d'un gouffre sombre, l'homme explique à la caméra qu'il collectionne les silences, toutes sortes de silences, dit-il d'un air soucieux en ajustant sa petite lumière sur le front, car il y a de très nombreuses sortes de silences au fond de la terre. Assis à sa table, l'écrivain médite sur la tâche infinie qui lui revient d'épuiser les mots et de continuer pourtant à les dire, la tâche ardue de trouver le silence non pas au bout de la parole mais dedans, au milieu des mots, en un point de conjonction et de scansion qui pourrait être le point géométrique selon Kandinsky, un point défini comme «l'ultime et unique *union du silence et de la parole*».[7] Cette conjonction de silence et de parole a occupé Beckett dès ses débuts dans l'écriture: en 1932, il a vingt-six ans, il écrit dans sa première tentative de roman, *Dream of Fair to Middling Women*, qu'il veut que son lecteur se trouve «entre les phrases, dans le silence, cela lui sera communiqué par les intervalles et non les termes du discours»;[8] en 1937, il écrit qu'il aimerait que la surface du mot soit dissoute «comme par exemple la surface sonore de la *Septième Symphonie* de Beethoven dévorée par d'immenses pauses sombres»;[9] dans les «Textes pour rien», il s'agit d'«une voix et [d']un silence, une voix de silence, la voix de mon silence»;[10] plus tard, il consigne dans l'un de ses cahiers le calcul des minutes de silence par jour, par mois, par an, et ce genre de question: «Combien de silences de 3 sc. pour faire un silence total de 24 heures?»;[11]

1. Samuel Beckett, *En attendant Godot*, Paris, Les Éditions de Minuit, 1952, p. 86.
2. Id., *Pour finir encore et autres foirades*, Paris, Les Éditions de Minuit, 1976, p. 7.
3. Id., *Poèmes*, suivi de *Mirlitonnades*, Paris, Les Éditions de Minuit, 1978, p. 25.
4. Id., *Cap au pire*, trad. de l'anglais par É. Fournier, Paris, Les Éditions de Minuit, 1991, p. 32.
5. Id., *L'Innommable*, Paris, Les Éditions de Minuit, 1953, p. 213.
6. Id., «La lettre allemande», Lettre à Axel Kaun, 9 juillet 1937, voir *infra*, p. 15.
7. Vassily Kandinsky, *Point et ligne sur plan* [1926], trad. de l'allemand par S. et J. Leppien, Paris, Gallimard, 1991, p. 25.
8. S. Beckett, *Dream of Fair to Middling Women*, dans Ruby Cohn (éd.), *Disjecta. Miscellaneous Writings and a Dramatic Fragment*, Londres, John Calder, 1983, p. 49.
9. Id., «La lettre allemande», art. cité, voir *infra*, p. 15.
10. Id., «Texte pour rien, X», dans *Nouvelles et Textes pour rien*, Paris, Les Éditions de Minuit, 1958, p. 186.
11. Id., Cahier manuscrit, Trinity College Archives, Dublin.

sa biographe, Deidre Bair, raconte que lorsqu'il rencontre Igor Stravinski, il lui demande comment noter les silences de *En attendant Godot*; ce sont aussi les poèmes, par exemple, presque au hasard, cette «Mirlitonnade»: «silence tel que ce qui fut / avant jamais ne sera plus»;[12] c'est enfin toute l'œuvre de prose qui cherche obstinément à fixer ce point indiscernable où la parole se confond avec son épuisement. Comme le rien pour Flaubert, le carré noir pour Malevitch, ou le blanc pour Ryman, le silence est pour Beckett une pure et parfaite puissance de représentation («terrible puissance», disait Malevitch du carré noir). Beckett cherchait une «littérature du non-mot» comme Robert Ryman cherchait la peinture en son absence même: «Sans peindre, peins!» Cette recherche, cet effort donc, cette tâche concrète (et pas cette pente métaphysique comme on le croit trop souvent), cette obsession et cette jubilation s'appuient sur des opérations syntaxiques d'espacement, de réitération, de césure, de hiatus, minutieusement réglées pour conjoindre au plus concret de la langue, au centre le plus déclaratif et le plus retiré des mots, un excès et une économie, un plein et son vide. Présence obtenue par le suspens, persistance par le retrait, puissance par l'ascèse: «Moindre. Ah le beau seul mot»,[13] «Moindre minimement. Pas plus».[14]

On entend dire, et on lit dans les manuels, que l'œuvre de Beckett est traversée par l'absurde, le désespoir et le néant. C'est oublier que le néant s'insinue aussi efficacement chez les notaires de Balzac que dans la chambre de Molloy, qu'il se faufile dans les bordels de Maupassant comme il se glisse autour du tertre de Winnie, qu'il se coule dans les pages des plus grands, de Proust à Céline, de Flaubert à Faulkner. Le néant borde toujours le chemin qui mène l'écriture vers le réel. Même Malone sur son lit le sait, lui qui aime à citer Démocrite: «*Rien n'est plus réel que rien.*»[15] Il est d'ailleurs si difficile de s'en remettre à l'écriture pour extraire du rien initial un éclat, un timbre ou un silence qu'il faut parfois pour donner le change et inventer des féeries, de vraies féeries comme seul Beckett a su en inventer: «Je vais peut-être être obligé, afin de ne pas tarir, d'inventer encore une féerie, avec des têtes, des troncs, des bras, des jambes et tout ce qui s'ensuit.»[16] Alors la cohorte des protagonistes s'ébranle: les Molloy, les Malone et les Winnie, Vladimir, Estragon et Pozzo, les Murphy, Watt, Macmann ou Knott, Erskine, Youdi, Mahood, Neary, Endon, Cooper ou Lousse, sans parler des Krim, Kram, Bim, Bom, ils s'élancent, s'égarent, se traînent, se disjoignent, ils rampent au bord de la route, ils stationnent au pied d'un arbre, au creux d'un fossé, ils sont toujours en fuite et toujours immobiles, leur destin obéit à l'enchaînement irrépressible et ironique des causes et des conséquences, ils se confient en toute lucidité et parfois même en toute joie au désastre de leur corps humiliés, bafoués, livrés à l'émoi, à l'impuissance, à la répétition. Au même moment (au plus fort du cataclysme), le calme se fait dans la prose. On pourrait penser qu'il n'y a de désordre du sujet, d'ensevelissement dans le fatras, le cher fatras comme il disait, que pour en travailler méthodiquement l'épure. C'est une rigueur de l'énonciation qui veut s'assurer la maîtrise et la contention du sujet parfaitement défait qu'elle met en scène. Poursuite sans fin des mots de Hölderlin: «Aux limites extrêmes de la douleur, il ne reste plus rien que les conditions pures du temps et de l'espace.»[17] Vraies coordonnées de l'écriture.

Lorsque dans le courant des années 1930, le jeune Beckett commença d'envoyer ses manuscrits à quelques éditeurs anglais, il lui fut sèchement répondu qu'il faisait du sous-Joyce. Ceux auxquels

12. Id., *Poèmes*, suivi de *Mirlitonnades*, *op. cit.*, p. 34.
13. Id., *Mal vu mal dit*, Paris, Les Éditions de Minuit, 1981, p. 66.
14. *Ibid.*, p. 69.
15. S. Beckett, *Malone meurt*, Paris, Les Éditions de Minuit, 1951, p. 30.
16. Id., *L'Innommable*, *op. cit.*, p. 35.
17. Friedrich Hölderlin, *Remarques sur Œdipe*, trad. de l'allemand par F. Fédier, Paris, UGE, 1965.

il adressait ses textes déploraient cette «imitation servile et incohérente», cette «affectation détestable et indécente» bien dans le genre du maître. Lui-même, accompagnant l'envoi de ses premiers textes à certains de ses amis prenait soin de prévenir: «Ça empeste Joyce, bien sûr, en dépit de très sérieux efforts de ma part pour l'imprégner de mes odeurs à moi.»[18] Cette difficulté à trouver sa propre langue renvoie à la question essentielle, pour Joyce comme pour Beckett, de la fidélité ou de la trahison à la langue maternelle. Toutes les années 1930 et 1940 ont été, pour lui, consacrées à la recherche douloureuse de sa propre langue. En 1956, il s'est expliqué dans l'un de ses rares entretiens publics: «Joyce était un superbe manipulateur de matière – peut-être le plus grand. Il faisait rendre aux mots le maximum. Il n'y a pas une seule syllabe de superflue. Dans le genre de travail que je fais, je ne suis pas maître de mon matériau. Plus Joyce savait, plus il pouvait. Il tend à l'omniscience et l'omnipotence de l'artiste. Je travaille avec l'impuissance et l'ignorance.»[19] Joyce est dans l'apothéose, dans l'excès, Beckett sera dans le retrait et dans le moindre; Joyce métamorphose de l'intérieur sa propre langue jusqu'à la rendre étrangère, Beckett fera le choix d'une langue étrangère, le français, pour la faire sienne. Chacun à sa manière a rendu hommage à ce que disait Vico: «Quiconque désire exceller en tant que poète doit désapprendre la langue de son pays natal et retourner à la misère primitive des mots.»[20] Cette misère est comme le petit tertre de Winnie dans *Oh les beaux jours*, un enfoncement essentiel, un terreau qu'il faut explorer à fond, auquel il vaut mieux consentir car elle ne sera bientôt plus qu'une bouche, celle de *Pas moi*, là où tout s'engouffre.

Si l'on cherchait, chez Beckett, le reste essentiel du lien avec Joyce, on pourrait s'en tenir à cette scène bien connue du début d'*Ulysse*: Stephen Dedalus marche sur la plage à marée montante, il se remémore la figure de sa mère morte, la vue du corps agonisant, il dresse devant lui la scène du souvenir (le souffle, le râle, les yeux fixés sur soi, la caresse et la dévastation des yeux), scène fameuse qui s'ouvre sur ces mots: «Inéluctable modalité du visible…» et se poursuit par ceux-ci: «Fermons les yeux pour voir.»[21] On pourrait imaginer Beckett effaçant tout ce qui l'encombre de Joyce (ce qui l'encombre, c'est-à-dire ce qui l'empêche d'advenir à lui-même), effaçant tout et partant de là. Dresser la scène de l'esprit, extraire de la pensée une présence exacte, accomplie. Le faire, en y ménageant les éclipses nécessaires: «Il n'y a qu'un seul thème dans ma vie va-et-vient de l'ombre du dehors à l'ombre du dedans», poursuivre sans relâche l'effort de nommer le lieu et sa lumière jusque dans les innombrables modalités de son obscurcissement, essentielle didascalie à la scène beckettienne qu'elle soit de théâtre ou de prose. «Quelles visions dans le noir de lumière!», s'exclame une voix dans *Compagnie*, «Quelles visions dans le noir sans ombre de lumière et d'ombre!»[22] Plongée dans l'obscurité, cherchant à identifier l'espace même de sa propre représentation, la pensée ne peut échapper à la puissance de la réminiscence. Du noir naissent les revenants. Sous les figures de l'obsédante volonté de rigueur, l'œuvre s'ouvre à la présence silencieuse des êtres aimés, à la lente plongée mémorielle. Et lorsque parfois le texte n'y suffit pas, lorsqu'il est décidément de trop, alors Beckett se tourne vers l'image. Commencée en 1966, accomplie avec des œuvres comme *…but the clouds…* (1977) ou *Quad* (1981), son œuvre de télévision réalise ce que la danse accomplissait pour Mallarmé, elle est à peu près ce «poème dégagé de tout appareil du scribe»,[23] elle lui permet de poursuivre sa recherche jusque dans la matière sans verbes

18. Pour toutes ces citations, voir les travaux de James Knowlson et notamment, *Beckett*, trad. de l'anglais par O. Bonis, Arles, Actes Sud/Solin, 1999.
19. S. Beckett, Entretien avec Israel Shenker, *New York Times*, 6 mai 1956, cité par Deidre Bair, *Samuel Beckett*, trad. de l'anglais par L. Dilé, Paris, Fayard, 1979.
20. Sur Vico, voir «Dante … Bruno .Vico .. Joyce», dans *Our Exagmination Round His Factification for Incamination of Work in Progress*, Paris, Shakespeare and Co., Sylvia Beach, 1929. Voir *infra*, p. 1-13.
21. James Joyce, *Ulysse*, trad. de l'anglais par A. Morel assisté de S. Gilbert (traduction entièrement revue par V. Larbaud avec la collaboration de l'auteur), Paris, Gallimard, 1937, p. 39.
22. S. Beckett, *Compagnie*, Paris, Les Éditions de Minuit, 1985, p. 83.
23. Stéphane Mallarmé, «Ballets», dans *Œuvres complètes*, Paris, Gallimard, «Bibliothèque de la Pléiade», 1945, p. 304.

ni substantifs de l'image. Beckett installe sa petite lumière sur son front et descend lentement: ici des corps s'affairent autour d'un trou, une femme parle dans l'ombre, un enfant paraît au fond du corridor, là une main vient porter secours au rêveur, un homme est à sa table, la tête dans la main, il scrute un point qui nous échappe. «Une clarté venue d'en-haut tempère la profondeur des ténèbres.»

Exposer le travail de Samuel Beckett, ses effets, sa résonance, serait peut-être le seul moyen de raconter le trou creusé dans la langue, l'excavation qui forme le gouffre. «[...] la seule recherche féconde est une excavation, une immersion, une concentration de l'esprit, une plongée en profondeur.»[24] L'œuvre de Beckett est ailleurs qu'entre les murs d'une exposition, nous le savons bien, elle ne se trouve que dans la parfaite idéalité d'un texte typographié et dans le calme approfondissement de la lecture. Mais en proposant, pour y conduire, une traversée des images, des espaces et des ombres qu'il a fait surgir au cœur de la création contemporaine, en aménageant des vues sur quelques œuvres essentielles (la trace d'une bibliothèque perdue, une bouche qui prononce le monde en tremblant, une autre qui s'empêche de parler tout en parlant, un long ruban de silence qui s'échappe en phylactère, l'œil de Buster Keaton, un cube de silence ou un grand pan de mur blanc[25]) c'est-à-dire en prenant le mot «exposition» en son sens littéral – l'*exposer* pour mieux révéler le corps lumineux de son texte sur quelques surfaces propres à en transmettre l'image, à en réfléchir l'intensité –, nous forgeons ce lieu étrange, décrit dans *Watt*, qui est sans doute le lieu de toute exposition, un lieu «loin de tout où vos morts marchent à vos côtés»,[26] le lieu même de la littérature.

Nathalie Léger est l'auteur des *Vies silencieuses de Samuel Beckett*, Paris, Allia, 2006.

24. S. Beckett, *Proust*, trad. de l'anglais par É. Fournier, Paris, Les Éditions de Minuit, 1990, p. 77.
25. On reconnaîtra ici, entre autres œuvres exposées, Claudio Parmiggiani, *Polvere*, 1998; Samuel Beckett, *Not I*, 1972; Mona Hatoum, *So Much I Want to Say*, 1983; Bruce Nauman, *Gauze*, 1969; Samuel Beckett, *Film*, 1966; Claudio Parmiggiani, *Silenzio*, 1971; Robert Ryman, *Chapter*, 1981.
26. S. Beckett, *Watt*, Paris, Les Éditions de Minuit, 1968, p. 40.

OS

STÉFAN

Si les premiers poèmes, *Echo's Bones and Other Precipitates* (1935) traduits en 2002 par Éd. Fournier ressortissent encore à l'influence du vers libre, assujettis encore à des excroissances biographiques (Dortmund, Londres, la Liffey) ou littéraires (Ovide qui prête le titre, Dante, la Bible, Hogarth), les *Poèmes*, suivi de *Mirlitonnades*, écrits à partir de 1937 et traduits en 1978, attestent d'un resserrement d'abord tout ascétique pour s'achever en dénuement de tri- à octosyllabique, le *Comment dire* de 1988 évoquant le *Comment c'est* de 1961 dans sa réticence dénoncée en tirets :

> «comment dire-
> ceci-
> ce ceci-
> tout ce ceci-ci»[1]

faisant transition avec mouches et cimetière de l'Ultime.

Un Beckett «poète» a donc sous-tendu le romancier et dramaturge : ni symboliste ni surréaliste ni expressionniste, mais expressif même d'une autre poésie, d'une contre-poésie. Figurera-t-il dans les anthologies? Car on n'est pas forcément poète pour en faire profession ou écrire des vers ou publier des recueils : il y faut une distance de chance que peut saisir, à l'inverse, quelqu'un d'éloigné de se croire ou vouloir tel – un peintre, par exemple (Dotremont, Klee, Arp, Kandinsky [*Klänge*], Rouault) ou bien écrivain réputé d'autre genre, philosophe (Bataille, J. Wahl), romancier, controuvant de la sorte

1. Samuel Beckett, *Comment dire* [Paris], Librairie Compagnie, 1988, p. 13.

l'ancienne séparation des genres. Tout individu peut aligner des expressions étagées, tout poète obtenir un résultat (poème) anecdotique réussi, peu parviendront à la généralisation qui fera d'un texte la somme exemplaire d'une sensation, cet objet inexprimé dont on dit justement (Pessõa) qu'il est intraduisible dans les paroles autant que dans une autre langue – un dit universel dans un rythme particulier.

Ne pas donc prendre les quelques poésies de Beckett pour accessoirement écrites par un écrivain étiqueté, car il s'y agit de la même tonalité reconnaissable et du même monde en lambeaux, il s'y agit des *Mots*. Même les dites «Mirlitonnades» ne sont pas à lire par dérision ou pastiche des usuels vers de mirliton – poésie d'adolescence, de province ou de pompe –, mais comme l'aveu que versifier, c'est rimer, faire jouer les vocables en écho, s'amuser du sérieux :

> «le nain nonagénaire
> dans un dernier murmure
> de grâce au moins la bière
> grandeur nature»,[2]

qu'écrire est la seule possibilité pour un mort en sursis d'évoquer un mort disparu, lui donner une *pensée* :

> «plus loin un autre commémore
> Caroline Hay Taylor
> fidèle à sa philosophie
> qu'espoir il y a tant qu'il y a vie
> d'Irlande elle s'enfuit aux cieux
> en août mil neuf cent trente-deux»,[3]

2. Id., «Mirlitonnades, 1976-1978», dans *Poèmes*, suivi de *Mirlitonnades*, Paris, Les Éditions de Minuit, 1978, p. 45.
3. *Ibid.*, p. 40.

pesée du monde sur un corps d'idées-images voué aux mots, aux dates, aux tombes plus que jamais visitées, au-dessus des os.

Os / *Bones* : unisyllabisme comparable –

«Et nous les os...», disait Villon, Ovide changeait ceux d'Écho en pierres quasi tombales, ces vieux os octogénaires de S. B. auquel rendre hommage († 89) :

Ici des Os
Os, Chairs, Yeux
les mains qui pendent
les pieds qui tiennent
la pine qui urine
puis le tibia dont on fait les flûtes

RAVANASTRON

TOUSSAINT

Au mur, à un clou, tel un pluvier, pendait un ravanastron.

Un quoi? Un ravanastron. Le mot m'est apparu un jour à l'improviste au bas de la page 71 de *Watt*. Ce fut comme un éblouissement, un pincement de plaisir, une énigme et un défi, le mot mystérieux s'est inscrit immédiatement dans ma mémoire (fautivement, au demeurant, car longtemps, avec légèreté, je disais zavanastron pour ravanastron). Mais bon, un zavanastron, quand on n'est pas tatillon.

Au mur, à un clou, tel un pluvier, pendait un ravanastron.

Porté par l'admirable balancement de la phrase, je me demandais quand même parfois ce que cela pouvait bien vouloir dire. Dans n'importe quel dictionnaire, je pouvais, au besoin, trouver ce qu'était un pluvier, mais un ravanastron, non. J'ai épluché le Larousse, j'ai fatigué le Robert, j'ai feuilleté le Littré, rien (je pouvais d'autant moins trouver ce ravanastron que je l'avais toujours cherché à la lettre «z»). J'ai fini par m'en ouvrir un jour à Jérôme Lindon, je revois très bien la scène, sans doute au restaurant *Le Sybarite* (nous déjeunions là de toute éternité, seul changeait le plat du jour). Après un instant de réflexion, un peu pris de court par la question (assez saugrenue, il est vrai), voyant d'autant moins ce que je voulais dire que je lui parlais de zavanastron, et non de ravanastron, Jérôme Lindon, d'un geste vague et ondulant de la main, a supposé que Beckett avait trouvé le mot dans un de ces innombrables dictionnaires ou encyclopédies qu'il affectionnait, mais je vais lui demander, je vais lui demander, m'a-t-il dit, je vais demander à Sam. Je n'ai plus jamais eu de nouvelles.

En fait, en vérité, je m'en foutais, de ce qu'était un ravanastron. Je ne savais même pas ce qu'était un pluvier. À l'époque, bien entendu. Un mur, oui, je voyais. Un clou, pas de souci. J'ai quand même écrit huit livres. Mais la première fois que j'ai lu la phrase, je l'avoue, à ces deux termes familiers, mur et clou, faisaient pendant ces deux termes fascinants, aux sonorités réjouissantes et vaguement insolentes, pluvier et ravanastron. *Et l'unique cordeau des trompettes marines*, non plus, remarquez, je n'ai jamais très bien compris ce que cela voulait dire (pour rester dans les instruments de musique). D'ailleurs, maintenant que je sais ce que la phrase veut dire, que je peux certifier qu'elle a un sens et que je pourrais, le cas échéant, l'affadir en l'expliquant avec précision, je me rends compte que c'est dans sa forme, et nullement par son sens, qu'elle m'avait ébloui. Déjà, à l'époque, en la lisant attentivement, je pouvais imaginer ce qu'elle était censée décrire, je pouvais imaginer un mur, je pouvais imaginer un clou sur ce mur, mais, ne sachant ni ce qu'était un pluvier ni ce qu'était un ravanastron, l'image qui commençait doucement à naître dans les brumes ouateuses de mon esprit restait purement abstraite, pur vertige de rythme et de sonorité, cliquetis mental de couleurs et de consonnes (c'était de la littérature, mes agneaux).

BERCEUSE

VILA-MATAS

57

Au mitan de je ne sais quelle année, Samuel Beckett tenait déjà son œuvre pour achevée. Il ne savait pas s'il lui restait quelque chose à dire et, si tel était le cas, il n'envisageait plus de le faire. Après tout, il n'avait jamais rien dit, sauf qu'il-n'y-avait-rien-à-dire-mais-qu'il-fallait-le-dire, et le reste à l'avenant. Il tenait enfin son œuvre pour achevée et il agissait comme s'il connaissait cet aphorisme de Canetti: «Le sage oublie sa tête.» Sa tête, il l'oubliait toujours dans une berceuse, la seule qu'il avait chez lui, celle dans laquelle il s'était balancé à loisir tout en écrivant *Murphy*. Il l'oubliait, mais il retournait vite vers elle, il retournait vers sa tête. Il la perdait à une fréquence inquiétante, mais avec dignité et sagesse; je crois me rappeler qu'il la perdait en moyenne trois fois par jour. Le reste du temps, il le passait dans sa berceuse.

Un jour, il commit l'erreur d'aller dans la rue. Et sa tête lui joua un mauvais tour en plein cœur de Paris. Il se retrouva avec elle entre les mains. Et il n'y avait pas de berceuse. Puis survint le pire: l'arrivée intempestive d'une phrase. La phrase fusa sans en demander l'autorisation pendant qu'il traversait le boulevard Saint-Germain. «Assis une nuit à sa table la tête sur les mains il se vit se lever et partir», disait la phrase. Dans les jours qui suivirent, elle trotta tout le temps dans sa tête. Elle demandait à être écrite, mais Beckett résistait. C'était une phrase isolée, exigeant une suite, ce qui conduisait de nouveau à l'écriture. Un piège du boulevard Saint-Germain. «Je ne l'aurais jamais écrite», pensa Beckett. Puis il rectifia le temps du verbe: «Je ne l'écrirais jamais.» Et enfin: «Je ne l'écrirai jamais.» Il l'écrivit le soir même. En haut de sa berceuse.

«Assis une nuit à sa table la tête sur les mains il se vit se lever et partir.» Il fut, pendant des jours et des jours, obsédé par cette phrase initiale. Il se vit se lever et partir. Mais partir pour où ? Loin, hors de sa vie ? Hors de son corps ? Loin de son esprit ? Loin de la berceuse ? Il passa des jours et des jours sans pouvoir aller plus loin. Il parlait avec ses amis et il leur disait qu'il avait une phrase et l'impression que le personnage s'observait lui-même par-derrière. Était-ce Beckett en chair et en os ? Ou simplement le piège du boulevard ? Il parlait de Beckett comme si ce n'était pas lui. Et on sait qu'il essayait de faire passer pour vrai que c'était le boulevard qui lui avait tendu le piège et l'avait poussé à écrire de nouveau. Il n'empêche qu'il n'avançait pas ; par bonheur, aucune phrase ne s'enchaînait à la première, à cette phrase obsédante qu'il avait écrite. Tant mieux, pensait-il. Peu de temps auparavant, il avait estimé que la trilogie *Nohow on* clôturait son œuvre. Mais la maudite phrase déjà écrite continuait à trotter dans sa tête, elle ressemblait chaque jour un peu plus à une phrase de *livre de chevet* : « Assis une nuit à sa table la tête sur les mains il se vit se lever et partir. »

Il décida de flirter avec l'indicible pour ne plus penser à elle et, si ce n'était pas possible, de laisser en tout cas cette phrase à jamais à l'intérieur de sa tête, dans la berceuse. Mais les plans, les précautions ne lui furent d'aucun secours. La berceuse était dans sa tête quand il sortait dans la rue. Et c'est ainsi qu'un jour, en plein cœur de Paris, le piège du boulevard se leva en chancelant comme l'ombre du dernier vagabond de l'une de ses histoires. Le piège contenait apparemment au départ la sempiternelle phrase, la phrase sans continuité. Mais la berceuse fit voler la phrase et la culbuta, la secoua jusqu'à épuisement en plein boulevard et Beckett trouva berceuse, tête et phrases neuves, le tout en même temps : « Assis une nuit à sa table la tête sur les mains il se vit se lever et partir. Une nuit ou un jour. Car éteinte sa lumière à lui il ne restait pas pour autant dans le noir. Il lui venait alors de l'unique haute fenêtre un semblant de lumière.»[1]

Une heure après, alors qu'il était déjà de retour à la maison, ces nouvelles phrases s'apprêtaient à être écrites dans la pénombre. Et, à vrai dire, pour moi ce texte ressemble aujourd'hui un peu au dernier goutte-à-goutte d'un robinet oublié dans la pire pénombre qu'aient connue les mots. Ici, à l'asile, il m'arrive très souvent de le lire la nuit. Je le lis dans ma berceuse, un fauteuil à bascule ayant appartenu, je crois, à Beckett. Je pense à sa fin. À la fin du fauteuil à bascule et à celle de Beckett. Ainsi qu'à la mienne. Je crois que nos fins se ressemblent. Celle-ci, par exemple, l'asile. Même chose pour l'un et l'autre. Et cette horreur, être un banal vieillard sans famille. Attendant la pénombre définitive. «Et comme quoi mieux vaut tout compte fait peine perdue et toi tel que toujours. Seul.»[2]

Traduit de l'espagnol par André Gabastou

1. Samuel Beckett, *Soubresauts*, Paris, Les Éditions de Minuit, 1989, p. 7.
2. Id., *Compagnie*, Paris, Les Éditions de Minuit, 1985, p. 88.

SAC DE WINNIE

PORTUGAL

62 *«Il y a le sac* bien sûr. Le sac.* Saurais-je en énumérer le contenu* ?»*

1. *bâton de rouge*
2. *boîte à musique*
3. *brosse à dents*
4. *dentifrice*
5. *flacon*
6. *glace*
7. *lime à ongles*
8. *loupe*
9. *lunettes*
10. *peigne*
11. *revolver*
12. *toque*

mon intérieur est là ·········> mon extérieur est là

batterie déchargée ·········> peut-on exprès
système du lièvre[11] ·········> appuyer la gâchette

déformation du présent ·········> parfaitement[8] possible
du pays voisin ·········> comme si tout étalé
à travers on voit bien ·········> longue séparée la vie sexuelle

un faible pour ·········> les poches gonflées de rasoirs
bonne nuit ·········> bonne nuit
et ce plaisir-là ·········> est unique là-bas
amigo[2] ·········> banana

l'équivalent ·········> bien sûr
la collection fermée ·········> unité métallique
le goudron chaud[12] ·········> le caoutchouc

l'acte[1] de ·········> pratique concrète
se terminera dans ·········> franchise d'abonné

petits cailloux ·········> objets sales
ne sont pas tous étanches ·········> les graviers[7]
et la neige ·········> du moisi

un paysage bien ·········> aboutissant à la réserve
cellules[9] à usage flou ·········> non résolu
une fois ·········> ne ralentit pas

amour mentionné ·········> hiver
finement délimité ·········> diffuse[5] l'intérêt
le danger dont le nom servait ·········> au début des équipements

dis donc mon petit ·········> la sieste est terminée
sans retenue la nature ·········> renvoie des coups[10]
des vrais dans ce que tu dis ·········> ma chérie ça exalte

l'âge d'origine ·········> laisse passer
ne va pas dans la poche ·········> dévisser[4] le reste

analogue[6] transportée grande ·········> banquise
d'accord ·········> elle déplace
ton silence ·········> une dénivellation

l'activité évadée ·········> de quelque[3]
insistante proximité ·········> feuille à traverser
qui respire ·········> un moment

64

Robert Ryman
Chapter
1981

Sean Scully
Beckett
2006

Sean Scully
Falling Wrong
1985

Henri Hayden
Les Sillons rouges
1960

Bram Van Velde
Sans titre. Grimaud
1979

Bram Van Velde
Sans titre. Carouge
1973

27

Richard Serra
Double Ring II
1972

Richard Serra
Spoleto Circle
1972

Jean-Michel Alberola
Rien
1995

Rien

BARQUE

RIVIÈRE

O voi che siete
in picciolletta barca...
Dante,
Paradis, II, 1

J'imagine que je vois un homme écouter sa voix enregistrée – je suis en train de lire *La Dernière Bande* de Samuel Beckett. Un nommé Krapp, après une pantomime, écoute d'anciens enregistrements de sa propre voix, soliloque, et commente ce qu'il vient d'entendre. Disons, pour faire court, que je vois un homme écouter sa voix enregistrée. J'entends ce qu'entend l'homme que je vois. Est-ce la même chose que lui et moi entendons ? Ce sont les mêmes mots et la même voix, mais sans doute pas la même chose. Ce « j'entends » ne se réduit pas au son qui frappe l'oreille, ni à la saisie conséquente du sens des mots et des phrases. C'est aussi quelque chose que je ressens, qui s'élabore en divagant, par éclairs, motions, pensées... Cela tourne, revient, s'écarte, insiste, se disperse... D'où ça vient-il? Du dispositif: c'est parce que je vois quelqu'un entendre ce que j'entends que j'entends autre chose. La seule vue d'un auditeur épaissit l'entendu, le multiplie, le mobilise. On pourrait appeler cela « rêver ». Le théâtre m'offre ce dispositif. Je peux aussi rêver en lisant, mais il faut s'y reprendre à deux fois. Si je relis, j'entends autre chose parce que quelqu'un d'autre – il se trouve que c'est moi, mais peu importe – vient de le lire.

Nous pourrions appeler « théâtre » tout ce qui se répète. À partir de deux fois, nous entrons dans un théâtre. Au théâtre, donc – ou, autrement dit, à la relecture –, j'entends quelque chose d'inouï, quelque chose que je n'avais pas encore entendu, mais qui n'était pas resté inerte. La première lecture – appelons-la naïve – avait eu un effet d'autant plus fort qu'il était déterminé par la face cachée de l'entendu. Ce qui est occulte transperce, ce qui est apparent caresse ou frappe, mais ne pénètre pas.

La lecture naïve peut avoir lieu à tout âge, mais il y a un âge où toute lecture est naïve. Lire est une longue nativité que relire illustre, c'est-à-dire éclaire et figure. Que relire ait à voir avec la nativité, Beckett, comme un autre, mieux qu'un autre, le démontre.

Quand, dans *La Dernière Bande*, Krapp met en marche son magnétophone, il entend sa voix enregistrée des années auparavant. Soudain, il débranche l'appareil, rembobine, et rebranche l'appareil. Il entend donc deux fois le même passage qui évoque cette scène : il est avec une femme dans une barque qui dérive : « – mon visage dans ses seins et ma main sur elle. Nous restions là, couchés, sans remuer. Mais, sous nous, tout remuait, et nous remuait, doucement, de haut en bas, et d'un côté à l'autre. »[1] Un peu plus tard, après avoir enregistré sur une autre bande ses commentaires actuels, il recherche de nouveau cet épisode et le réécoute.[2]

Dans l'âge de la lecture naïve, j'avais été bouleversé par une page de Rousseau dans la « Cinquième promenade » des *Rêveries du promeneur solitaire*. Je ne sais ce que j'y avais entendu, mais, à l'affût de toute manifestation propre à représenter une vie analogue à son idée, du moins telle qu'elle se formait à ce moment, car à cet âge, tout ce qui vous est présenté sous ce nom de vie ne ressemble pas à la perception qu'on en peut avoir, et la littérature est ce qui s'offre de plus exact et de plus convaincant, j'y avais reconnu ce qui figurait un sentiment inquiet, précis mais sans forme, défini dans son absence même de toute expression encore possible : « C'est exactement cela »... Quelque chose était reconnu sans que l'on puisse dire quoi.

1. Samuel Beckett, *La Dernière Bande*, Paris, Les Éditions de Minuit, 1959, p. 24.
2. *Ibid.*, p. 31-32.

«L'exercice que j'avois fait dans la matinée et la bonne humeur qui en est inseparable me rendoient le repos du diné très agréable ; mais quand il se prolongeoit trop et que le beau tems m'invitoit, je ne pouvois si longtems attendre, et pendant qu'on étoit encore à table je m'esquivois et j'allois me jetter seul dans un batteau que je conduisois au milieu du lac quand l'eau étoit calme, et là, m'étendant tout de mon long dans le bateau les yeux tournés vers le ciel, je me laissois aller et dériver lentement au gré de l'eau quelquefois pendant plusieurs heures, plongé dans mille reveries confuses mais délicieuses, et qui sans avoir aucun objet bien déterminé ni constant ne laissoient pas d'être à mon gré cent fois préférables à tout ce que j'avois trouvé de plus doux dans ce qu'on appelle les plaisirs de la vie.»[3]

On peut comprendre «plaisirs de la vie» comme les occasions qu'offre la vie d'éprouver des plaisirs, mais l'expression signifie également la vie en tant qu'elle est plaisir du seul fait d'être éprouvée comme telle. Allongé au fond du bateau, Rousseau ne conduit rien, ni le bateau, ni sa pensée : il laisse aller, s'abandonne à la dérive. Rien n'est fixé, arrêté, retenu. Les objets de la rêverie s'effacent devant leur multiplicité et leur mouvement. Ce ne sont pas les objets qui importent, mais la dynamique de leur défilé, l'erratisme de leurs apparitions, l'inconséquence de leur sens. Le rêveur embarqué soumet sa pensée à l'onde qui le berce. «J'entendais le clapotement de l'eau contre l'embarcadère, contre la rive, et l'autre bruit, si différent, de l'ondulation libre, je l'entendais aussi. Moi-même, quand je me déplaçais, j'étais moins bateau qu'onde, à ce qu'il me semblait, et mes stases étaient celles des remous.»[4] La barque n'est ici qu'une image, mais l'image est le signet d'une émotion, et, en l'occurrence, d'un état ondulatoire de l'être

3. Jean-Jacques Rousseau, «Cinquième promenade», dans *Les Rêveries du promeneur solitaire*, dans *Œuvres complètes*, Paris, Gallimard, «Bibliothèque de la Pléiade», 1959, t. I, p. 1043-1044.
4. S. Beckett, «La fin», dans *Nouvelles et Textes pour rien*, Paris, Les Éditions de Minuit, 1958, p. 107.

–je dis «l'être» pour ne dire ni le corps ni l'esprit qui, dans cet état, sont indistincts. La perception de cet état n'est pas le résultat d'une anamnèse qui permettrait de retrouver les sensations de la barque native, mais l'aérien retour de ce que la lecture naïve avait laissé informulé. Ce qui a eu lieu n'est saisissable que dans un processus analogue à celui de la traduction: la relecture est une interprétation, et même plus, la lecture de toute œuvre est l'interprétation d'une précédente. Je commence à comprendre la «Cinquième promenade» parce que je lis *La Dernière Bande*.

Beckett ne pensait sans doute pas à Rousseau en écrivant *La Dernière Bande*. On ne sait à quoi il pensait, quelle sensation il invite à retrouver derrière l'image. L'image est la monnaie de la sensation, et l'écriture l'agent de la transaction. On ne le sait… mais il laisse quelques cailloux. Il y a une femme dans la barque, elle a une égratignure sur la cuisse: «lui ai demandé comment elle se l'était faite. En cueillant des groseilles à maquereau, m'a-t-elle répondu».[5] Quand Krapp, un peu plus tard, a rembobiné la bande et qu'il la réécoute, elle reprend précisément sur «groseilles à maquereau».[6] Voilà une groseille qui fait caillou. Mais que faire de ces groseilles? Entre leurs deux apparitions, Krapp évoque le roman de Theodor Fontane, *Effi Briest*: «Me suis crevé les yeux à lire *Effie* encore, une page par jour, avec des larmes encore.»[7] Relisons. Dans le premier chapitre de ce roman paru en 1896, la jeune Effi est assise à la table du déjeuner dans le manoir familial. Elle brode avec sa mère un tapis d'autel. Une coupe de groseilles à maquereau est restée sur la table. Les amies d'Effi arrivent, et la mère se retire. Effi s'apprête à leur raconter une histoire «d'amour et de renoncement», mais, dit-elle, «je ne saurais commencer avant

5. Id., *La Dernière Bande*, *op. cit.*, p. 25.
6. *Ibid.*, p. 31.
7. *Ibid.*, p. 29.

que Hertha n'ait pris de ces groseilles à maquereau».[8] Elle recommande à ses amies de ne pas jeter les peaux, car «on peut glisser dessus et se casser une jambe».[9] Un cornet de papier est confectionné pour y envelopper les peaux, il est lesté d'un caillou, puis immergé dans l'étang du bord d'un canot gagné en procession solennelle avec chansons: «*Flux, flux, / Fais qu'il n'y paraisse plus...*»[10] L'épluchure de ce fruit septentrional à la peau finement veinée fait image du destin d'Effi: «Hertha, voici que ta faute est noyée, dit Effi, ce qui d'ailleurs me fait penser que dans les temps anciens, paraît-il, on a aussi noyé comme ça, du bord d'un bateau, de pauvres malheureuses, pour infidélité bien sûr.»[11] Je ne dirai pas ici la suite du roman, mais remarquerai que le rite propitiatoire est en fait signe prémonitoire. Cette histoire de groseilles fait image du destin d'Effi, mais entre la cérémonie des épluchures et la fin d'Effi, il y a l'épaisseur d'un roman et la longueur d'une vie.

Balançoire, fruit désiré, déchet, embarquement, bercement, immersion, blessure, chute... Cette séquence se répète en variations dans tout le roman. Lors d'une promenade en traîneau avec son mari, Effi est griffée par des piquants d'épines-vinettes en longeant le cimetière.[12] Peu de temps avant qu'il ne devienne son amant, le commandant Crampas, sortant de l'eau, vient baiser la main d'Effi qui se balance sur un fauteuil à bascule (autre objet beckettien), et une conversation s'engage sur la vie et la mort.[13] Pendant une excursion, le traîneau (barque terrestre?) où se trouvent Effi et Crampas doit quitter la compagnie et faire un détour car il ne peut traverser le Schloon, un ruisson de lise où il pourrait sombrer. Dans la forêt traversée ensuite, Crampas prononce le nom d'Effi, lui prend la main et la cou-

8. Theodor Fontane, *Effi Briest*, dans *Romans*, trad. de l'allemand par P. Villain, Paris, Robert Laffont, coll. «Bouquins», 1981, p. 568.
9. *Ibid.*
10. *Ibid.*, p. 572.
11. *Ibid.*
12. *Ibid.*, p. 635.
13. *Ibid.*, p. 672.

vre de baisers. « Elle eut la sensation de s'évanouir. »[14] Le lendemain, son mari lui raconte qu'il a rêvé la voir sombrer avec Crampas dans le Schloon. C'est sur un fauteuil à bascule, que, plus tard, Effi repense à sa « faute », se souvient du « premier jour » : « c'est là que tout a commencé. »[15] Et c'est également sur un fauteuil à bascule qu'elle ouvre la lettre de ses parents qui lui refusent l'hospitalité après sa répudiation par son mari, lettre qui déclenche un autre évanouissement.[16]

Dans les textes de Beckett, cette séquence de gestes et d'images est aussi à l'œuvre. Par exemple ceci : dans la pantomime initiale de *La Dernière Bande*, Krapp épluche une banane, en laisse tomber la peau par terre, glisse, et finit par la jeter dans la fosse (et si l'on suit Beckett et Fontane, on pourrait soutenir que la chute d'Adam et Ève est glissade sur épluchure de pomme) ; c'est le canot à sec de « La fin » ; le radeau rêvé de la fuite impossible dans *Fin de partie* ; et ceci, étonnante résurgence du fruit, dans *Watt* : « Et il pouvait se rappeler [...] le moment où seul dans un canot à rames, loin du rivage, il reçut une bouffée de groseiller en fleur. »[17]

Le cours de la lecture fait d'une séquence un dispositif. Barque, groseille, épine, blessure, peaux, chute, aiguille, bercement, balançoire, chaise à bascule, immersion... Nouées entre elles, ces images pourraient être analysées et interprétées, mais l'important est de sentir ce que ce dispositif fait passer, ou, plus précisément, ce qui passe et ce qui se passe à travers lui. Car ce qui se présente là, que je repère et que je nomme, et ainsi n'est qu'image, ne peut se réduire à ce qui se produit dans la lecture, et que désignait l'émoi singulier de la lecture naïve sous le coup de laquelle toute lecture ultérieure

14. *Ibid.*, p. 707.
15. *Ibid.*, p. 758.
16. *Ibid.*, p. 791.
17. S. Beckett, *Watt*, Paris, Les Éditions de Minuit, 1968, p. 73-74. Écrit en 1945, la même année, semble-t-il que « La fin ».

se trouve. Il se passe quelque chose: «HAMM — Qu'est-ce qui se passe? CLOV — Quelque chose suit son cours.»[18] Quelle est donc cette chose qui «se passe»? Une chose qui «suit son cours», car si «la fin est dans le commencement [...] cependant on continue».[19] Oui, oui! Mais quoi? Rousseau le dit, allongé dans sa barque, corps flotté, être fait onde, abandonné à l'erre qui délivre de tout objet, tout à l'écoute d'un pur continu: la vie, celle des plaisirs, tout bêtement.

18. Id., *Fin de partie*, Paris, Les Éditions de Minuit, 1957, p. 49.
19. *Ibid.*, p. 91.

CENDRIER

SOBELMAN

73

Ici, au terrier, j'ai des veilleurs. Plusieurs. L'un d'entre eux s'appelle Samuel Beckett.

Sur le mur de droite en entrant, il vous accueille, discret, assis de biais sur le coin d'un bureau, paquet de Gitanes et cendrier à portée.

À vous de voir... Certains passent sans y prêter attention, d'autres se trompent un instant devant l'impressionnant format grandeur nature de ce tirage noir et blanc, ou, toujours dans l'erreur, prennent le portrait à la mine de plomb de Jean-Olivier Hucleux pour une photographie de Gisèle Freund; on ne saurait les blâmer, la photographe elle-même s'y étant laissée prendre et d'intenter à l'artiste un procès pour plagiat, au motif que son motif était trop ressemblant... L'affaire est beckettienne. Les pressés de s'asseoir qui franchissent la porte séparant l'entrée du salon l'aperçoivent, ô stupeur, depuis le canapé dans l'encadrement de la porte, les fixant de son regard d'aigle : effroi, fascination ou salut amical, Sam en surplomb fait taire le cours ordinaire des bavardages, trouble jusqu'aux plus fins connaisseurs, l'ultime ironie revenant à l'ami, pourtant bien renseigné, qui demanda : « C'est ton père ? »

Presque vingt ans qu'on cohabite. C'est en 1987 à la FIAC, sur le stand de la galerie Beaubourg, qu'il m'attendait. Jean-Olivier Hucleux avait peint sur papier Canson (oui, ses dessins sont des peintures tant la spécificité du crayon dépasse ici ses moyens) onze portraits dont un autoportrait inaugural. À travers ces figures de l'Art Moderne, qui toutes ont interrogé la fin de la représentation – Arman, Artaud, Bacon, Beckett, Beuys, Duchamp, Giacometti, Klein, Matisse, Picasso et Warhol – le peintre, en compagnie choisie, poursuivait sa percée méthodique : à partir d'une image réduite réinventée à grande échelle, sonder à fond l'indice photographique, l'abraser, épuiser sa part d'ombre en remontant le cours des profondeurs avec son plomb. Voir. Et pour cela s'y tenir au plus près, tendre l'œil, attendre ; la vigilance est de tous les instants pour déshabiller l'apparence, atteindre à la présence réelle, toucher leurs corps infinis. Pas d'images copiées ou volées, mais des corps intensément écoutés, approchés. Mise à nu patiente et tension maximum, pour saisir par le moins, avec sa pointe humble et sans gomme, ces piliers de l'énigme comme il les nomme. Épreuve intensive du dessin pour se taire enfin dans leurs voix ; quinze à seize heures par jour pendant deux ans, à fouiller l'ourlet d'une oreille, les luisances d'un cuir, le motif hypnotique d'un pied-de-poule... Pour se sortir du vertige ? Des tours à bicyclette dans l'atelier...

Voici gris sec tout Beckett, je le vois pour la première fois en peinture comme je l'ai toujours lu. L'inépuisable S. B., en particules de matière grise, transsubstancié par la main d'un autre. Ce gris en question concerne l'homme après la mort, assumé pour ce en quoi il croit, dit Hucleux. Rien d'anecdotique ou d'hyperréaliste dans ce portrait, mais l'écho révélé d'une entente, écoutez *L'Innommable* : « Que tout devienne noir, que tout devienne clair, que tout reste gris, c'est le gris qui s'impose, pour commencer, étant ce qu'il est, pouvant ce qu'il peut, fait de clair et de noir, pouvant se vider de celui-ci, de celui-là, pour n'être plus que l'autre. »[1]

Alors oui, c'est bel et bien Samuel Beckett qui pose devant sa bibliothèque, un jour de 1964 à Paris, probablement chez lui, boulevard Saint-Jacques. Il vient de publier *Comédie*, prépare *Film*, son film avec Buster Keaton. C'est bien lui, qui fait face, dos aux récits sur la scène du bureau, comme me murmure un autre de mes veilleurs. Lui en personne, en passant, qui enfonce à peu près tous les livres

1. Samuel Beckett, *L'Innommable*, Paris, Les Éditions de Minuit, 1953, p. 24.

empilés derrière; seul Joyce, et par deux fois, scintille lisible, à l'horizon des rayonnages (à l'extrême gauche, sixième casier), avec le mot Art (deux étagères plus loin, à hauteur de son crâne). Oui, c'est lui l'Irlandais traducteur d'essentiel, qui ponctue de plus en plus mince, là, vibrant sur du gris-lumière, à quelques mètres de ma table – douze pour être exacte –, présence indéfectible, porte ouverte ou fermée.

Sa pensée vous regarde; rides concentrées au carrefour de ses yeux si clairs. Sam L'Épuisé, dans son tweed, la chair un peu lasse sous le vêtement vécu à la mine, à la main. Sam, que je n'ai plus quitté, tête légèrement inclinée, bras et jambes en pente douce recueillis dans le creux de ses mains.

Cette tête-là, ce corps-là, rejoints par un autre et qui m'accompagne. Combien de temps passé, veillée, bienveillée, sous son regard jamais le même, apparaissant, disparaissant. Je l'écoute. Je l'ai toujours écouté, certains soirs moi comme lui dans ses *Soubresauts*: «À l'aveuglette dans les ténèbres de jour ou de nuit d'un lieu inconnu à la recherche de la sortie. [...] Ou simplement attendant. Attendant entendre.»[2]

Le cylindre de sa Gitane fume encore entre ses doigts fins, il va bientôt l'éteindre dans ce cendrier carré en verre feuilleté, en bas à droite au premier plan du tableau (il y a déjà deux mégots écrasés). Un cendrier à moitié peint laissé en réserve, au blanc, pour dire que c'est en cours, pas fini, jamais fini, comme une signature du non-achevé.

Ces deux-là s'entendent et ça se voit, c'est lisible en peinture dans l'assomption de ce gris cendre; d'un peintre à l'autre, l'expérience millimétriquement vérifiée de Rimbaud: «Cette langue sera de l'âme pour l'âme, résumant tout, parfums, sons, couleurs, de la pensée accrochant la pensée et tirant.»[3]

2. Id., *Soubresauts*, Paris, Les Éditions de Minuit, 1989, p. 11-12.
3. Arthur Rimbaud, «Lettre à Paul Demeny», dans *Lettres du voyant, 13 et 15 mai 1871*, Genève / Paris, Droz, 1975, p. 140.

LILAS

AUSTER

Je suis arrivé à Paris en février 1971, quelques semaines après mon vingt-quatrième anniversaire. J'écrivais de la poésie depuis déjà un certain temps, et c'est grâce au poète Jacques Dupin, dont j'avais traduit le travail pendant mes premières années d'université, que ma première rencontre avec Beckett a été rendue possible. À Paris, Jacques et moi étions devenus amis. Jacques était responsable des éditions à la galerie Maeght; à travers lui, je rencontrai le peintre franco-canadien Jean-Paul Riopelle, l'un des artistes de la galerie. C'est par Jean-Paul que je fis la connaissance de la peintre américaine Joan Mitchell, avec qui il vivait à Verteuil dans une maison qui avait appartenu à Monet. Plusieurs années auparavant, Joan avait été mariée à Barney Rosset, fondateur et éditeur de Grove Press. Elle et Beckett se connaissaient donc bien. Un soir où nous discutions du travail de Beckett, elle réalisa combien celui-ci était important pour moi. Elle leva les yeux et demanda: «Voudrais-tu le rencontrer?» «Oui, dis-je, oui, bien sûr!» «Eh bien, écris-lui une lettre, déclara-t-elle, et dis-lui que l'idée vient de moi.»

Je suis rentré et j'ai écrit la lettre. Trois jours plus tard, j'ai reçu une réponse de Beckett m'informant qu'il me retrouverait à *La Closerie des Lilas* la semaine suivante.

Je ne me souviens pas de l'année. En 1972 peut-être, pas après 1974 en tous cas. Disons entre les deux, en 1973.

Je l'ai revu une seule fois après cette rencontre – au cours d'une visite à Paris en 1979 – et pendant des années nous avons échangé une vingtaine de petits mots et de lettres. Difficile de considérer ça comme de l'amitié, mais étant donné mon admiration pour son œuvre (qui frisait l'idolâtrie quand j'étais jeune homme), nos rencontres et notre correspondance épisodique m'étaient extrêmement précieuses. Parmi la foule de souvenirs que j'ai de lui, je citerai l'aide qu'il m'a généreusement accordée lorsque je fus chargé de mettre en forme le recueil *The Random House Book of Twentieth-Century French Poetry* (auquel il avait participé avec des traductions d'Apollinaire, Breton et Eluard); l'émouvant discours qu'il prononça, un après-midi dans un café à Paris, sur son amour de la France et sur la chance qu'il avait eue d'avoir vécu sa vie d'adulte dans ce pays; les aimables lettres dans lesquelles il me prodiguait des encouragements à chaque fois que je lui faisais parvenir quelque chose que j'avais publié: livres, traductions ou articles sur son travail. Il y eut aussi des moments amusants: le récit qu'il fit, sur un ton pince-sans-rire, de son unique visite à New York («Il faisait tellement chaud que je m'accrochais aux grilles»), sans parler de la phrase inoubliable qu'il prononça lors de notre première rencontre quand, n'ayant pu attirer l'attention du serveur par un signe du bras, il se tourna vers moi pour me confier, avec ce doux accent de terroir irlandais qui était le sien: «Aucun regard au monde n'est plus difficile à capter que celui d'un barman.»

De tous ces moments, il en est pourtant un qui se distingue des autres, une remarque faite au cours de cet après-midi à *La Closerie des Lilas*. Elle en dit aussi long sur l'homme Beckett que sur le dilemme avec lequel tous les écrivains sont obligés de vivre: le doute permanent; l'incapacité à juger de la valeur de ce que l'on a créé.

Pendant la conversation, il m'avait dit qu'il venait d'achever la traduction de *Mercier et Camier*, son premier roman en français, écrit au milieu des années 1940. J'avais lu le livre, en français, et je l'avais adoré. «Un merveilleux livre», dis-je. Après tout, je n'étais qu'un gamin et je ne pouvais cacher mon enthousiasme. Mais Beckett fit non de la tête et déclara: «Oh, non, non. Pas très bon. D'ailleurs, j'ai réduit d'environ vingt-cinq pour cent par rapport à l'original. La version anglaise sera nettement plus courte que la française.» Je dis : «Mais pourquoi ? C'est un merveilleux livre. Il ne fallait rien enlever.» Beckett fit une nouvelle fois non de la tête. «Non, non, pas très bon, pas très bon.»

Après quoi nous nous sommes mis à parler d'autre chose quand, cinq ou dix minutes plus tard, sans prévenir, il s'est penché vers moi pour demander: «Vous avez vraiment aimé, hein? Vous avez vraiment trouvé ça bon?»

Souvenez-vous : c'était Samuel Beckett qui parlait, et même lui ne saisissait pas la valeur de son travail. Aucun écrivain n'en est capable, pas même les meilleurs.

«Oui, lui ai-je dit, j'ai vraiment trouvé ça bon.»

Traduit de l'anglais par David Boratav

Texte publié dans James et Elisabeth Knowlson (dir.), *Beckett Remembering/ Remembering Beckett. A Centenary Celebration*, New York, Arcade Publishing, 2006, p. 232-234.

© Paul Auster, 2006

Pascale Bouhénic
How Far Is the Sky?
2006-2007

Geneviève Asse
Trace I
1972

Tal Coat
Sans titre 5
1981-1982

Tal Coat
Sans titre 3
1981

Pages suivantes

38-39
Paul McCarthy
Photogramme
de *Black and White Tapes*
1970-1975

40-41
Samuel Beckett
Photogramme
de *Ghost Trio*
1977

42-43
Bruce Nauman
Photogramme
de *Slow Angle Walk*
(Beckett's Walk)
1968

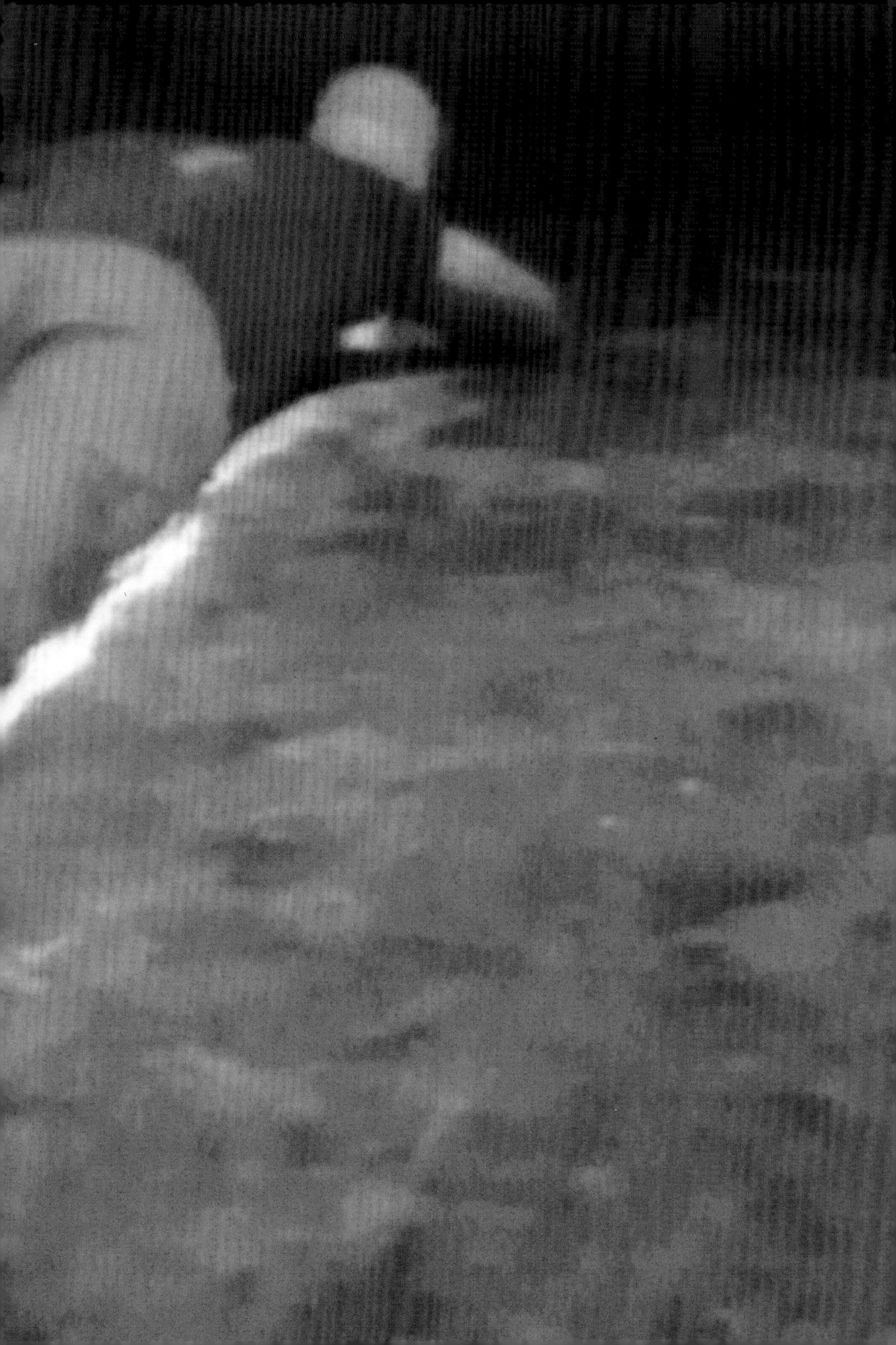

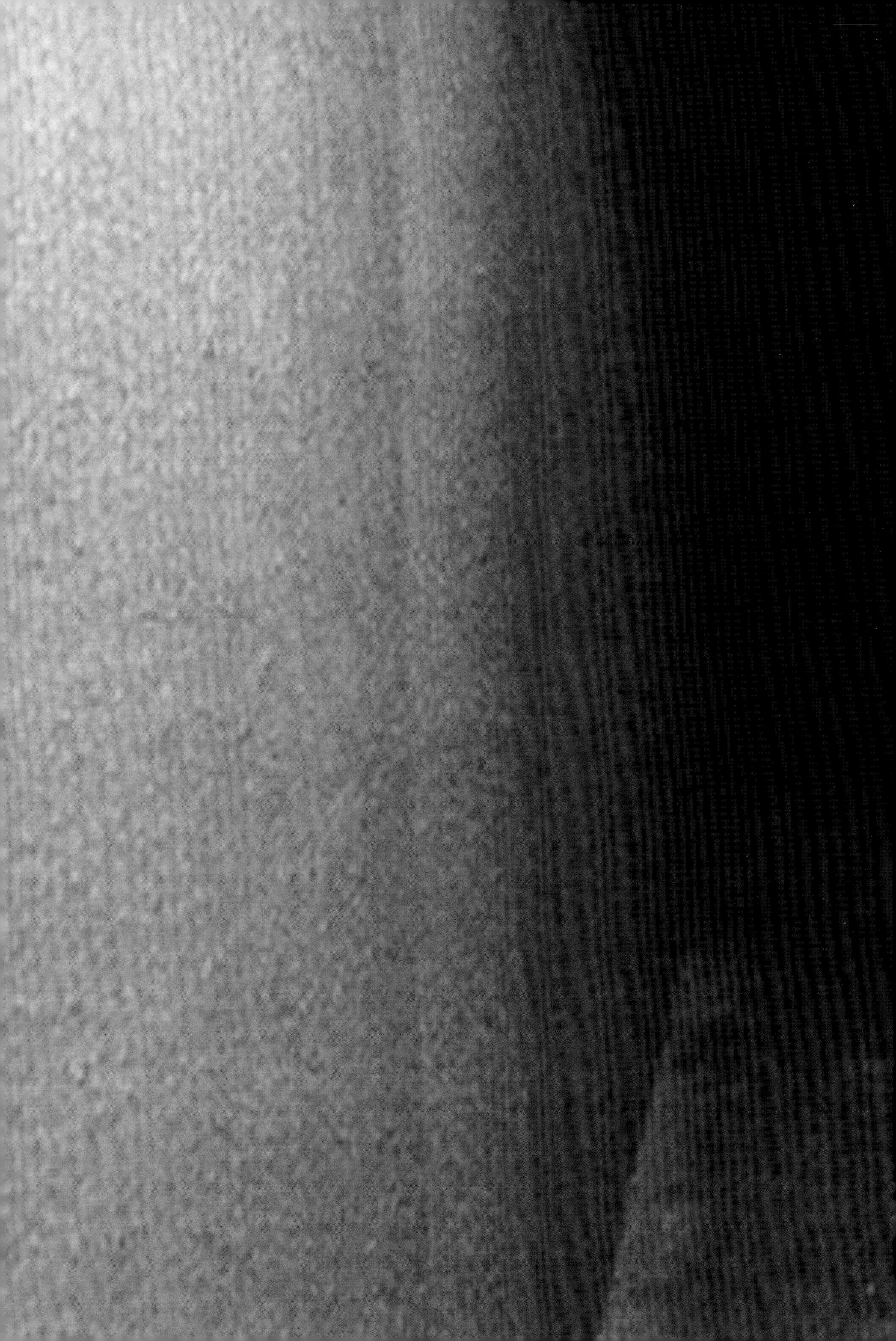

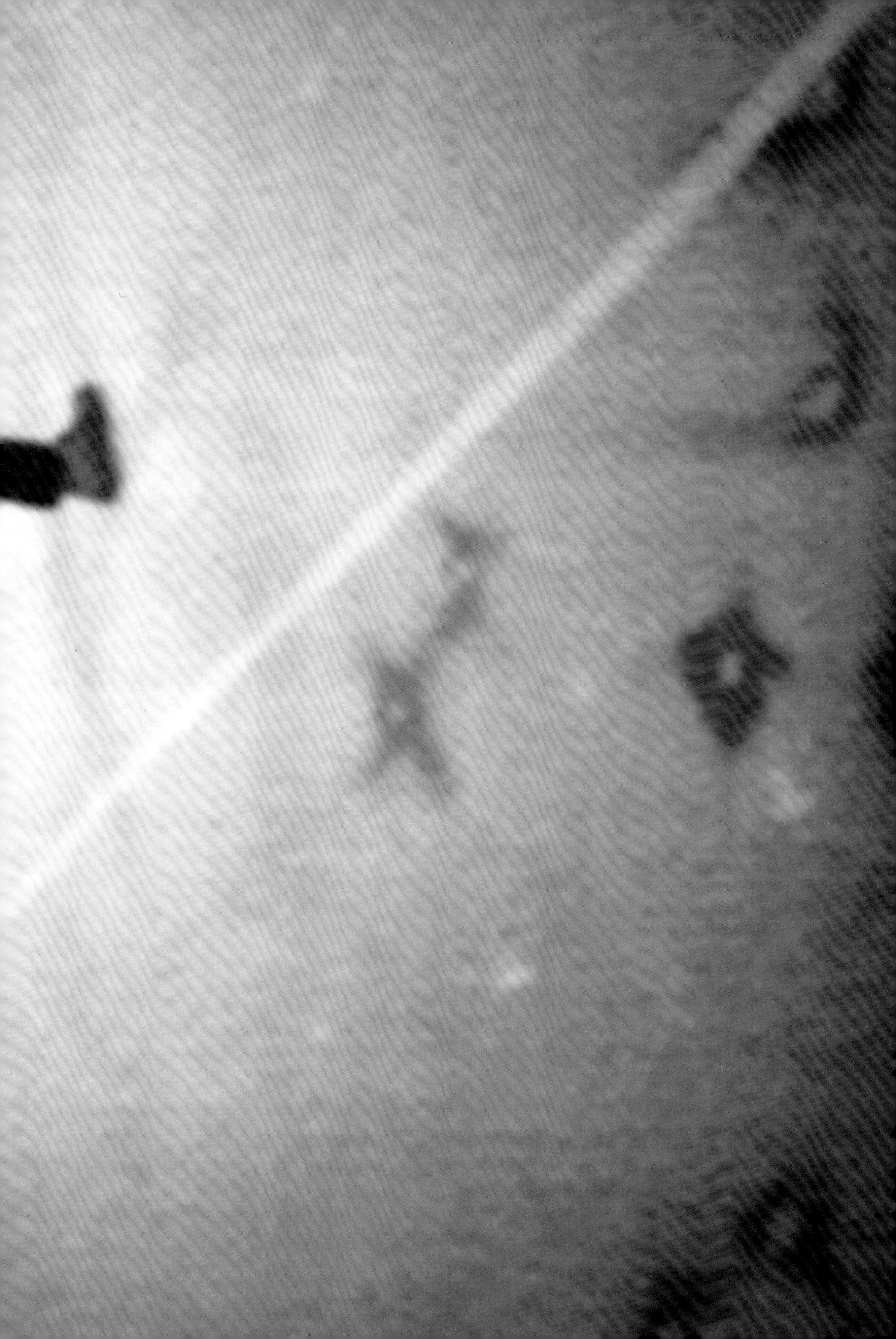

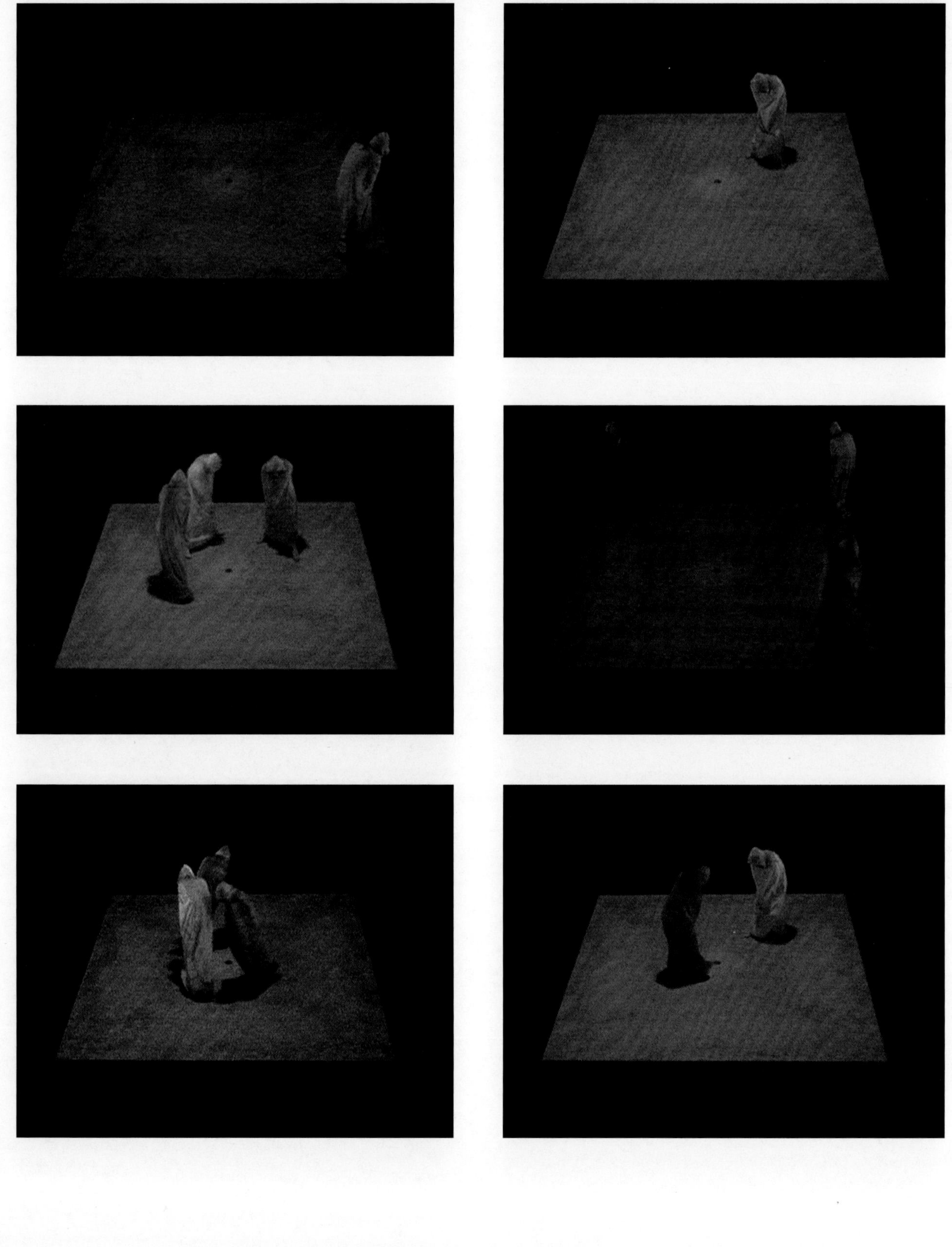

Samuel Beckett
Photogrammes
de *Arena Quad I+II*
1981

Samuel Beckett
Photogrammes
de *Nacht und Traüme*
1983

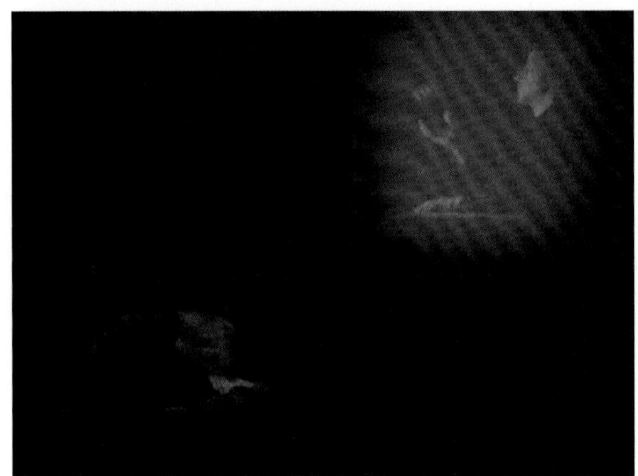

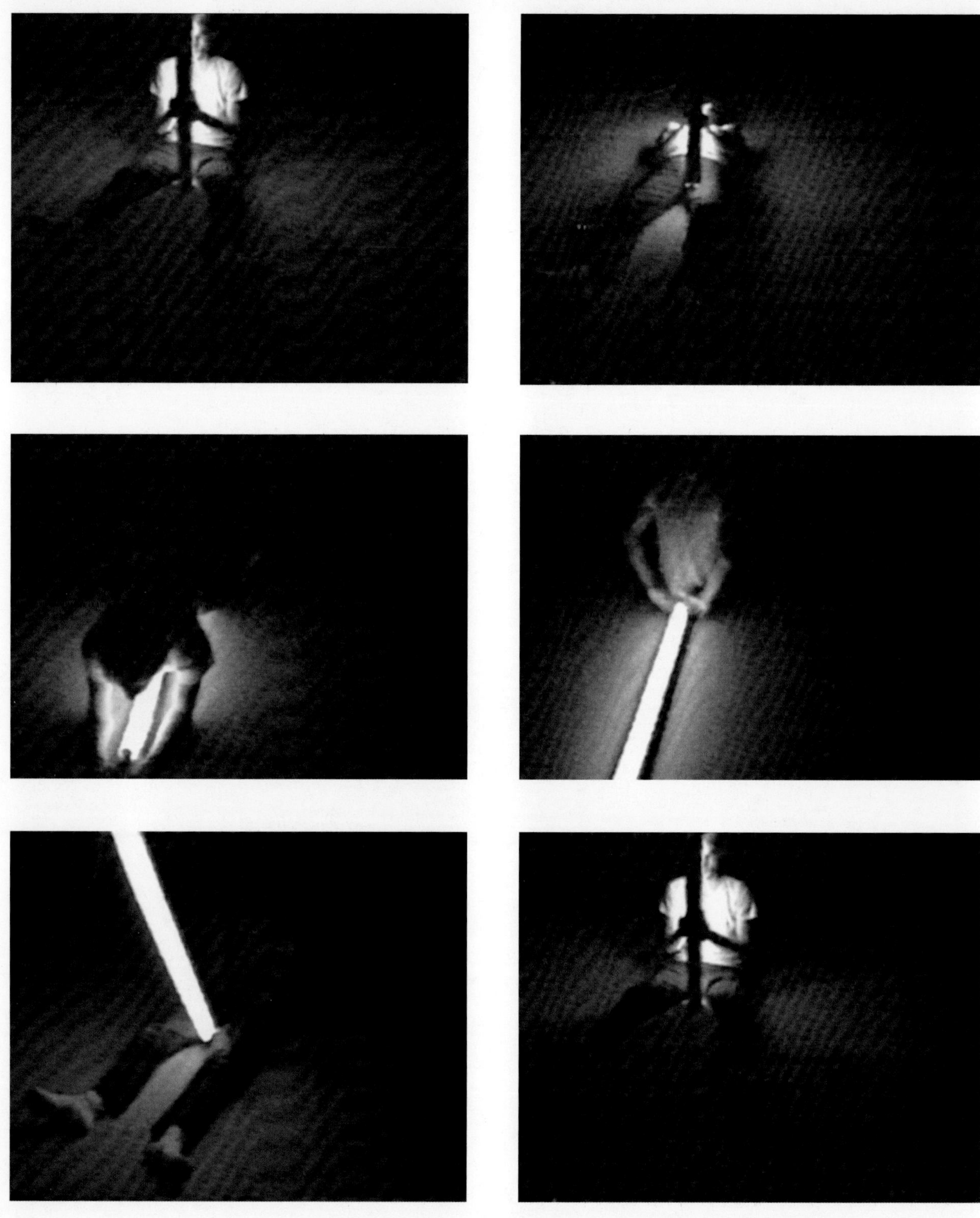

Bruce Nauman
Photogrammes
de *Manipulating a Fluorescent Tube*
1968

Samuel Beckett
Photogrammes
de *What Where*
1988

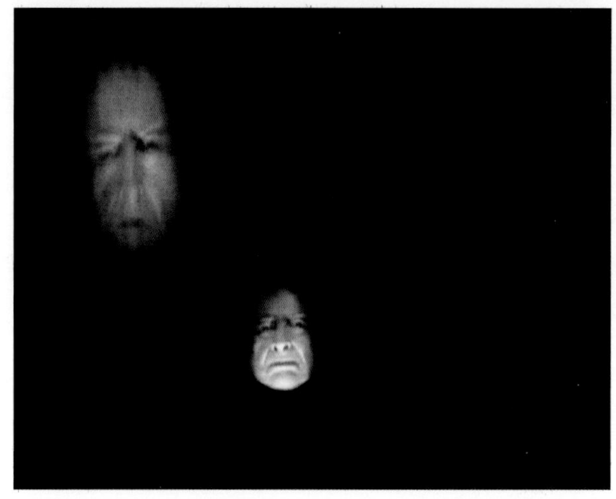

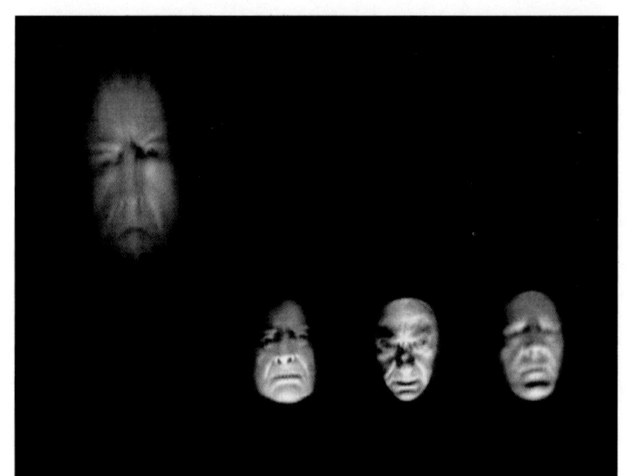

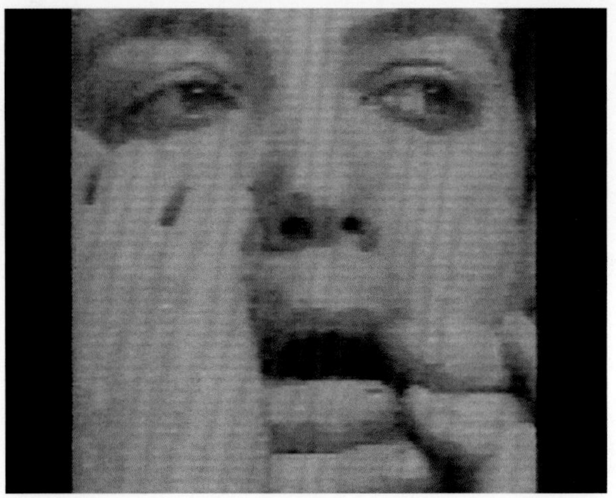

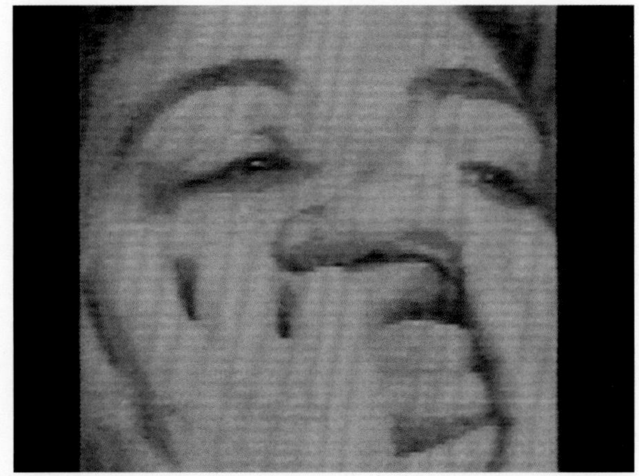

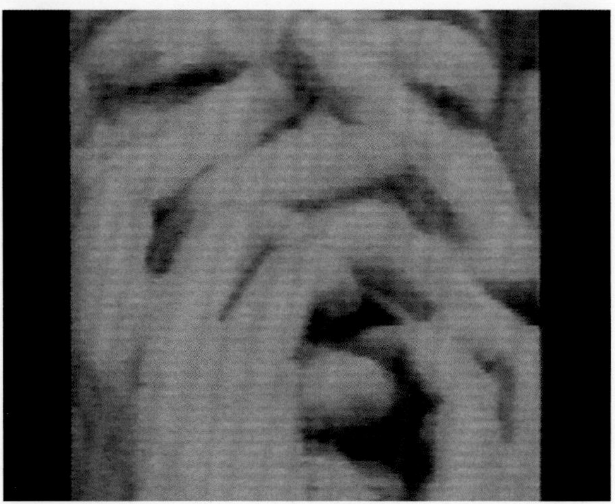

Mona Hatoum
Photogrammes
de *So Much I Want to Say*
1983

CHAUSSURES

FRÉMON

L'une de ses biographes raconte que le jeune Samuel Beckett, à la fin des années 1920, à Paris, s'ingéniait à calquer systématiquement ses manières sur celles de James Joyce qu'il visitait assidûment. Il tenait ses cigarettes de la même façon nonchalante, il approchait très près de ses lunettes ce qu'il devait lire, il pratiquait activement le silence en société. Par un effet pervers de l'admiration, il en était même venu à porter le même modèle de chaussures que son maître, et dans la même pointure. Or, Joyce avait le pied petit et il en était fier; conséquemment, les chaussures que Beckett s'obligeait à porter lui causaient moult cors, durillons, ampoules et le ridicule de claudiquer dans la douleur.[1] Il faut souffrir pour être Joyce. Puis, constatant l'impasse, car il ne suffit pas, comme Estragon, de se déchausser pour soulager ses pieds, il faut encore souffrir pour ne pas être Joyce. Se déchausser, d'ailleurs, même au prix d'incommensurables efforts, ne résout rien. (Déjà, le Victor d'*Eleutheria* faisait le mariole avec une chaussure au pied et l'autre à la main.) «Voilà l'homme tout entier, dit Vladimir, s'en prenant à sa chaussure alors que c'est son pied le coupable.»[2] Mais Estragon persiste. On ne se refait pas. Il tente d'abandonner ses chaussures, pas de les foutre au fossé mais bien de les abandonner

1. Deirdre Bair, *Samuel Beckett. A Biography* [1978], Londres, Picador, 1980, p. 68. L'anecdote est rapportée par Georges Belmont.
2. Samuel Beckett, *En attendant Godot*, Paris, Les Éditions de Minuit, 1952, p. 12.

comme on abandonne son chien, à regret et avec le secret espoir qu'il sera recueilli. «Je les laisse là. Un autre viendra, aussi… aussi… que moi, mais chaussant moins grand, et elles feront son bonheur.»[3] Abandon avorté. À la fin du deuxième acte, Estragon se déchausse encore et quand il convient avec Vladimir qu'il faut y aller, il est pieds nus. De toute façon, ils ne bougent pas.

Ne pas être Joyce. Il a fallu une nuit d'orage en Irlande, que Krapp, entre deux bouchées de banane, nous rappelle: «cette mémorable nuit de mars, au bout de la jetée, dans la rafale, je n'oublierai jamais, où tout m'est devenu clair.»[4] Qu'est-ce qui est devenu clair? Que sa voie consistait à creuser l'obscurité: «[…] clair pour moi enfin que l'obscurité que je m'étais toujours acharné à refouler est en réalité mon meilleur»,[5] dit Krapp. Clair qu'il fallait continuer à marcher avec des souliers trop petits, ceux de Joyce, mais pour aller à l'envers de lui, du plus vers le moins, passer du statut d'admirateur à celui de rateur intégral. La révélation c'est: il faut chausser moins grand!

Cela, c'est la vision romantique de Krapp, les souvenirs émus du pauvre petit crétin, les bonnes résolutions: «Boire moins, notamment.»[6] La nuit de la révélation a bien eu lieu, Beckett le rappelle dans une lettre à Richard Ellman[7] (comme par hasard, c'est le biographe de Joyce qui reçoit cette confidence), elle eut lieu non pas en mars mais lors de l'été 1945, à Cooldrinagh, non pas sur la jetée, mais dans la chambre de sa mère, lieu tout aussi emblématique («Je suis dans la chambre de ma mère»[8] sont les premiers mots de Molloy). Car ce n'est pas seulement à rebours de Joyce que la révélation opère, c'est aussi contre la mère et son anxiété devant ce fils de 31 ans qui se lève rarement avant midi, refuse tous les emplois qui s'offrent, s'enivre plus que de raison, prétend être écrivain mais n'écrit le plus souvent rien, en tous cas rien qui puisse se lire. La dernière querelle avait été de trop, il quitte le pays «*une fois pour toutes*».[9] Quand il revient voir sa mère en 1945, il y a déjà huit ans qu'il est parti. La guerre, la Résistance, Suzanne, Roussillon, Watt, Saint-Lô et… le changement de langue. La langue du maître et celle de la mère, d'une pierre deux coups. La langue de la facilité, du brio, de l'érudition, abandonnée au profit de l'«appauvrissement». Cap au pire et pieds nus. Vers le moins. À James Knowlson, il dit en 1989: «J'ai réalisé que Joyce était allé aussi loin que possible pour en savoir toujours plus, pour maîtriser ce qu'il écrivait. Il le complétait sans arrêt; on s'en rend parfaitement compte quand on regarde ses épreuves. J'ai réalisé que j'allais moi dans le sens de l'appauvrissement, de la perte du savoir et du retranchement, de la soustraction plutôt que de l'addition.»[10] À Israel Shenker, il avait dit en 1956, parlant de Joyce: «En tant qu'artiste il aspire à l'omniscience, l'omnipotence. Je travaille moi avec l'impuissance, l'ignorance.»[11]

Des miroirs. Des modèles qui peuvent se révéler des contre-modèles. Des doubles. Le roman d'apprentissage passe par des identifications et des inversions. Des identifications que désormais la fiction va prendre en charge et qui serviront à construire les personnages.

3. *Ibid.*, p. 73.
4. S. Beckett, *La Dernière Bande*, Paris, Les Éditions de Minuit, 1959, p. 22.
5. *Ibid.*, p. 23.
6. *Ibid.*, p. 17.
7. S. Beckett, Lettre à Richard Ellmann, 27 janvier 1986, citée par James Knowlson, *Beckett*, trad. de l'anglais par O. Bonis, Arles, Actes Sud / Solin, 1999, p. 969.
8. Id., *Molloy*, Paris, Les Éditions de Minuit, 1951, p. 7.
9. Id., Lettre à Thomas McGreevy, 28 septembre 1937, citée par J. Knowlson, *Beckett*, *op. cit.*, p. 359.
10. Id., Entretien avec J. Knowlson, 27 octobre 1989, *ibid.*, p. 453.
11. Id., Entretien avec Israel Shenker, *New York Times*, 5 mai 1956, *ibid.*, p. 970.

Au chapitre des doubles, Oblomov, apôtre de la procrastination permanente, qui administre son domaine du fond de son lit. C'est Peggy Guggenheim, qui, l'ayant elle-même reçu de Djuna Barnes, donne à lire à Beckett le roman de Gontcharov. Il s'y reconnaît instantanément. Oblomov est un nouvel avatar de Belacqua, le personnage de Dante condamné au Purgatoire pour son indolence extrême et dont Beckett s'est déjà emparé.

Double encore, Samuel Johnson, non pas tant l'image du brillant lexicographe que Boswell a immortalisé que celle du vieillard terrifié par son propre déclin, la démence sénile qui le gagne et la solitude dans laquelle il s'enfonce. Knowlson révèle que Beckett a longtemps nourri le projet d'écrire une pièce dont le Dr Johnson et son chat auraient été les seuls personnages. Un monologue![12]

Bram Van Velde enfin. Il y a là un cas particulier, une espèce de fascination narcissique mutuelle. Bram est laconique et taciturne, capable cependant de brusques éclairs de joie qui ouvrent son visage et allument son regard bleu avant que la mélancolie ou un indéfinissable ennui ne le verrouille à nouveau. Il travaille peu et dans un grand dénuement matériel, mais est parvenu néanmoins à réaliser, à partir de 1936, après une série de natures mortes et de fenêtres, un ensemble homogène de toiles abstraites où se lisent des structures biomorphiques amollies et généreusement colorées. Il y a toujours dans ces tableaux une sorte de figure cachée ou empêchée de se montrer, dont il ne reste que les linéaments, l'ovale ou le triangle d'une tête, des cercles qui répugnent à passer franchement pour des yeux... Et, marque distinctive, un étrange mélange de vigueur et de lassitude, de geste ample et affirmé et de coulures aléatoires, une ambivalence qui constituera l'essentiel de sa manière jusqu'aux dernières grandes gouaches, somptueusement déchirantes.

Bram est plus âgé que Beckett – onze années les séparent – et quand ils se rencontrent, en 1937, ce n'est plus un jeune homme, il a 42 ans, il est déjà veuf; depuis les années 1920, il survit difficilement avec les maigres subsides que lui accorde son premier employeur hollandais qui l'a incité à se consacrer entièrement à la peinture. En 1936, à la mort de sa femme, il rentre de Majorque où il s'était établi parce qu'on pouvait y vivre de peu. Son frère cadet Geer le recueille, mais l'un et l'autre sont à peu près également sans ressources. Geer et sa femme Elisabeth, qui ont un peu plus de talent que Bram pour les relations sociales, rencontrent Beckett et le présentent à Bram. C'est à ce moment que Beckett lui achète le tableau qui fut accroché dans son bureau jusqu'en 1982, année où il en fit don au Centre Pompidou. Les nombreuses et anciennes craquelures de sa surface témoignent des conditions précaires dans lesquelles Bram travaillait dans ces années-là, le tableau ayant certainement subi des changements de température qui ont affecté son séchage. Lorsque Beckett revient à Paris en 1940, Bram vit à Montrouge avec Marthe Kuntz, une ancienne missionnaire luthérienne qui a écrit, sous le nom de Marthe Arnaud, un récit de son expérience dans les missions africaines. Avec Marthe et Bram, les relations s'approfondissent, Beckett reconnaît en

12. J. Knowlson, Entretien avec Peter Woodthorpe, 18 février 1994, *ibid.*, p. 986.

Bram *le désespéré total* (les mots sont de Bram Van Velde rapportés par Charles Juliet), il voit en lui sinon un double (Beckett est tout de même moins dénué d'esprit pratique que Bram, Beckett est toujours celui qui aide et non celui qui a besoin d'aide) du moins le double du double, c'est-à-dire le modèle du personnage qui peu à peu se dessine et se précise à travers Murphy, Watt, Mercier et Camier et bientôt Molloy, Malone, puis la kyrielle d'anonymes toujours plus démunis.

Après la nuit de la révélation à Cooldrinagh, le premier acte public de la conversion au français se place sous le signe des frères Van Velde : « Le monde et le pantalon », premier essai de Beckett publié en français, paraît dans *Cahiers d'art* à la demande de Georges Duthuit. Beckett, fort de sa récente illumination dans la chambre de sa mère, s'empresse d'appliquer aux autres ce qui est enfin devenu clair pour lui. À Geer et Bram Van Velde : « Est peint ce qui empêche de peindre. »[13] À Bram, à nouveau : « Je n'ignore pas qu'il ne nous manque plus maintenant, pour amener cette horrible affaire à une conclusion acceptable, que de faire de cette soumission, de cette acceptation, de cette fidélité à l'échec, une nouvelle occasion [...]. »[14] Enfin, cette fois à propos de Tal Coat (mais on est tenté de dire peu importe tant il est patent que Beckett ne parle que pour lui), la phrase emblématique : « L'expression du fait qu'il n'y a rien à exprimer, rien avec quoi exprimer, rien à partir de quoi exprimer, aucun pouvoir d'exprimer, aucun désir d'exprimer, et, tout à la fois, l'obligation d'exprimer. »[15] S'agissant de Tal Coat, scrutateur vigilant de la nature, du vol d'un oiseau, de la déclivité d'un champ, de l'ampleur d'un ciel et qui savait en parler, comme si, pour lui, peindre avait toujours été une façon de rendre grâce au dehors, à l'ouvert, la phrase de Beckett n'est pas pertinente, mais il n'est pas dupe : « [...] c'est là un point de vue violemment extrême et personnel, qui ne nous aide en rien au sujet de Tal Coat »,[16] fait-il répondre par D., son interlocuteur fictif (D. est censé représenter Georges Duthuit, mais on sait aujourd'hui que c'est Beckett seul qui a écrit les deux parties du dialogue[17]).

Les textes en français s'enchaînent : « La fin », *Mercier et Camier*, « L'expulsé », *Premier amour* et, en décembre 1946, « Le calmant ». C'est à ce moment que se situe la première tentative, avortée, de collaboration avec Bram Van Velde. Bram réalise trois projets de lithographies pour une édition du « Calmant » qui n'a pas vu le jour ; des lithographies, il ne subsiste que quelques épreuves d'essai et un projet de couverture. La monographie sur Bram Van Velde de Jacques Putman et Charles Juliet, l'un des premiers livres dont j'eus à m'occuper à la galerie Maeght, est fautive en datant ces essais de 1941 puisqu'il est avéré que l'écriture du texte date de 1946. Ils datent plus probablement de 1949, année où Bram conçoit des lithographies dans le même esprit pour *Enfants du ventre* de Marthe Arnaud.

Le compagnonnage entre Bram et Sam (il n'y a pas que leurs prénoms qui riment) est à ce moment perceptible, au moins pour quelques proches, tel Georges Duthuit qui écrit en 1949 : « Bram Van Velde a repris la torche des mains de Matisse pour la retourner en terre et se

13. S. Beckett, « Peintres de l'empêchement », *Derrière le miroir*, n°s 11-12, juin 1948, p. 7.
14. Id., *Trois dialogues* [1949], Paris, Les Éditions de Minuit, 1998, p. 30.
15. *Ibid.*, p. 14.
16. *Ibid.*
17. L'évolution de Tal Coat lors de ses dernières années n'est pas cependant totalement sans rapport avec celle de Beckett. Je me souviens de l'atelier de Saint-Pierre-de-Bailleul, rempli de petits tableaux en cours, tous plus ou moins monochromes, d'une pâte un peu croûteuse. Ils étaient posés sur le sol, verticalement, l'un appuyé contre l'autre, ils se tenaient mutuellement. Tal Coat se mouvait comme un chat dans ce labyrinthe, il prenait les tableaux dans ses mains l'un après l'autre pour me les montrer et de chacun ou presque il disait, après l'avoir longuement contemplé : « Il ne manque qu'un accent. » André du Bouchet qui, au moment des « Trois dialogues », était le secrétaire de Georges Duthuit, a suivi de près les dernières années de Tal Coat et a écrit de nombreux textes où l'expérience de l'un fonde celle de l'autre. On n'a jamais, à ma connaissance, rapproché l'écriture de du Bouchet de celle de Beckett, leurs travaux respectifs étant perçus comme relevant d'aires sans rapport entre elles. Pourtant, à les relire ensemble, les relations sont frappantes entre ces blocs éclatés de bribes d'un vocabulaire aussi réduit que possible qui relatent presque toujours l'expérience d'une marche, d'un souffle, d'un franchissement et les proses tardives de Beckett. Une commune obstination vers un abstrait qui n'est jamais conceptuel ou philosophique mais toujours épuration du concret.

diriger dans le sens du contresens.» L'analogie avec Beckett inversant Joyce est frappante et le compliment, venant du gendre de Matisse, n'est pas mince. Cependant, Beckett ne tarde pas à se rendre compte qu'il ne fait que plaquer ses propres préoccupations sur les images de Bram et se met même à douter publiquement que, plutôt que de l'aider, cela n'enferme son ami dans une impasse. Il se contente dès lors d'une présence complice et affectueuse à l'occasion de chacune de ses expositions, manifeste également dans sa correspondance avec Bram Van Velde et Marthe Arnaud. («Bram est mon grand familier dans le travail et dans l'impossibilité de travailler, et ce pour toujours ainsi»;[18] «On a fait repeindre le studio, très clair, et les Bram claquent comme knouts».[19])

En 1974, alors que je travaillais à la préparation du livre de Jacques Putman et Charles Juliet, nous avons eu besoin d'une bonne photographie du tableau que Beckett avait acheté en 1937. Il a bien sûr tout de suite accepté de nous ouvrir sa porte pour photographier le tableau. Je me souviens qu'il fut manifestement un peu troublé par le déploiement de matériel, câbles, projecteurs, réflecteurs, nécessaires à une simple prise de vue. D'autant qu'à un moment, nos appareils ont fait sauter les plombs!

C'en était trop pour lui: après nous avoir montré l'armoire électrique, il a pris congé en nous demandant de tirer la porte derrière nous quand nous en aurions terminé. Nous avons cependant eu le temps d'échanger quelques mots auparavant, je lui dis que nous aurions été heureux d'éditer un livre pour bibliophiles s'il voulait bien nous confier un texte pour lequel Bram ferait des lithographies. À ce moment, et à plusieurs reprises au cours des années suivantes, il a dit: «Pourquoi pas, il faudrait que ce soit l'un des ‹Textes pour rien›, précisément le numéro XIII.»

Je reprends les *Textes pour rien*, dans l'édition de 1958 illustrée par Avigdor Arikha. En quelle année ai-je acheté ce livre? Probablement au tout début des années 1960... L'édition a été tirée à 2000 exemplaires numérotés et le mien porte le numéro 588 – on voit que le rythme des ventes était encore bien modeste.

Numéro XIII: «Elle faiblit encore, la vieille voix faible [...]. Qui, ce n'est pas une personne, il n'y a personne, il y a une voix sans bouche, et de l'ouïe quelque part, quelque chose qui doit ouïr, et une main quelque part, elle appelle ça une main, elle veut faire une main, enfin, quelque chose, quelque part, qui laisse des traces [...].»[20]

Quiconque a connu Bram Van Velde, quiconque a encore dans l'oreille l'accent qu'il n'avait jamais perdu (davantage allemand que hollandais, c'est-à-dire plus sec que grasseyant), le débit saccadé de sa voix assez haut perchée, peu timbrée, plutôt couverte, de ses silences entrecoupés de sentences, ponctués de petits rires gênés comme s'il s'excusait d'avoir osé émettre une opinion, ne peut que le reconnaître dans ces quelques lignes du «Texte pour rien, XIII». Et tout particulièrement dans l'emploi très fréquent chez lui des mots «quelque part» souvent de manière complètement décalée par rapport à l'usage courant.

18. S. Beckett, Lettre à Bram Van Velde et Marthe Arnaud, 25 mars 1952, citée par Claire Stoullig (dir.), *Bram Van Velde*, cat. d'expo., Paris, Centre Pompidou, 1989, p. 175.
19. Id., Lettre à Bram Van Velde et Marthe Arnaud, 24 novembre 1954, *ibid.*, p. 183.
20. Id., *Nouvelles et Textes pour rien*, Paris, Les Éditions de Minuit, 1955, p. 201-202.

Pourquoi n'avons-nous pas publié chez Maeght, ou ensuite à la galerie Lelong, le « Texte pour rien, XIII » avec des lithographies de Bram Van Velde ? Je ne sais pas, sans doute parce que nous espérions de Samuel Beckett un inédit – erreur, ce n'était ni par hasard ni par dérobade qu'il voulait que ce fût ce texte-là et nul autre.

Quelque temps après la mort de Bram, Yves Rivière a retrouvé les tirages complets et signés de cinq grandes lithographies. Catherine et Jacques Putman m'ont alors consulté : devions-nous les mettre en vente séparément ? Les réunir dans un portfolio ? Quel titre donner à ce dernier ? Réponse immédiate : « Texte pour rien, XIII », si Beckett est encore d'accord ; dernière chance. Il a accepté instantanément, me demandant de régler les détails avec Jérôme Lindon. Lindon a donné l'autorisation tout de suite et gracieusement (comme s'il avait reçu instruction de faciliter les choses). Le temps de faire fabriquer les portefeuilles et d'imprimer page de titre texte et colophon, l'objet était prêt. Il restait à demander à Beckett la faveur de signer les colophons puisque les planches étaient déjà signées par Bram ; il m'a demandé de réserver un salon au PLM Saint-Jacques et d'y installer les feuilles à signer. Au jour dit, il était là, ponctuel. Nous avons pris un verre avant de commencer, évoqué Bram et quelques amis disparus ou perdus de vue, puis il m'a interrogé sur Robert Ryman dont j'avais présenté une exposition à Paris peu de temps auparavant. Il n'avait pas rencontré Ryman, mais il avait accepté l'offre de Benjamin Schiff, le directeur de Limited Edition Club, de publier un volume avec des gravures de lui et était curieux du personnage et de sa démarche. J'avais déjà acheté le livre qui venait de paraître à New York : *Nohow on* est un volume relié en cuir qui rassemble les versions anglaises de *Compagnie* [*Company*], *Mal vu mal dit* [*Ill Seen Ill Said*], et *Cap au pire* [*Worstward Ho*]. « *Nohow on* », titre qu'il a choisi pour l'ensemble, sont les premiers et derniers mots de *Worstward Ho* (lui-même une distorsion de *westward ho*, cap à l'ouest, l'ordre donné jadis quand un bateau anglais levait l'ancre pour le Nouveau Monde).

Cette digression nous éloigne de Bram Van Velde et nous reviendrons sur Ryman car auparavant je voudrais évoquer une autre figure qui, par bien des côtés, peut aussi apparaître comme un double et que Beckett fréquente épisodiquement depuis la fin des années 1930. D'après Knowlson, Beckett aurait rencontré Giacometti à partir de 1945 dans l'entourage de Georges Duthuit. En réalité, il semble que ce soit dès la fin 1937, c'est-à-dire au même moment que sa rencontre avec les Van Velde. L'emploi du temps est un aimant puissant, il rapproche les proches. Giacometti traîne à *La Coupole*, au *Dôme*, au *Select* et plus tard, au *Falstaff* et au *Sphinx* jusqu'aux petites heures du matin, Beckett aussi. À la différence de Bram ou de Beckett, Giacometti n'est pas un taiseux, au contraire, il parle sans arrêt (mais quel confort pour le taiseux qui sirote son scotch en face de lui, seul mais pas seul), et il griffonne tout le temps, compulsivement, sur les nappes en papier des restaurants, dans les marges des *Temps modernes* ou de la *NRF* du mois qu'il traîne avec lui, partout, des têtes principalement, des figures, réduites à l'essentiel, de son trait tourbillonnant qui semble toujours à la fois fuir et chercher l'improbable contour d'une figure qui, bien que fixe, donne l'impression de se dilater et de se rétracter au rythme d'une respiration.

Giacometti est un autre avatar du clochard beckettien; il couche sur un grabat dans son atelier de la rue Hippolyte-Maindron, il a du plâtre dans les cheveux et de la glaise sous les ongles, les rides profondes qui sculptent son visage l'apparentent à Beckett, mais ils ont un autre point commun: quand Giacometti parle de son travail, et il en parle volontiers, c'est toujours en termes d'échec. Échec à saisir sa vision, échec à représenter une figure, que ce soit de mémoire ou d'après modèle, ce qu'il poursuit est inaccessible. Et de même que Beckett a compris que sa lumière était l'obscurité, de même Giacometti vit-il l'échec comme une ambition plus haute. Il détruit et recommence, inlassablement, et ne s'intéresse guère au résultat final qui n'est jamais, pour lui, que provisoire et par nature inférieur à l'idéal qu'il poursuit.

Lui aussi a eu avant-guerre une sorte de révélation, la silhouette d'une femme dont il était épris vue de loin au bout de l'avenue; il veut rendre en sculpture ce sentiment de présence dans la distance et, dans son effort pour s'approcher de sa vision, il voit la sculpture s'amenuiser sous ses doigts. Le phénomène se précise et s'aggrave pendant la guerre: il passe trois ans à Genève, à l'hôtel, sans atelier, et travaille dans sa chambre où il assiste, médusé, à la réduction qui s'empare inexorablement des figures qu'il tente de former. On a dit qu'à son retour à Paris, après la guerre, il rapporta la totalité de sa production de trois ans rangée dans une grosse boîte d'allumettes.

Obsession de l'échec, pulsions de destruction, syndrome de réduction, nécessité, chaque fois réitérée, du dépassement de soi, les points communs sont nombreux et touchent à l'essentiel: *le courage dans le talent*, marque du génie selon Wittgenstein. À Georges Duthuit, Beckett écrit en 1951: «Giacometti, granitiquement subtil et tout en perceptions renversantes, très sage au fond, voulant rendre ce qu'il voit, ce qui n'est peut-être pas si sage que ça lorsqu'on sait voir comme lui.»[21]

Le mystère de la représentation, la quête de la présence dans l'image, la concentration sur un très petit nombre de modèles et de sujets, l'infatigable recommencement, l'économie de moyens, la rage de toujours mieux faire, de serrer au plus près. Et en arrière-plan, fondamentalement, une probité à toute épreuve, le profond dédain de la carrière, des honneurs et de l'argent, un vieux fond protestant, tout cela est commun à nos trois émigrés à Paris dans ces années-là – l'Irlandais, le Hollandais et le Suisse.

Dix ans plus tard, Giacometti réalise, pour la reprise de *En attendant Godot* à l'Odéon, un grand arbre en plâtre, tronc maigre, quatre branches et une feuille – une seule grosse feuille qui vient s'accrocher à l'une des branches au deuxième acte. L'auteur avait indiqué: «*L'arbre porte quelques feuilles*»;[22] la passion de la réduction a encore frappé. Une hirondelle ne fait pas le printemps, mais une seule feuille y suffit et c'est encore trop pour une potence.

21. Id., Lettre à Georges Duthuit, 10 mars 1951, citée par Rémi Labrusse, «Beckett et la peinture. Le témoignage d'une correspondance inédite», *Critique*, vol. 46, nº 519-520, août-septembre 1990, p. 676.
22. Id., *En attendant Godot*, *op. cit.*, p. 79.

«*Nihil in intellectu*»,[23] dit Polly, le perroquet gris et rouge de Jackson, dans *Malone meurt*. «*Nihil est in intellectu, quod non fuerit in sensu*», avait noté le jeune Beckett dans les années 1930 dans son Leibniz.[24] Le perroquet, bon élève, prononçait correctement les trois premiers mots, mais en place de «la célèbre restriction», on n'entendait plus que couah… couah…

«*Nihil in intellectu*», pourrait dire, s'il parlait, le perroquet de Robert Ryman. Il ne s'appelle pas Polly mais plus prosaïquement Parrot ou The Bird, et s'il observe le peintre au travail, rien n'est plus pertinent que la maxime de Leibniz, même tronquée. À la question d'une journaliste qui lui demande si, dans son esprit tel groupe de tableaux qu'il vient de terminer s'inscrit dans une esthétique minimaliste ou constitue plutôt une réflexion sur Rothko, Ryman répond: «Non, c'est arrivé parce que j'ai employé une très large brosse de 30 centimètres.»[25] Il dit cela sans rire, sans se moquer de la question, il répond candidement. Et il poursuit: «Je l'ai achetée exprès. Je suis allé chez un fabricant de pinceaux et il y avait là cette très grosse brosse», avant de conclure: «Je n'avais rien d'autre en tête que le désir de faire une peinture.»[26] «*Rien n'est plus réel que rien*»,[27] affirme encore Malone, indécrottable érudit.

«*All theater is waiting*»,[28] a dit Beckett à James Knowlson. En foi de quoi, attendons. Un mélange subtil de curiosité et d'ennui, de bavardage et de silence pour installer une tension dramatique et la tenir dans le temps. S'en tenir à ça. Spontanément, le rapport de Robert Ryman à la peinture s'est établi à ce niveau. Mais savoir s'en tenir à ça pendant cinquante ans demande pas mal d'obstination, de discipline et de méthode. Pas mal de courage dans le talent, comme dit Wittgenstein. Il récuse le sujet, il réfute la métaphore, il renonce à la composition, il écarte le geste expressif, il réduit à son minimum l'usage de la couleur, il néglige même la combinatoire (à laquelle Beckett, esprit mathématique, cède fréquemment avec délices). Ryman élimine tous les paramètres pour se concentrer sur l'essentiel. Or, qu'est-ce que l'essentiel? On ne sait pas… Ce qui reste, une épiphanie: «Un tableau est une sorte de miracle, quelque chose arrive qui n'était pas là auparavant, semblable et cependant toujours différent.»[29] Ainsi, au fur et à mesure que Ryman semble fermer des portes, il en ouvre d'autres, et de nouveaux paramètres apparaissent qui deviennent déterminants: le mode de fixation du tableau au mur, l'épaisseur ou la minceur du châssis ou du support, le rôle de la signature et de la date dans la composition, la présence de la tranche du tableau, peinte ou non, la tension de la toile, la réflexion de la lumière selon la texture de la surface peinte. «Sa vigueur est faite de ce dont il apprend à se passer», disait Jacques Rivière de Stravinski. Chausser moins grand pour aller plus loin. Et surtout «Pas de laisser-aller dans les petites choses»,[30] comme dit Vladimir en reboutonnant sa braguette.

Il y a un parallélisme frappant entre les deux démarches réductrices menées par Ryman et Beckett exactement pendant les mêmes années. De fait, si le théâtre de Beckett, à partir des années 1960, devient de plus en plus statique, c'est parce qu'il s'investit de plus en plus dans la mise en scène et se penche sur le moindre détail pour donner ces œuvres

23. Id., *Malone meurt*, Paris, Les Éditions de Minuit, 1951, p. 72.
24. J. Knowlson, *Beckett*, *op. cit.*, p. 479.
25. Robert Ryman, Entretien avec Phyllis Tuchman, *Art Forum*, mai 1971, vol. 4, nº 9 [ma traduction].
26. *Ibid.*
27. S. Beckett, *Malone meurt*, *op. cit.*, p. 30. La formule est de Démocrite.
28. J'ai le souvenir d'avoir lu cette phrase dans l'édition originale de J. Knowlson, *Damned to Fame. The Life of Samuel Beckett*, Londres, Bloomsbury Publishing, 1996. Elle venait d'une conversation entre JK et SB. Je ne l'ai pas retrouvée dans la traduction française, c'est pourquoi je la cite en anglais. On pourrait traduire par «Le théâtre n'est jamais qu'attente».
29. J. Frémon, Conversation avec R. Ryman, juillet 2006.
30. S. Beckett, *En attendant Godot*, *op. cit.*, p. 11.

épurées, plus lyriques que dramatiques, réglées au métronome comme une pièce musicale. Tout aussi manifeste est l'analogie entre le travail de Ryman et la musique, que celui-ci admet volontiers. Il a d'ailleurs étudié la musique, pas la peinture, et c'est dans le but de devenir jazzman qu'il s'installe à New York en 1952. Pour subsister, il trouve un petit boulot au MoMA, commence à regarder Matisse et, un jour, il franchit le pas : il achète de la peinture blanche et l'étale sur une toile pour voir ce que cela donne. Sa vie a bifurqué.

«*Nihil in intellectu*», la phrase telle que le perroquet de Malone l'a tronquée, ne veut pas dire : «On ne pense pas», elle veut dire, pour Beckett comme pour Ryman : on ôte le chapeau de la tête de Lucky, on échappe à l'Acacacadémie d'Anthropopopométrie, on est libre de faire en peinture de la musique avec de la lumière, en littérature de la musique avec des mots. Éliminer sans pitié, réduire sans relâche, ne rien laisser au hasard, le hasard est assez grand pour arriver tout seul, *serendipity*, l'aubaine, la grâce, le miracle, un tableau resplendit de sa lumière intérieure, un silence chargé succède à une accumulation de syllabes. La musique. Il me semble comprendre pourquoi l'usage de l'anglais revient sur le tard chez Beckett, il n'est que de lire *Worstward Ho*. Je le relis dans l'édition illustrée par Ryman. Cette sonorité subtile de gamelan balinais et de comptine d'enfant: «*Save dim go. Then all go. Oh dim go. Go for good. All for good. Good and all*»[31] ou «*Longing that all go. Dim go. Void go. Longing go. Vain longing that vain longing go.*»[32] L'obscurité tant creusée s'est muée en lumière, comme si la maladie de Dupuytren qui contractait ses doigts et ses mains s'était aussi emparée de ses mots, plus courts, le plus souvent réduits à une syllabe, qui résonnent et s'entrechoquent comme les osselets d'une dernière danse, macabre peut-être, cristalline sûrement. «Ici la forme *est* contenu, le contenu *est* forme.»[33]

Et voilà soudain que reviennent les petits souliers de James Joyce et les godasses d'Estragon. La paire? Non pas la paire de chaussures mais la paire d'humains, un vieil homme et un enfant, un père et un fils? Bill et Sam? Main dans la main. Les bottes. Au moment crucial, au moment de l'énoncé de la règle d'or: «*Add? Never.*»[34] Ôter toujours. Et d'abord les bottes. «*Better worse bootless.*»[35] Et ce «*Barefoot unreceding on*»[36] tellement concentré en anglais et qui, en français, quels que soient les efforts de la traductrice, donnent «Pieds nus s'en vont et jamais ne s'éloignent.»[37] L'anglais a largué sans regret ce qui reste

31. Id., *Worstward Ho*, New York, Limited Club Edition, 1989, p. 109.
32. *Ibid.*, p. 121.
33. S. Beckett, «Dante… Bruno . Vico .. Joyce», *infra*, p. 8.
34. Id., *Worstward Ho*, *op. cit.*, p. 112.
35. *Ibid.*
36. *Ibid.*
37. S. Beckett, *Cap au pire*, trad. de l'anglais par É. Fournier, Paris, Les Éditions de Minuit, 1991, p. 29.

de romantisme, même bémolisé, dans le français. Mais pour finir, dans une langue ou dans une autre, on en est là : un vieil homme et un enfant, pieds nus, ayant abandonné les petits souliers de James Joyce, avançant sans bouger sur le chemin de *Finnegans Wake*, comme déjà Vladimir et Estragon :

> « VLADIMIR — Alors, on y va ?
> ESTRAGON — Allons-y.
> *Ils ne bougent pas.* »[38]

Nohow on.

Elle est toujours là, la vieille silhouette dressée devant l'horizon, c'est celle du *Moine devant la mer* de Caspar David Friedrich (c'est à son propos que Beckett employait le terme de « romantisme bémolisé », le seul qu'il tolérât), celle de Molloy suçant ses galets.

Quand Sean Scully, en 1984, baptise « Molloy » son dernier tableau, c'est à cette silhouette qu'il pense : ce ne sont que des bandes horizontales et verticales, rien de plus abstrait, et cependant c'est encore une figure qui se détache sur un fond et semble oser l'interroger comme le moine de Friedrich questionne l'horizon.

38. Id., *En attendant Godot*, *op. cit.*, p. 134.

LANGUE

DERVAL

Qui fréquente-t-on en lisant Beckett? En quelle compagnie sommes-nous? Les commentaires abondent mais la question demeure: que représentent ces personnages? Et surtout qui parle? Les textes de Beckett se caractérisent d'emblée par cette confrontation aux questions d'identité – l'observation minimale des «menus événements» qu'elle propose est d'abord rendue malaisée par l'incertitude sapant le statut du locuteur. L'œuvre dans son ensemble acquiert ainsi une dimension énigmatique – ouvrant de larges espaces à la critique commentative, invitant aux interprétations les plus diverses, tirant parti des recherches documentaires, contextuelles, biographiques, etc. Restent ce travail sur le texte pour rendre toujours plus complexe la situation du narrateur, ces effets de voix au cœur du travail de l'écrivain.

La détermination dont fera preuve Beckett, les efforts qu'il soutiendra tout au long de l'œuvre pour faire plier celle-ci à cet impératif sur la voix, deviendront plus manifestes à partir de *Molloy*, c'est-à-dire à partir du premier roman écrit en français. On sait que l'auteur trouva dans le «passage» au français une rigueur, une sécheresse, dont il avait besoin pour se démarquer de la faconde irlandaise. De fait, les techniques de brouillage de la narration en ont été favorisées, puis elles ont été confortées par l'usage du présent narratif. On remarquera cependant deux points: pour un temps, l'écriture en français a aussi pour effet de désigner un but à atteindre pour l'œuvre en anglais – réorientée à partir de 1953 au truchement des premiers travaux d'autotraduction. Par un retournement ironique, certains enjeux de la traduction, la quête du rythme, des sonorités, ne pouvaient pourtant être illustrés qu'avec l'accent dublinois de l'auteur, tel qu'on peut l'entendre dans cette exposition avec l'enregistrement de *Lessness*,[1] ou tel qu'il a été restitué par Ludovic Janvier, au moment de la traduction de *Watt* – une voix chuintante, veloutée comme le stout local, adoucissant les spirantes et plaçant «l'accent sur ce qui, dans le mot, respire».[2]

Deuxièmement, il ne fait nul doute que les grands chantiers d'autotraduction – du français vers l'anglais et inversement – participèrent significativement à cette recherche stylistique sur la voix. Constituant l'aboutissement de celle-ci, les trois dernières compositions en prose – autotraduites pour les deux premières:[3] *Company*, *Mal vu mal dit* et *Worstward Ho*, publiées entre 1980 et 1983.

1. Néologisme créé pour la traduction de *Sans* (1969).
2. Ludovic Janvier, «Traduire avec Beckett: *Watt*», *Revue d'esthétique*, 1990, p.59.
3. On renverra pour l'examen de ces deux textes à l'édition *variorum* établie par Charles Krance (New York/Londres, Garland, 1993, 1996).

La narration de *Company/Compagnie*, texte des extrémités de la vie, fait état d'une voix s'adressant à un homme, couché sur le dos, dans l'obscurité, dialogue rapporté par un témoin – sur qui la narration est peut-être focalisée : ne pense-t-il pas imaginer la scène pour se tenir compagnie ? Le récitant entremêle des souvenirs d'enfance, ce qu'il a su des circonstances de la naissance de l'entendeur, et des notations sur la posture de celui-ci, totalement désorienté, vers qui le rapporteur (ou créateur) échoue même à se rapprocher, chaque mouvement et chaque évocation étant tamisés à travers une instance narratrice alternant tu et il, substituts autodésignés d'une nouvelle forme de la première personne, comme l'a indiqué Didier Anzieu : « Tout ceci culminant dans le paradoxe d'un Je anonyme qui parle impersonnellement des affects les plus personnels. »[4] Mais c'est également par la confrontation même des textes en anglais et en français que se jouent des effets de voix, notamment du fait de modifications qui n'ont pas pour première raison des questions de ton, de musicalité de la langue. On repère par exemple dans le texte anglais en deux occasions l'omission de l'expression « comme aux enfers » – (« Dans le non-sens des aiguilles », § 39 ; « Senestrorsum à cause du cœur », § 50). Ou dans le texte français, l'éviction de la phrase « *You sit in the bloom of adulthood* », § 40). Procédés similaires dans *Mal vu mal dit*, où la narration est de nouveau déléguée à un « guetteur », « l'œil », rapportant les quelques faits et gestes d'une vieille, guettant le lever de Vénus et tentant quelque sortie dans la « caillasse » en hiver. « Sa longue ombre sur la neige lui tient compagnie » (§ 9). Dans le texte en anglais ne figurent pas plusieurs précisions données à la description de la vieille : « Tout de noir vêtue » (§ 1) ; « Nimbe blanc des cheveux » (§ 20). Tandis que sont absentes du texte français les mentions de « *home* » : « De ce train il fera nuit avant qu'elle arrive. / *At this rate it will be black night before she reaches home. Home!* » (§ 20) ; « Comment va-t-elle pouvoir rentrer ? / *How find her way home? Home!* » (§ 30) ; « Seule à la nuit close enfin elle reprend le chemin du logis. / *Alone night fallen she makes for home. Home!* » (§ 32). Ajouts ou élisions, qu'il n'y pas lieu d'interpréter ici, ces interventions sur le corpus bilingue, ou autotraduit, tiennent pour une large part de la fonction de régie, marquant « les articulations, les connexions, les inter-relations, bref l'organisation interne »[5] du texte. Par elles, le lecteur du texte bilingue est placé devant les choix « auctoriaux », donnant accès aux motiva-

4. Didier Anzieu, « Un soi disjoint, une voix liante : l'écriture narrative de Samuel Beckett », *Nouvelle revue de psychanalyse*, n°28, automne 1983, p. 82.
5. Gérard Genette, *Figures III*, Paris, Le Seuil, 1972, p. 262.

tions de l'écrivain et ce n'est pas le moindre des paradoxes de la part d'un auteur célèbre pour son goût du secret de livrer de la sorte des indications aussi intimes sur son projet littéraire. Par le travail sur la voix, qui à la fois s'atomise et prend de la hauteur, *Company*, *Mal vu mal dit* et leurs traductions forment ensemble une structure textuelle préparant l'œuvre de l'achèvement, réputée «*untranslatable*» par son auteur: *Worstward Ho*.[6] Produit d'un arasement systématique des formes pronominales, jusqu'aux plus simples déictiques, laissant place à un Je ultime, enfin désincarné, ne se nommant pas, une narration démiurgique, performative, accomplit la création en une succession d'erreurs, de ratages. Dernière étape du labeur beckettien, en anglais évidemment: «Aux prises avec une prose impossible. Anglaise. Le dégoût», écrit-il à Alan Schneider le 4 février 1982.[7]

«*On. Say on. Be said on. Somehow on. Till nohow on. Said nohow on.*»[8]

6. La traduction française, due à Édith Fournier, *Cap au pire*, fut publiée en 1991, soit huit ans après l'édition anglaise.
7. Samuel Beckett, Lettre à Alan Schneider, 4 février 1982, dans James Knowlson, *Beckett*, trad. de l'anglais par O. Bonis, Arles, Actes Sud/Solin, 1999, p. 850.
8. Id., *Worstward Ho*, Londres, John Calder, 1983, p. 7.

Samuel Beckett
Photogrammes
de *Not I*
1989

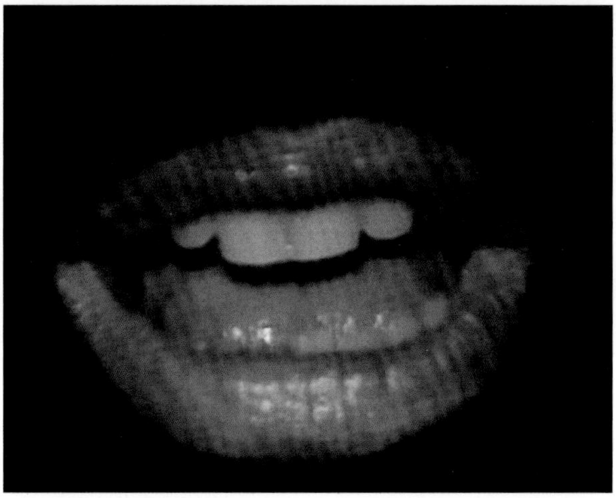

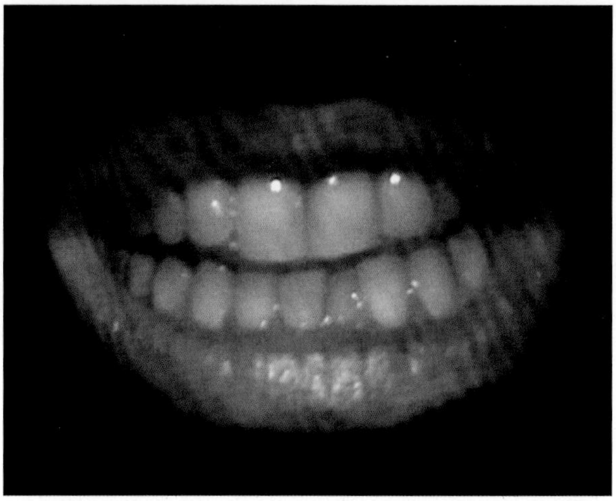

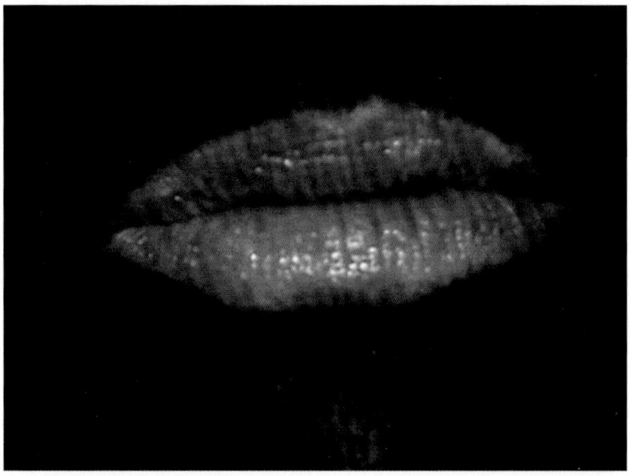

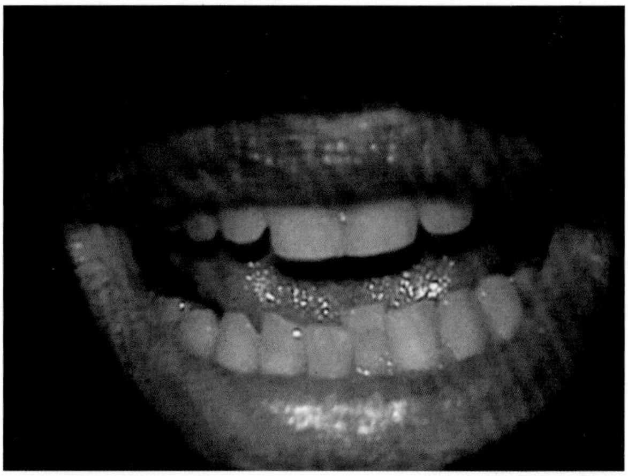

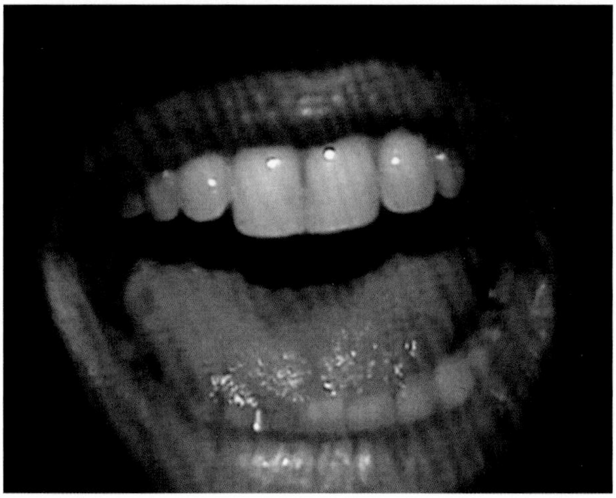

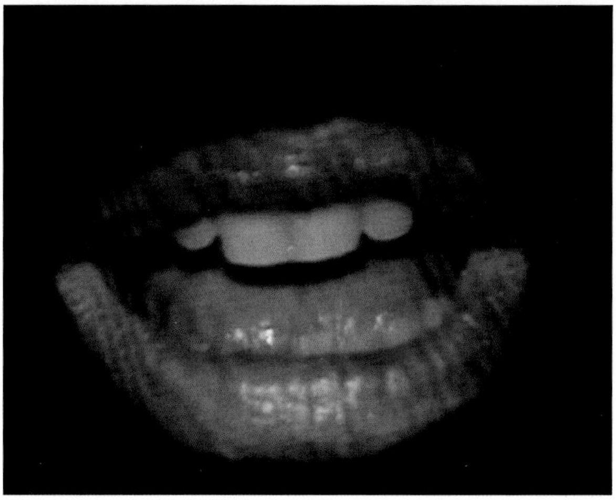

Andrew Kötting
Photogrammes
de *Klipperty Klöpp*
1984

Tagada...

Et il emmenait son cheval partout,

Adorait danser.

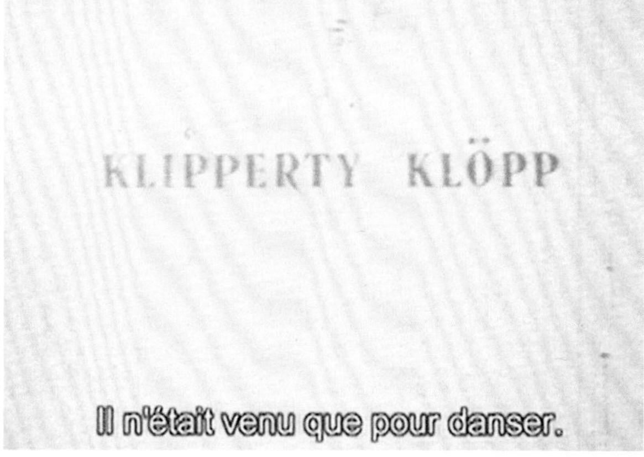
KLIPPERTY KLÖPP
Il n'était venu que pour danser.

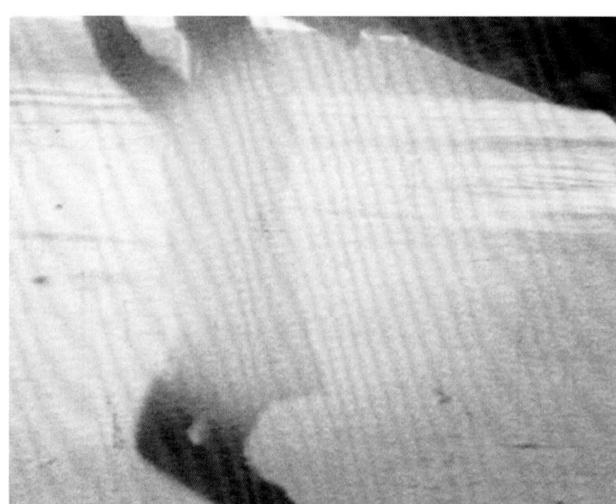

FIN
"je me sens bizarre."

Giuseppe Penone
Suture
1989

Suture
1989

Giuseppe Penone
Suture
1986

Giuseppe Penone
Foglie del cervello
1986

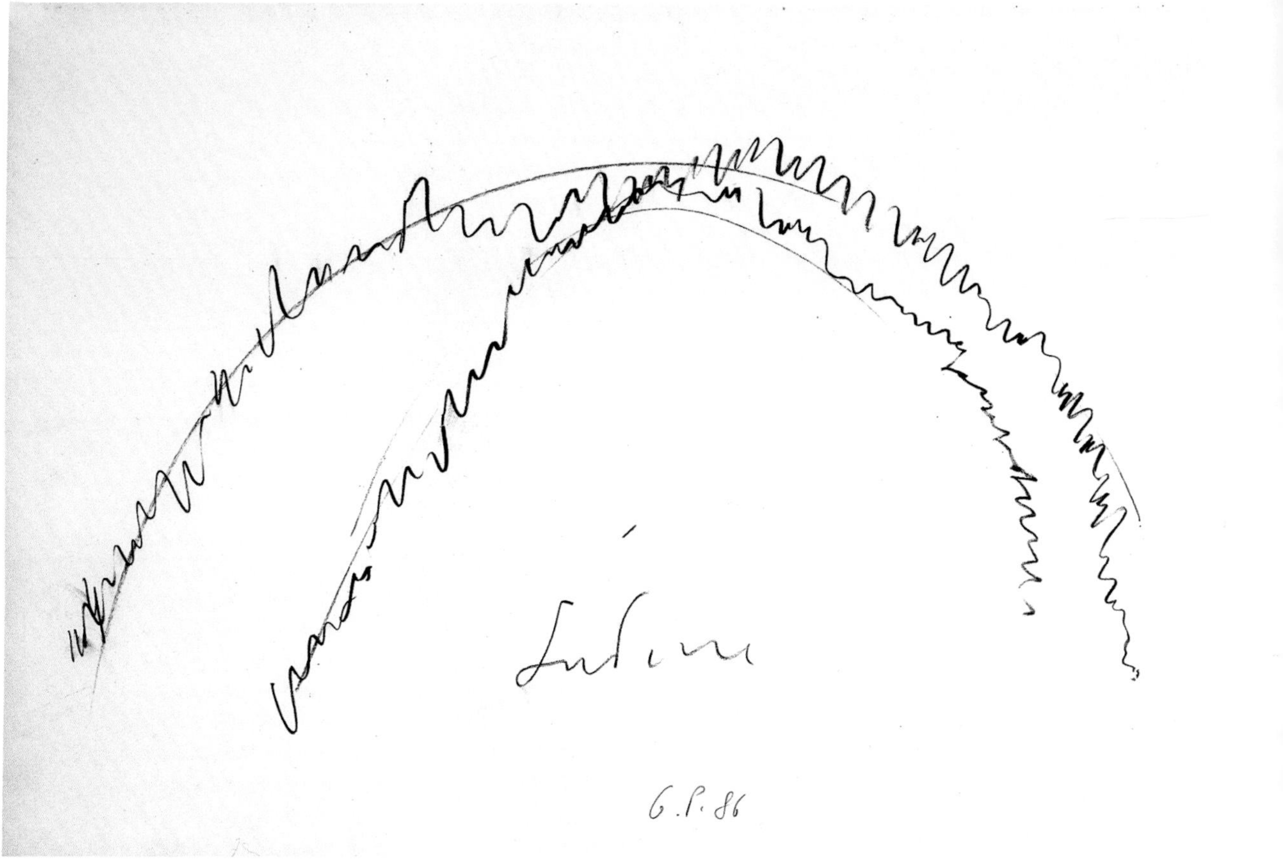

foglie del cervello

Bruce Nauman
Floating Room.
Room Suspended from Ceiling...
1972

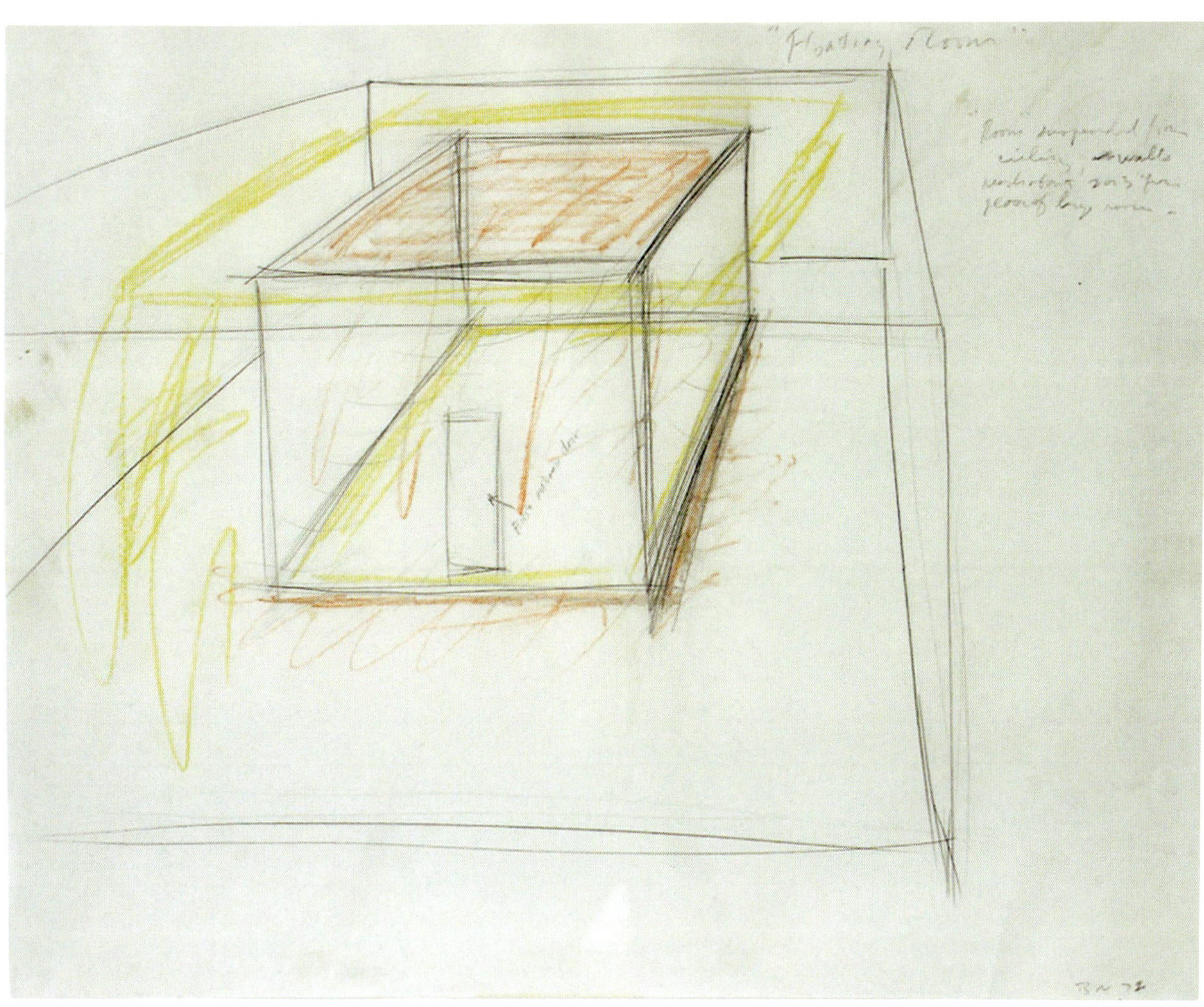

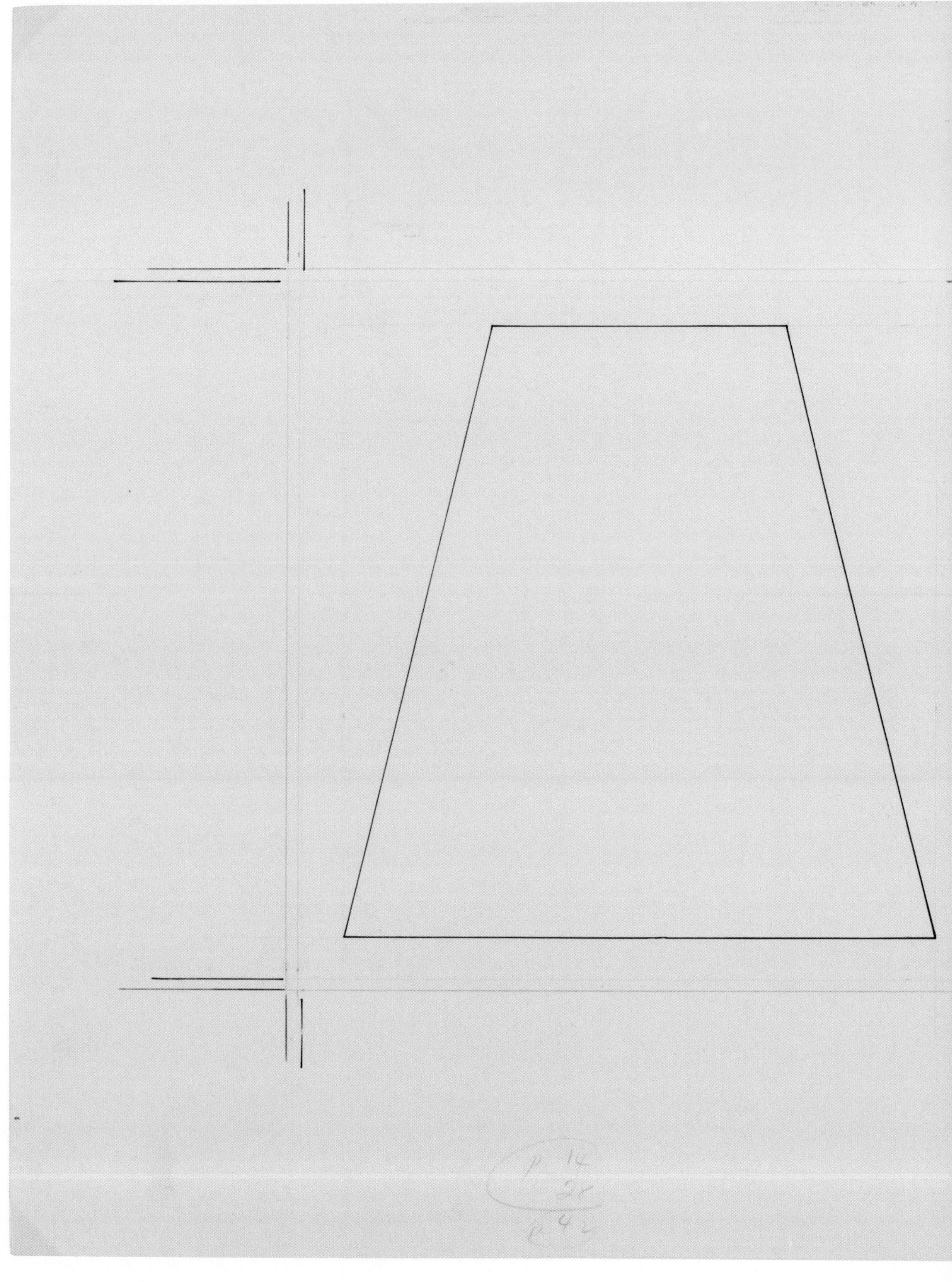

Sol LeWitt
Geometric Figures and Color
1979

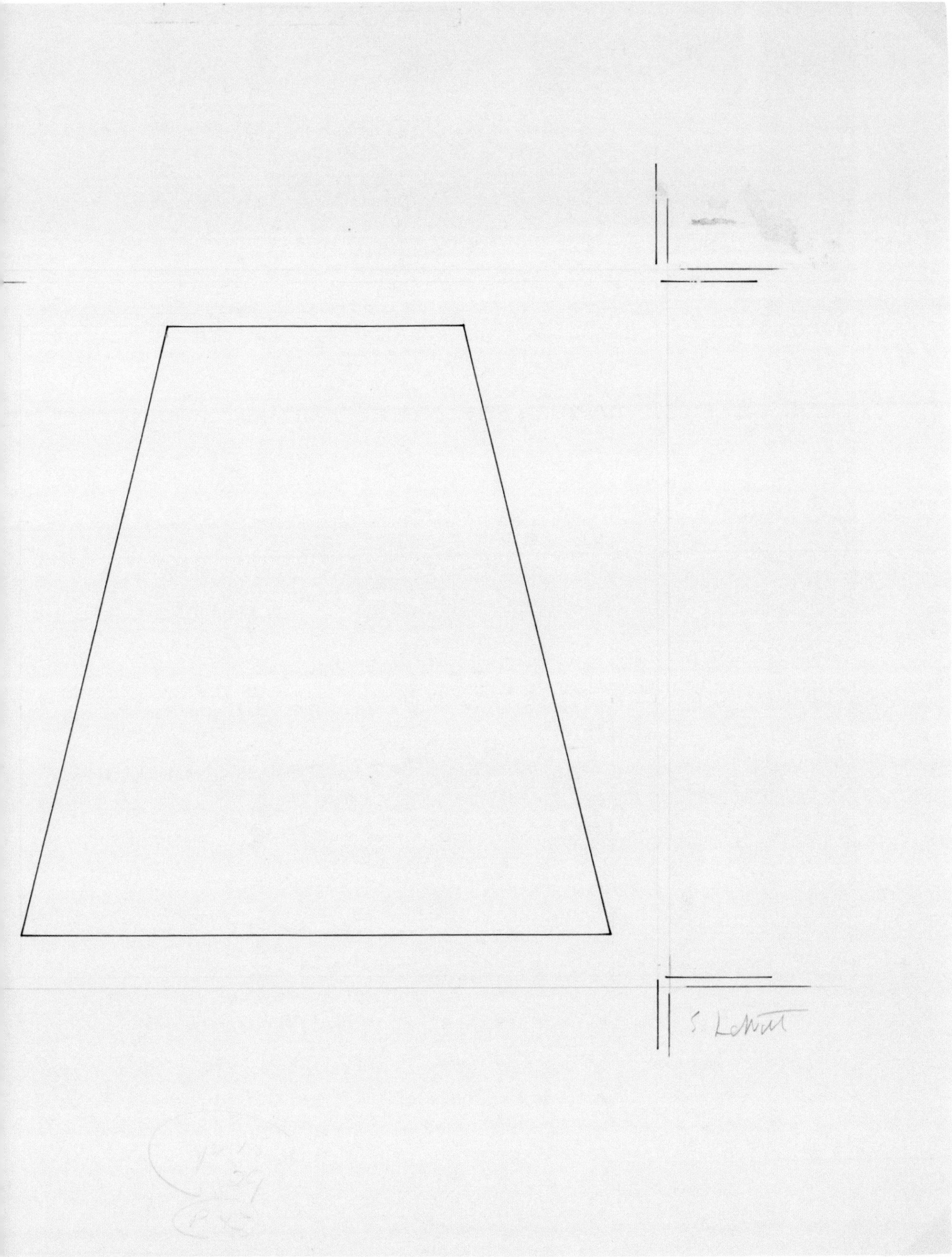

Claudio Parmiggiani
Polvere
1998

Jean-Olivier Hucleux
Samuel Beckett.
D'après une photographie
de Gisèle Freund
1987

Gisèle Freund
Samuel Beckett, Paris
1964

Sam au Dôme 8/4/68

Demélier

SOIF

DEMÉLIER

Loin, si loin. Si proche, cependant. Dans la mémoire. Dans la tête, au fin fond du crâne en cours. Dans le noir coruscant du souvenir, la muette, inlassable, explosion de l'émotion, à vif reconstituée, toujours présente, présente pour toujours, oui...

Aller vers quelqu'un. Tout seul. Quelqu'un que l'on admire de loin et dont on se sent cependant proche. Sans savoir pourquoi, ni au nom vraiment de quoi. Bref, une lumière dans sa propre nuit, au moins celle de l'époque. Un rocher, un phare, une voix, un rythme, des rythmes, une présence. De cœur, un battement. De paupières, un battement. Un souffle. Un souffle à entendre, à écouter, à sentir, à ressentir, pour le partager, dans le partage – hors d'âge – ici ou là, là ou ici, au passage...

Voici:

Il y avait déjà un an que je m'escrimais, tout seul, seul-de-un (j'aime bien, jusqu'à aujourd'hui même, cette façon de se dire, de me dire, de te dire), à rédiger une espèce... d'... essai (il aurait été, en français, espérons-le, le premier, à l'époque) sur Sam Beckett.

Ah, à l'époque, je me trouvais – c'était autour de 1962 – dans l'effroyable École-Normale-d'Instituteurs-de-la-Ville-d'Angoulême, à cent kilomètres de ma ville natale, Poitiers. Ma famille, pour mon bien... souhaitait que je devinsse... enseignant. Des enseignants, il y en avait une large douzaine dans cette brillante famille. Ainsi, je devais prendre le pli. Pli ou pas, je n'avais jamais eu la moindre vocation, là-dessus. À l'époque, on employait le terme de... vocation, voyez-vous ça; résultat?: dans cette belle institution, j'étais le cancre parfait, absolu. Toujours le dernier, pendant quatre ans. Une fois, tout de même, j'étais parvenu à être... avant-dernier... La fameuse École-Normale-angoumoisine n'existe plus depuis des lustres, tant mieux!

Pour rédiger mon beau pensum académico-scolaire, j'avais écrit à Paris, au siège des Éditions de Minuit, à M. Samuel Beckett, aux bons soins de l'éditeur, en exposant poliment ma situation.

La réponse ne tarda pas.

Une autobiographie tapée à la machine, une page recto-verso, signée à la main à la fin. Quelques courtes lignes qui dépeignaient soixante ans de vie, d'une façon sportive, alerte. Y était joint un assez énorme paquet postal: tous les livres de Sam publiés à l'époque, les romans, les pièces et un essai d'un Américain à lui seul consacré.

J'ai lu tout ça, en ce temps-là, avec la plus grande des avidités et je me suis mis à rédiger mon bel essai, avec passion et application. Achevée sa rédaction, la moindre des politesses de ma part exigeait que j'en adresse une copie à celui qui était l'objet de mon propos. C'est ce que je fis. Il en ressortit, quelque temps après, une lettre de Sam où il était écrit «Cher Monsieur, je vous crois aussi peu critique que moi.» Et c'est ainsi que je devins l'un de ses amis, parmi les plus chers et cela, je l'ai fort bien compris, tout seul, oui.

Maintenant ainsi, tel que dans le... vieux style:

Durant un an, après mon brillant échec d'essai sur lui, je lui expédiais des, disons, textes, des nouvelles, des dessins, des tableaux de moi, que sais-je, puis un jour, je me suis décidé à aller vers lui, tout seul, c'est-à-dire chez lui, dans son immeuble, à sa porte même.

Après avoir repéré dans le hall l'étage, je prends l'ascenseur – septième gauche face. Je sonne, tremblant de partout dans mon modeste intérieur. Personne ne répond. Je sonne encore, en tremblant davantage dans tous mes recoins. Rien. Dépité, je reprends l'ascenseur et descends. Je ne savais plus où j'en étais. La vie était devant, montant et descendant, comme à son habitude. Rez-de-chaussée. Je pousse la porte. Qui vois-je, soudain?: LUI! Lui, avec un cabas noir au bout du bras, qu'il agitait d'une façon aussi sportive qu'élégante. Comment ne l'aurais-je pas reconnu? Son si beau visage d'homme, je l'avais vu et observé plus d'une fois dans quelques magazines.

(Voix énergique et douce): — VOUS DÉSIREZ ME PARLER?...

— Je suis Jean Demélier...

— AH!... On va monter...

Et voilà que nous montons par le même ascenseur que celui par lequel j'étais descendu. Nous nous dévisageons sans nous regarder au fin fond des yeux, malgré la promiscuité ascensionnelle. Mais de l'émotion, je peux le dire, il y en avait, et très bien partagée. Tout frémissait. Tout était en feu dans les têtes respectives, oui. Souffle et souffle et cependant silences en fusion, oui. La première fois, oui, sans autre voile que celui de la vie, des vies, pendouillant dans le même feu, en pleine lumière.

Un mètre et demi au demeurant, on franchit le palier. Serrure, clef. Il ouvre la porte, la referme doucement derrière moi. Toujours, comme toujours, avec la même énergique tendresse et précision.

Cabas posé, vite fait, à gauche, à gauche en entrant, dans la cuisine : il ne pouvait s'agir que de la cuisine. Il revient, s'assoit sur le bord de son bureau, tel que sur la photographie de Cartier-Bresson.

— Asseyez-vous...

Je m'assois, en contrebas, regard dressé. Dressé vers lui. Un jeune Poitevin égaré, déjà égaré dans sa propre ville natale, Poitiers. Un canapé, disons une banquette, de toile grise ou beige ou noire, peu importe.

Il se lève de son bureau. Il va chercher une bouteille de vin blanc dans la cuisine. La bouteille est entamée. Deux verres. On boit chacun son verre. Il s'assoit à nouveau sur le coin du bureau. Même position. Moi, je regarde, regarde, tous les sens en éveil.

— Je voulais devenir professeur : ça n'a pas marché ! Écrire, c'était ma dernière chance ; *chance*, en anglais...

Il avale une rasade ; je fais de même.

— Il faut être obsédé... Pour moi, ça a marché...

Long silence. Moi, j'écoute. Lorsqu'on admire quelqu'un et qu'on a l'honneur de se trouver en face de lui, on observe tout, strictement tout ce qui se tient dans un champ visuel de bonne qualité. Ainsi, on commence par le centre, tel un tireur à l'arc strictement soucieux de sa cible, puis on regarde autour, peu à peu, autour de la tête, des oreilles, de l'aura en suspension dans l'air, et l'environnement prend toute sa place.

Je suis devant lui. Je suis chez lui. C'est comment, chez lui?

Voyons voir.

Que voulez-vous, les rapports entre disciple et maître se posent et s'instaurent, jusqu'à nouvel ordre, dans l'instant même de la rencontre. Quel instant? Qu'est-ce qu'un instant, dites? Et qui décrète qu'un instant en soit un, tout seul et par lui-même? L'instant passe et dure, et le maître est là, dans la vision que l'on a, et le disciple aussi, dans une espèce de vibration disons anonyme, chaude, aussi proche que lointaine, une sorte de vibration dans l'espace commun.

Toutefois, les choses allant leur train, sans avoir l'air d'y toucher le moins du monde, tout en écoutant avec l'attention la plus extrême le moindre des mots, rares, qui sortaient de sa bouche et partant entraient dans mes oreilles jusqu'au fin fond de ma caboche, je regardais, aussi discrètement que je le pouvais – mais peut-on regarder discrètement? – depuis mon confortable contrebas, et les murs et le plafond et le sol, et la fenêtre – entr'ouverte, ce jour-là du moins, je l'affirme.

Au pied de la fenêtre, si jamais fenêtre a eu pied, il y avait une petite grenouille, disons de porcelaine, à la française, gueule ouverte vers le vide, le vide du dessous, pour le moins. Et plus loin, bien plus loin, en bas, là-bas, mais pas si loin, non, en-dessous, je vous le dis, à quelques dizaines de mètres à vol d'aigle de mouette ou de pigeon, la prison de... la Santé, telle qu'encore elle se nomme, dans l'universelle honte. Ma vue contre-plongeait par là, au milieu de toutes mes émotions. Je m'égarais.

Soudain, une grande clameur s'élève. Par-dessus des murs de mètres et de mètres de haut, d'une couleur brunâtre, abjecte. Une espèce de concert de trompettistes de Jéricho, mais à rebours; quel rebours, en définitive, hein?

– C'est comme ça chaque jour... fait Sam, de sa voix douce, si proche. Il jugeait, apparemment, de mon étonnement. Et deux rides, des rides de l'époque, se serrent sur son front.

Puis le silence revient, une espèce de silence, disons. Il n'y a pas que le silence que l'on sent, il y a aussi celui que l'on ressent, et ce dernier vient de loin, revient de loin, au moment où l'on s'y attend le moins, à ce que l'on sait. Et nous continuons à deviser. En vérité, bien peu de mots. Des silences. Partager le silence des sphères et des étoiles, depuis quelque lieu que ce soit, ne fût-ce que juste un peu en-dessus de la boue coutumière, de l'étalement morne et scintillant de la morve habituelle, convulsée dans et par l'énoncé de son propre propos miteux et à vif et, de longue date, dépité, c'était déjà là, en ce temps-là, un propos commun que nous avions, lui et moi, sans même le besoin d'avoir à en parler.

En fait, il s'agissait d'un appartement, disons, extrêmement simple, en ordre, sobre, et à l'intérieur duquel tout était très précisément posé et disposé, à en juger d'un premier coup d'œil.

Peu de livres sur les étagères. Dans le dos du maître, de gros dictionnaires anglo-français, si j'ai bien compris. Puis du vide. Puis des livres de Bloch – je ne sais toujours point de quel Bloch il s'agissait; nous n'en avons jamais parlé disons, par la suite. Puis du vide. Quelques rares livres dont, depuis ma chaleureuse place, je ne voyais que les dos; ils resteront anonymes pour longtemps, à mon avis. Ainsi, jusqu'au bord des vitres de la fenêtre, côté jardin-Santé. Toutefois, disons-le, entre bord de l'étagère et bord vertical de la fenêtre, un tableau, cloué sur le mur. Un petit tableau, de forme plus ou moins carrée, dans des tonalités noires, noires et noires. Cette chose m'intriguait, à l'époque, mais pas trop. Il était de A. A.

Près de l'autre bord de la fenêtre, il y avait un autre tableau, de forme rectangulaire, pas très grand lui non plus. Il m'intriguait, depuis le fin fond de ma timidité assise et en oblique, verre à la main.

Sam voit que je l'avais vu, voire même que je souhaitais, dans ma fièvre – elle ne m'a jamais quitté depuis – le regarder de près, puisque voir n'est point regarder.

— Prenez-le, fait Sam.

Je me lève. Tremblant d'émotion, je le fais. Je m'assois, tableau sur genoux.

— C'est de Yeats, le frère de Yeats; ça, c'est de la peinture…

Songeant à la vision que l'on puisse avoir, ne fût-ce que pendant la longue et brève durée d'une vie, j'essayais de voir comme je le pouvais, avec la dernière des attentions requises – ne fût-ce que requises par personne en personne. Voir, savoir… Dire, avoir à en redire…

Il s'agissait – il s'agit toujours d'ailleurs – d'un paysage. Huile sur toile. Tonalités sombres, avec lumières. L'Irlande, à portée de la main, des yeux. Le toucher des yeux, dans la bonté précise du peintre. Terre, ciel, côte. Au bord du rivage, qui se tient? Qui, là-bas, regarde quoi, en plein vent? Qui va, de ce côté, pouvoir m'aider, peut-être? Pourquoi m'aider? Qui, à ma place, pourrait le faire? Où se tient donc ma place? Pourquoi ne le demanderais-je pas au vent, voire même pourquoi ne le demanderais-je pas au vent en sa propre absence, hein?

Bref, dans ce paysage-là, chaque nuage peint montrait, offrait, proposait, imposait nul doute, à qui que ce soit et à la longue peu importe, son objective image de lui-même: une touche d'huile sur une toile, tout bien pesé, entre voir et faire, mais faire est tout ce qu'il reste de ce qu'on a pu voir, entrevoir, percevoir, au passage, non? C'est-à-dire que le nuage, pour ne parler que de lui, se tenait là, fixe, dans son silence immobile, du plus loin vu, et, du plus près, touché et disons, restitué, à vue. Ce n'était pas du bon-chic-bon-genre, du genre sec-desséché, sans but ni objet, froid et déterminé, sans l'ombre du moindre destin. Il s'agissait, à mon très misérable avis, déjà, à l'époque, d'une espèce d'évidence mais l'évidence ne date pas d'hier.

Que pourrait être un peintre sans vision, sinon un pinceau sans manche auquel il manque des poils? Je vous jure que Yeats, frère de Yeats, n'en était pas là, déjà, en son temps. J'observais, je regardais, et j'écoutais du plus près ce que mon maître me disait. Mon sentiment, là-dessus, est que ses propos n'avaient pas d'âge – lui-même n'était pas peintre, ni moi non plus, malgré mes propres pitreries de ce côté-là, en particulier.

Se sortir de sa vue, tout en en rendant compte, au passage, bref et éternel passage, voilà qui forme un projet, non? Et un projet qui ne se voudrait pas objectif, que vaudrait-il?

Bref et bref, *L'essentiel, c'est la forme!*, avait-il déclaré, quelques années plus tard à la presse, qu'il ne chérissait pas et qui ne l'aimait guère. Il avait formulé, en ce temps-là, ces choses-là, plus ou moins contemporaines de notre première rencontre, en présence du tableau dont je parle et auquel je fais allusion ici.

La forme n'est-elle pas l'enjeu général, et particulier? La forme, la forme!... Quelle forme?... Il entrait là-dedans un petit détail, d'ordre linguistique, et qui participait de son humour (mot anglais) irlando-français: avoir... la forme, côté français, c'est être en pleine forme, la pleine forme sportive-santé-banque-bagnole; c'est dire que déjà, il sentait vers quoi un certain vent allait se mettre à tourner. Par certains côtés, il en était solidaire. Par d'autres, totalement éloigné, avec la distance de son élégance de poète hors-temps.

Revenons à l'objet de la commande que ce travail institutionnel se suppose: l'Appartement. Décrire *in situ* un appartement où a vécu – après bien d'autres épisodes – votre maître et ami, à l'époque où vous l'avez connu.

Là, tout n'était que simplicité, austérité et précision. Précision à ce point qu'il avait... un homme de ménage, pas une femme de. Il aimait trop la femme pour la voir réduite à ça, sur place, chez lui. C'est Ludovic qui m'avait appris ce détail charmant, mais avec Sam en personne, on ne se parlait guère de ces choses-là. En revanche, face à face, à heures fixes – de onze à douze le plus souvent, sauf en cas de cas graves – dans les innombrables cafés qui fourmillent autour du Lion de Belfort, quartier de Denfert-Rochereau, où il vivait, c'étaient deux crânes qui s'affrontaient, d'un silence concentré à un silence expectatif; le dialogue de deux silences, quoi de meilleur?

On me demande de parler d'un lieu – je le fais... Mais ce que je sais, c'est que Sam Beckett vivait dans sa tête, pleine de feu, d'étoiles et de mathématiques. C'était là, son vrai lieu, avec les mots en guise de bouées, de phares – dont il n'était pas dupe de la lumière qui pouvait en émaner, et qu'il prenait à pleines mains, avec toute sa passion, sa suprême exigence, loin du temps, de l'espace, et autres fariboles convenues, mais étudiées avec la plus grande attention, la dernière des concentrations.

Surface? Je dirais, n'étant pas géomètre, peut-être dans les cinquante mètres carrés. Edward, qui y vit parfois, pourrait démentir ce propos, ou le confirmer. Et la musique se chargerait du reste...

Je parle de ce que j'ai vu et connu, mais je n'ai ni connu ni vu l'autre partie, où vivait Suzanne, côté rue, côté opposé Santé, elle qui ne mangeait que végétarien. Les deux appartements communiquaient par la cuisine. Chacun chez soi et ensemble pour le meilleur du meilleur – si on veut bien y regarder d'assez près, quand on a, à l'intérieur de son amour, assez de goût pour l'austérité et le désintéressement partagés.

Résumons-nous, dans cette haute et brave besogne mémorielle :

Entrée, telle que quelqu'entrée que ce soit. À droite, toilettes. Toilettes, je l'ai compris clairement, le jour de notre première rencontre ; les effets diurétiques du vin blanc sont connus. Même le plus grand génie de toute l'histoire de l'humanité, si elle existe, en témoignerait volontiers, fût-ce à son corps défendant.

— Excusez-moi.

Il y va, en revient vite. Nous continuons à être émus, vraiment. Nous nous examinions, tous les sens à vif, en ce temps-là. C'était hier, peut-être. Quoi que ce soit naissait, dans l'incessante naissance de l'univers accordé.

Bureau. Déjà parlé du bureau. Pas du rocking-chair. Il y en avait un, tout près du meuble appelé bureau. Sa longueur – c'était un superbe rocking, tout en courbes – était parallèle à la largeur du sobre meuble sur lequel mon maître travaillait. Machine à écrire mécanique, du moment. Un petit poste à transistors à côté, la discrète musique qui en sortait. Un fichier, avec noms et adresses à portée de la main, sous les yeux. Crayons, stylos, bien peu. De l'espace entre chaque chose. Chaque chose à sa place, et selon sa fonction et selon son usage.

Sous le tableau de Yeats, bien dessous vraiment, posée là, une télé éteinte. Rectangle gris, couleur suaire – elle ne s'est jamais démentie depuis, cette couleur-là, croyez-moi ; il suffit de savoir assez longtemps, y regarder d'assez près. Même aujourd'hui je crois que là-dessus mon maître, hélas mort, ne me démentirait point.

La cuisine, je ne l'aurais jamais vue que de profil – une cuisine genre cuisine, ni plus ni moins. Quant au cas de la chambre, qui lui était adjacente, dans ma mémoire du moins, il est bien plus émouvant. J'ai eu l'honneur de la voir de près, un jour où j'allais fort mal, ce qui peut bien vous advenir. C'était une chambre de moine, quelle que puisse être l'absence de quelque d.ieu que ce soit qui préside à son organisation et à sa gestion.

Un lit à une place. Dessus-de-lit blanc, quelconque, sauf son blanc. À sa tête, une petite table de nuit, avec lampe dite de chevet. Au pied de la lampe, une étoile de mer, toute petite elle-même. Une vraie étoile de mer, dont l'origine demeurera longtemps inconnue. Côté Santé, fenêtre et partant, mur. Rien sur le mur. Sur l'autre mur, en angle, un tableau carré de A. A., un tableau abstrait dans des noirs profonds. C'est tout.

Maintenant, tu sais bien que je te vois venir: tu vas me reprocher de parler plus de moi que de lui, alors que c'est depuis chez lui que je te parle, de lui dont je t'entretiens. Je te raconte des choses vraies, elles n'ont pas besoin d'autre témoin que moi-même, le moi-même de ce temps-là, plutôt béni, je le confesse. Vois-tu, quand on a le goût de faire passer une leçon, disons la leçon d'une leçon, que l'on a reçue de son propre maître, qui lui-même l'avait reçue de son maître à lui, et ainsi de suite, on s'y emploie, au millimètre près de la lettre qui permet de l'exprimer.

La chambre d'un maître n'en demeure pas moins une chambre. Il y a un détail dont j'ai à t'entretenir, toi, qui, à l'évidence, es avide de lire, de savoir, de comprendre, voire même d'apprendre quelque chose venue du passé, assez récent, il convient, au passage, de le rappeler.

Ce détail, le voici.

C'était l'hiver, il neigeait. Ce jour-là, alors que nous nous téléphonions régulièrement depuis notre première rencontre, je l'appelle, on se parle.

— Comment ça va?

— Comme ça…

— Rien de grave?

— Il fait froid, j'ai un trou à l'une de mes chaussures. (Je n'en avais qu'une paire, en fait.)

— Oh, il ne faut pas rester comme ça! Venez à dix-sept heures.

J'étais chez lui à dix-sept heures pile.

— Venez.

Il me conduit dans sa chambre.

Sur le lit était disposée une série de vêtements, plus chauds et chaleureux les uns que les autres. Costume, manteau, chemises, chaussettes. Au pied du lit, deux paires de chaussures, les unes plates, montantes les autres. Je les ai portés durant des années, et je n'ai plus eu froid. Avoir froid, j'en connais le sens.

— Maître, où es-tu?

— En toi-même. Dans ta tête. Au fin fond de ta tête de mort!

— Et avant, où te tenais-tu toi-même?

— Dans ma tête, dans son fond sans fond ni fondement. Déjà d'autres s'y tenaient, et bien d'autres encore. Sans bruit, sans mouvement. Ils allaient de l'avant, en leur temps. Leur silence seul éclairait leur marche patiente, fixe, vue de loin. On regarde toujours de trop loin, non? En avant, mon petit! Rien n'est jamais assez petit pour que l'on puisse, à vif, en appréhender la source, histoire de s'y revivifier.

— Ainsi, la source n'est-elle pas la première pour chacun?

— Certes, et c'est aussi la dernière pour tous.

— Tous?

Jean Demélier

Sam 8/14/68

— Oui : les derniers comme les premiers, en même temps, au même lieu, écartelés en deçà et au-delà du même, disons, point...

— En fait, du pain de mie pour d'innombrables pigeons ?...

— N'oublions pas les aigles...

— En reste-t-il ?...

(Long, long silence... dehors point... mais quoi de l'autre-dehors ?)

Au passage, se construire, se dresser à soi-même, avec la dernière des modesties, un monument à sa gloire. Surtout quand on a fait le tour de tout, avec sa culture, sa science, sa précision, sa passion. Quand, dès l'enfance, on a le goût pour soi-même de devenir unique ; c'est à cela qu'il est parvenu à la longue, à la très longue, mon cher maître – sans qui je serais mort de faim depuis des lustres et des lustres, déjà.

Ce genre de... texte, je le donne aux innombrables glossateurs, spécialistes, encenseurs, conseilleurs, référenceurs, universitaires bien assis sur le dossier de leur retraite conlouée, analyseurs du pire et du meilleur, thuriféraires diplômés, observateurs patentés, contrôleurs du ciel et de la terre conjoints, tireurs à la ligne, sans bouchon, ni proie, ni rivage, assis, seulement, un peu au-dessus de leurs propres excréments, sur lesquels, au passage, ils daignent porter un amoureux regard – je ne saurais tous les citer, ils m'auraient déjà achevé avant que je ne leur aie dressé leur liste propre. Quant au lecteur du même, il se peut qu'il s'y trouve à son affaire – au demeurant, il s'agit, très précisément de la même –, et qu'il accepte donc la misérable idée que les cendres puissent bégayer ensemble, animées du même feu. Ah, inventer le feu !

Inventer le feu tout en l'apprivoisant à vif, voilà à quoi s'est livré toute sa vie mon maître et ami Sam Beckett, jusqu'à son dernier souffle, à chaque seconde, autant pendant ses voyages, ses séjours ailleurs, que durant ses moments d'intense méditation, chez lui, seul face à lui-même, dans son austère, chaleureux et précis appartement, sur la terre de France et dans la langue française qu'il avait élue pour en faire son domicile universel. Jusqu'à sa mort.

CARRELAGE

CASANOVA

Disons un carrelage. Noir et blanc. Alternance et symétrie. Ordre contraint. Cette sorte de chose qui ne ressemble pas à l'art entendu comme. Le contraire par exemple. Carreaux noirs et blancs. Les mathématiques sont-elles de l'art? Y faut-il un supplément d'âme et de la sentimentalité ou de la profusion pour. Pas là où on croit et provocation anti-sentimentale pour laquelle je suis si sentimentale. Exactement à la même place. Être dans une position impossible. Toujours. Et s'y tenir. Beckett dit que c'est le carrelage et le petit bureau. Antonello da Messina. Le petit bureau éclairé. Ordre et beauté. Ne ressemble pas à ce qui est supposé être beau. Tu n'oublieras jamais la beauté surgie du néant et ses furoncles et ses. J'aurais tellement voulu. On voudrait s'échapper quelquefois avoir accès à des formes plus. Ou plus [les pierres à sucer en un sens sont aussi un carrelage].

Une obscurité trouée de. Mais régulièrement. À carreaux. Qui fait tenir le tout qui, sinon, glisserait. Ordre et beauté. Un carrelage est une forme et un fond (chez Piero autant que chez Antonello da Messina).

En fait peu de couleurs dans les toiles de Beckett. Plutôt du noir et blanc.

Équations:
quelquefois noir & blanc = [(tempête + nuit) + lumière de l'entendement] (ce qu'il dit dans *La Dernière Bande*)
ou quelquefois noir & blanc = [(clair + obscurité) rhétoriques] (ce qu'il dit dans *L'Innommable*).

Fond à partir de quoi il place ses pions, formes en mouvement (rampantes marchantes), cailloux. Pas de limites à l'agencement une fois que le théâtre mathématique combine le tout.

Soit 2 saints d'Antonello da Messina :

1 — saint Jérôme (le lion et le chapeau rouge posé sur un) petit bureau bâti sur un carrelage alterné cette sorte de perfection ordonnée que vient perturber Jérôme au travail ses (petites) chaussures au pied des trois marches ses livres et ses. Chaleur du petit bureau de bois léger désordre [vêtement / plis de sa robe (rouge) / chapeau / livres mal rangés sur l'étagère et même un bout de]. Épinglé au mur. Le carrelage est comme une grille à partir de laquelle serait bâti le. D'ailleurs déformé raccourci applati par la perspective que vient atténuer la présence du saint lecteur-écrivain.

2 — saint Sébastien. Beckett l'a vu à Dresde au Zwinger en 1936. S'en souvient si bien qu'il l'écrit douze ans plus tard à son ami Duthuit. «Je me rappelle un tableau au Zwinger un saint Sébastien d'Antonello da Messina formidable formidable c'était dans la première salle j'en étais bloqué à chaque fois espace pur à force de mathématique carrelage dalles plutôt noir et blanc en longs raccourcis à vous tirer des gémissements... tout ça envahi mangé par l'humain devant une telle œuvre une telle victoire sur la réalité du désordre sur la petitesse du cœur et de l'esprit on manque de se pendre.»

Le carrelage du saint Sébastien est plus idéalement beckettien que celui du saint Jérôme. Un presque à plat. Comme si le regardant on était allongé dessus exactement à la manière du personnage derrière le saint allongé en face de nous rapetissé les jambes courtes. Le carrelage est si plat qu'on ne le voit presque pas. Fond mathématique impeccable grille et matrice. Presque dénié par la perspective qui écrase les carreaux et défait l'alternance du noir et du.

Quad serait disons le Sébastien de Beckett. Un carrelage en mouvement. Mathématique pure. Marche du cavalier en diagonale.

Beauté inconcevable de la combinatoire. Décevoir toute velléité de sens identification profondeur. *Quad* est un carré noir et blanc filmé pour la télévision et blanc. Un carré est-il l'agrandissement d'une seule dalle (ou blanche) ou bien l'assemblage confondu de ceux d'Antonello ?

Un carrelage est un échiquier. Ou l'inverse. Depuis *Fin de partie* c'est là qu'il fait bouger ne pas bouger ses images que se forment se croisent se renversent les blancs et les noirs sur les blanches et les noires.

Beckett je ne l'ai jamais vu qu'en noir et. Toutes les photos. Je le connais comme un carrelage où poser mes pieds nus.

« Indestructible association jusqu'au dernier soupir de la tempête et de la nuit avec la lumière de l'entendement et le feu. »

Bruce Davidson
Samuel Beckett pendant
une répétition de
En attendant Godot,
New York, 1964

I. C. Rapoport
Samuel Beckett pendant le tournage de *Film*, New York, 1964

Pages suivantes

68-69
Anonyme
Samuel Beckett, s.d.

70-71
Lüfti Özkök
Samuel Beckett, Paris, 1960

Dmitri Kasterine
Samuel Beckett,
Londres, 1963

Jerry Bauer
Samuel Beckett,
Paris, 1962

Bernard Morlino
Samuel Beckett au
Colombarium du cimetière
du Père-Lachaise devant
les cendres de son ami
Roger Blin, le 27 janvier 1984

Alberto Giacometti
Homme et arbre
Vers 1952

Dimanche 26.12.48

Mon cher vieux Bram

J'ai l'impression que je n'ai pas été gentil avec vous l'autre soir. J'en suis honteux. Je ne comprends pas comment j'ai pu, même ivre, vous montrer autre chose que la grande affection et la grande estime que j'ai pour vous. Pardonnez-moi. Et venez bientôt nous voir.

Votre ami

Sam

Paris 14/1/49

Mon cher Bram

Nous sommes furieusement enrhumés tous les deux et il est même possible que Suzanne fasse un commencement de grippe. Il vaut donc mieux que nous renvoyions notre soirée à dimanche en huit le 23. Nous sommes très déçus, mais pas moyen de faire autrement.

J'ai beaucoup pensé à votre travail ces derniers jours et compris l'inutilité de tout ce que je vous ai dit. Vous résistez en artiste, à tout ce qui vous empêche d'oeuvrer, fût-ce l'évidence même. C'est admirable. Moi je cherche ~~xxxxxxxxx~~ le moyen de capituler sans me taire - tout à fait. Mais quand je vais chez vous regarder ce que vous avez fait, il ne devrait pas être question de moi. J'entends encore votre dernier ~~xxx~~ "j'ai compris". Je l'avais mérité. J'espère que vous aurez fait venir Duthuit chez vous. Il voit les choses telles qu'elles sont.

Si vous passez dans la semaine nous apporterons les tableaux Rue de l'Université.

Bien des choses à Marthe. Et de toute manière à dimanche en 8.

Affectueusement de nous deux

Sam

Ci-joint le dernier silence raté.

IMAGE

24/11/54 Paris

Chère Marthe

Merci de votre gentille lettre. J'aurais dû vous répondre plus tôt. Je suis content de savoir que vous travaillez tous les deux. Moi je suis dans les traductions, ce n'est pas gai. Je viens de passer deux mois à Ussy. Maintenant Paris pour peu de temps. Je n'ai vu personne, ni Geer ni Tonny ni Jacques ni Georges ni personne. Je pense souvent à eux et ne fais pas un pas, à vous et à Bram aussi, en Irlande j'ai souvent pensé à vous tous, en me demandant si j'allais jamais vous revoir. On a fait repeindre le studio, très clair, et les Bram claquent comme knouts. Je ne peux pas vous écrire une bonne lettre, il neige et vente dans mon crâne, à enterrer toutes les vieilles tombes. Je veux seulement vous envoyer à tous les deux mes pensées affectueuses.

DIDI-HUBERMAN

le 7 mars 1955 Paris

Ma chère Marthe

Merci pour votre lettre. Je m'étais promis d'aller vous voir et voir le travail de Bram cet après-midi. Mais je vois que je ne pourrai pas. J'ai des épreuves que je dois rendre ce soir et je n'ai pas fini de les corriger. Je quitte Paris demain pour une dizaine de jours. Je vous ferai signe à mon retour. Je suis content de vous savoir délivrée d'une situation que vous supportiez si mal. J'aurais dû répondre à votre dernière lettre de là-bas. Je suis de plus en plus bon à rien, sinon à biberonner et à faire le zouave. Si vous avez besoin de pesetas n'hésitez pas. Y en a encore.

Affectueusement et à bientôt.

Dans *L'Abécédaire* de Gilles Deleuze, le Q, c'est la *Question*. L'opération philosophique par excellence : le grand « art des questions ». Alors que l'opinion interroge en vue de simples réponses – « Vous croyez ceci ou cela ? », « Croyez-vous en Dieu, oui ou non ? » –, la philosophie, elle, questionne et commence, pour ce faire, par briser le consensus ou la « bouillie », ainsi que l'appelle Deleuze, des interrogations toutes faites.[1] Q comme *Question*, donc. Par exemple : Q comme *Qu'est-ce que peut un corps*[2] ? Question profonde, abyssale, méandre à construire. L'histoire de la philosophie ne se réduit pas au chapelet des œuvres qui se succèdent et des réponses qui s'imposent : elle décrit une géologie et une sismographie plus profondes, elle suppose « l'histoire sous-jacente des questions » elles-mêmes, ces abîmes, ces mouvements de fond.

Les questions commencent souvent par un Q : *qui ? quis ?* (qui?), *quod ?* (quoi?), *quando ? quanto ?* (quand? combien?), *quare ? quomodo ? quemadmodum ?* (comment?), *qualis ?* (de quelle sorte?), *quam ?* (à quel degré?), *quanam ? qua ?* (par quelle route ? par quelle méthode?), *quoad ?* (jusqu'à quel point?), *quaad* ou *quad ?* (jusqu'à quel point, jusqu'à quelle nappe du temps? – question importante entre toutes). Dans la mesure même où l'invention philosophique va de pair avec un art des questions et celui-ci avec un certain jeu, une certaine métamorphose de la langue naturelle,[3] on comprend aisément que Deleuze ait vu dans *Quad* – et dans l'œuvre de Samuel Beckett en général – un espace propre à poser de nouveau, avec de nouvelles façons d'agencer les mots de la pensée, une très ancienne, une inépuisable question touchant à ce que c'est que faire une image. Q comme *Quad*, c'est-à-dire : Q comme *Qu'est-ce que peut une image ?*, et comment elle le peut ?

1. *L'Abécédaire de Gilles Deleuze*, avec Claire Parnet (1995), produit et réalisé par Pierre-André Boutang, Paris, Éditions Montparnasse, 2004 (« Q comme Question »).
2. Gilles Deleuze, *Spinoza et le problème de l'expression*, Paris, Les Éditions de Minuit, 1968, p. 197-213.
3. Il en est donc du philosophe comme de l'écrivain qui, « comme dit Proust, invente dans la langue une nouvelle langue, une langue étrangère en quelque sorte » (Id., *Critique et clinique*, Paris, Les Éditions de Minuit, 1993, p. 9).

Quad – pièce écrite par Samuel Beckett en 1980 et réalisée par lui l'année suivante pour la télévision – décrit un état des lieux, un quadrangle, un carré, pourvu d'une certaine règle chorégraphique selon laquelle «quatre interprètes [...] parcourent une aire donnée, chacun suivant son trajet personnel», «toutes [les] combinaisons possibles» de ces parcours étant produites afin d'y être «épuisées».[4] C'est comme un ballet réduit au minimum du pas, mais réduit avec la volonté de produire une sorte de quadrature des mouvements possibles: «ritournelle essentiellement motrice»,[5] mise au carré *(quadrated)*, ne laissant rien échapper, balayant ou «épuisant» tout l'espace donné. «Il n'y a pas de doute, écrit Deleuze, que les personnages se fatiguent, et leurs pas se feront de plus en plus traînants. Pourtant, la fatigue concerne surtout un aspect mineur de l'entreprise»,[6] car ce que vise *Quad* est bien l'*épuisement*, non la fatigue, des parcours spatiaux. «L'épuisé, c'est beaucoup plus que le fatigué. [...] Le fatigué a seulement épuisé la réalisation, tandis que l'épuisé épuise tout le possible. Le fatigué ne peut plus réaliser, mais l'épuisé ne peut plus possibiliser. [...] Il s'épuise en épuisant le possible, et inversement. Il épuise ce qui *ne se réalise pas* dans le possible. Il en finit avec le possible, au-delà de toute fatigue.»[7]

*

Comme ces gestes sont étranges! «On ne réalise plus, bien qu'on accomplisse. Souliers, on reste, pantoufles, on sort.»[8] Ce sont des gestes privés de destination objective (comme lorsqu'on tend le bras pour attraper une pomme et la manger), privés même de démonstration subjective (comme lorsqu'on tend le dos pour sembler, devant les autres, un peu moins petit et recroquevillé qu'on ne l'est lorsqu'on s'esseule). Ce sont des gestes pour la «décomposition du moi», ce qui,

4. Samuel Beckett, *Quad*, dans *Quad et autres pièces pour la télévision*, trad. de l'anglais par É. Fournier, Paris, Les Éditions de Minuit, 1992, p. 9-11.
5. G. Deleuze, «L'épuisé», *ibid.*, p. 81.
6. *Ibid.*
7. *Ibid.*, p. 57-58.
8. *Ibid.*, p. 59.

aux yeux de Gilles Deleuze, rapproche Beckett de Musil.[9] Gestes où le *pathos* se reformule à travers une imperturbable logique de la quadrature, mais où, réciproquement, le *logos* de la partition scénique s'aggrave en quelque chose de plus profondément déchirant: «Le grand apport de Beckett à la logique est de montrer que l'épuisement (exhaustivité) ne va pas sans un certain épuisement physiologique.»[10] D'où que les personnages de Beckett apparaissent comme des *damnés,* selon «la plus étonnante galerie de postures, démarches et positions depuis Dante».[11] (Mais il faudrait ne pas oublier Goya, artiste beaucoup plus posturalement et sensationnellement logique que Francis Bacon, par exemple.)

Il y a, dans ces gestes, quelque chose de plus que des simples «relations combinatoires» ou des simples «relations syntaxiques»: nous sommes au-delà d'une «langue des noms» et, même, affirme Deleuze, au-delà de cette «langue des voix» dont procède, peu ou prou, le théâtre de Beckett.[12] Nous sommes dans une langue – mais faut-il encore dire «langue», fût-ce pour les besoins de la clarté typologique? – des images. Nous sommes là où faire un simple geste, *faire un pas,* consiste à *faire une image.*

Faire une image n'est en rien se tenir en-dehors du langage. Mais l'acte d'image a ceci de particulier qu'il «ne rapporte plus le langage à des objets énumérables et combinables, ni à des voix émettrices, mais à des limites immanentes qui ne cessent de se déplacer».[13] Faire une image, donc: désobscurcir – le terme est de Beckett, bien sûr: «Désobscurci. Désobscurci tout ce que les mots obscurcissent. Tout ainsi vu non dit»[14] –, mais pour *faire apparaître les limites immanentes* au langage, à la pensée et, ajouterai-je, au corps lui-même. Deleuze formule en tout cas, grâce à Beckett, l'une des plus belles

9. *Ibid.*, p. 62.
10. *Ibid.*, p. 61.
11. *Ibid.*, p. 63.
12. *Ibid.*, p. 66 et 74.
13. *Ibid.*, p. 69.
14. *Ibid.*, p. 70 (citant S. Beckett, *Cap au pire* [1982], trad. de l'anglais par É. Fournier, Paris, Les Éditions de Minuit, 1991, p. 53).

observations possibles sur ce geste, faire une image. Il faudrait longuement réfléchir sur ce que sont de telles «limites immanentes», et s'interroger, de plus, sur ce que Deleuze précise aussitôt : en désobscurcissant des limites immanentes, l'image nous montre qu'elles sont *mouvantes,* qu'elles «ne cessent de se déplacer» jusqu'à, quelquefois, grandir «tout d'un coup de manière à accueillir quelque chose qui vient du dehors ou d'ailleurs».[15]

L'acte d'image, en ceci, suppose de «renoncer à tout ordre de préférence et à toute organisation de but, à toute signification» : «Souliers, on reste, pantoufles, on sort.»[16] Une image n'est pas sans ordre, mais son ordre *altère* l'«ordre de préférence» établi par la perception ou par les valeurs culturelles préexistantes. Une image n'est pas sans organisation, mais celle-ci *déjoue* le but initialement donné (par exemple, le pape demande à un artiste une organisation d'images dont le but est de monumentaliser le pouvoir de l'église ; l'artiste, Michel-Ange, a l'air de s'exécuter, mais il suffit de regarder ses images pour comprendre qu'elles s'organisent aussi et surtout pour déjouer le but en question). Bien que les images soient inséparables du monde de la signification, d'où la discipline iconologique tire par exemple sa légitimité, Deleuze a bien raison de mettre en lumière cette façon, souvent inaperçue – mais évidemment impossible à ne pas voir dans l'art de Beckett qui y consacre toute sa force –, d'*épuiser* la signification par renoncement «à tout ordre de préférence», ce qui, faut-il préciser, ne veut pas dire que l'on «tombe [...] dans l'indifférencié».[17]

L'image épuise la signification, déjoue le but et altère l'ordre en cela même qu'elle *fait apparaître les limites immanentes.* Voilà pourquoi l'«épuisement» beckettien n'a rien à voir avec une esthétique

15. *Ibid.*, p. 69-70.
16. *Ibid.*, p. 59.
17. *Ibid.*

de l'indifférencié: «Les disjonctions subsistent, et même la distinction des termes est de plus en plus crue, mais les termes disjoints s'affirment dans leur distance indécomposable [...]. La disjonction est devenue *incluse,* tout se divise, mais en soi-même.»[18]

*

Mais comment s'y prend-on pour faire apparaître des «limites immanentes» ou des «disjonctions incluses»? Voilà nommés tout le risque et toute la difficulté de faire une image. Il s'agit d'abord de *fragmenter* l'espace – Deleuze rapprochant pour cela, en dépit de leurs différences, le cinéma de Robert Bresson et la télévision de Beckett –, ensuite de *connecter* ou raccorder les vides, les «*insondables vides*» créés par cette fragmentation même – Deleuze rapprochant alors le *Wavelength* de Michael Snow et le *Quad* de Beckett.[19]

On peut le dire autrement, en soulignant combien l'art de Beckett s'attache à *ouvrir,* à «‹forer des trous› à la surface du langage, pour que paraisse enfin ‹ce qui est tapi derrière›», donc pour que les mots s'écartent rythmiquement d'eux-mêmes et que le langage devienne poésie.[20] Mais ouvrir, ce n'est pas creuser un seul trou qui irait directement jusqu'au centre des choses. Il n'y a pas un centre des choses puisque les racines elles-mêmes sont multiples et arborescentes, sans parler des rhizomes, bien sûr. Donc il nous faut creuser partout, *faire proliférer* les trous et, avec eux, les connections, hiatus ou raccordements. On ne comprendra ce que faire une image veut dire qu'à entrer dans cette «iconologie des intervalles» dont Aby Warburg aura défini le projet, proche en cela des grands fragmentateurs-connecteurs d'espaces que furent les cinéastes qui lui étaient contemporains, Eisenstein, Dziga Vertov, Moholy-Nagy, Fritz Lang, Man Ray et bien d'autres encore. Façon de dire – de redire – que l'acte

18. *Ibid.*, p. 59-60.
19. *Ibid.*, p. 86-88.
20. *Ibid.*, p. 103-104.

de fragmenter en connectant, d'ouvrir en faisant proliférer, met au cœur de cet acte, faire une image, la mise en œuvre du *montage*: non pas un simple assemblage de choses, fussent-elles hétéroclites, mais un recueil des disjonctions entre les choses, une réunion d'intensités traversant les choses, un appariement de différences écartant les choses, une connexion de mouvements hétérogènes dissociant les choses, une incorporation de temporalités anachroniques morcelant les choses...

*

Faire une image, donc: faire apparaître les limites immanentes et, pour cela, fragmenter en connectant, ouvrir en faisant proliférer, bref, pratiquer un montage sur d'autres bouts d'images, d'autres bouts de langages, de pensées, de gestes, de temporalités. Je n'aurai avec Deleuze, sur ce point, qu'un seul désaccord – profond, peut-être, mais proche et affectueux, il va sans dire – quant à l'événement d'image en tant que «désobscurcissement des limites immanentes». Deleuze cherche la possibilité de «l'image pure». Qu'il en admette la difficulté est le signe même qu'il en revendique l'enjeu: «Il est très difficile de faire une image pure, non entachée, rien qu'une image, en atteignant au point où elle surgit dans toute sa singularité.»[21] Il est donné aux grands artistes de «*faire* une image, de temps en temps», c'est-à-dire dans le «bon moment où elles peuvent paraître», qui est un moment d'«énergie pure» aussitôt dissipée, un «micro-temps» où tout, alors, s'épuise d'un coup.[22] Ce qui se passe là est considérable: «sur la surface de la toile peinte» – par Rembrandt ou Cézanne – advient selon Deleuze le «micro-temps» d'un pur processus formé «afin que surgisse le vide ou le visible en soi», de même que «sur la surface du son» – chez Beethoven ou Schubert – surgit «le silence ou l'audible en soi».[23]

21. *Ibid.*, p. 71.
22. *Ibid.*, p. 71 et 77-78.
23. *Ibid.*, p. 103.

Si «désobscurcir des limites immanentes» est une façon admirable d'exprimer le processus visé sous le terme *image,* faut-il pour autant passer le pas de l'«image pure» et du «visible en soi»? Que veut dire *pur* ou *en soi,* si ce n'est qu'on vise alors un absolu de l'image, l'image considérée «abstraction faite de toute autre chose»? Mais cela est-il seulement possible ou même souhaitable d'une image? La scolastique oppose la substance *in se* et l'accident *in alio*: ne doit-on pas reconnaître que l'image, selon ce vocabulaire de l'en-soi et de l'altération, n'est pensable qu'*in alio,* c'est-à-dire comme accident (toute notre tâche étant alors de redonner à l'accident, c'est-à-dire à l'impureté, sa dignité conceptuelle)? Deleuze, ayant commencé son parcours philosophique avec Hume, n'a sans doute jamais renoncé au projet d'une métaphysique de l'immanence pure, tentative où, curieusement, il rencontre Jean-Paul Sartre.[24] Mais je n'arrive pas à prendre pour mon compte – et peut-être, tout simplement, à comprendre – ce qu'une pensée de l'image pourrait véritablement tirer de sa supposée «pureté» d'apparition.

D'abord parce qu'il n'y a pas *une image*: parler de «limites immanentes» au pluriel, observer les fragmentations et les connexions, les ouvertures et les proliférations, cela suppose que, lorsqu'on «fait une image», ce sont bien *des images* qui apparaissent (impossible, par exemple, de résumer *Quad* à une seule posture ou de résumer un tableau de Rembrandt à un seul «micro-temps» de visibilité, si «pur» soit-il). Ensuite, parce que la notion même de «limites immanentes» – ou de «disjonctions incluses» – suppose *et la séparation, et l'adhérence.* «Il est très difficile de déchirer toutes ces adhérences de l'image»,[25] semble déplorer Deleuze. Ne doit-on pas, plutôt, accepter que ces adhérences, ces impuretés, donnent précisément à l'image sa

24. Cf. G. Deleuze et Félix Guattari, *Qu'est-ce que la philosophie?*, Paris, Les Éditions de Minuit, 1991, p. 49: «La supposition de Sartre, d'un champ transcendantal impersonnel, redonne à l'immanence ses droits. C'est quand l'immanence n'est plus immanente à autre chose que soi qu'on peut parler d'un plan d'immanence.» Quant à l'en-soi, on peut penser, parmi bien d'autres exemples, à ce passage de Jean-Paul Sartre, *L'Être et le Néant. Essai d'ontologie phénoménologique* [1943], Paris, Gallimard, 1996, p. 32: «L'être est opaque à lui-même précisément parce qu'il est rempli de lui-même. C'est ce que nous exprimerons mieux en disant que *l'être est ce qu'il est.* Cette formule [...] désigne une région singulière de l'être: celle de *l'être en soi.*» Mais, précisément, il me semble aussi insuffisant de dire «l'image est ce qu'elle est» que de dire «l'être est ce qu'il est».

25. G. Deleuze, «L'épuisé», art. cité, p. 70-71.

puissance de multiplicité, son exubérance, sa force de potentialisation?

Ce qui nous bouleverse dans une image n'est pas qu'elle atteigne «le visible en soi» mais, au contraire, qu'elle fasse *fuser le visible hors de soi* – en le fragmentant, en reconnectant autrement les fragments – *pour autre chose,* une autre façon de voir, de parler, de penser, d'écouter, de se mouvoir dans l'espace. En disant que l'image «désobscurcit», on doit alors entendre qu'elle fait *apparaître une obscurité* de second ordre, aveuglante quelquefois, qui est l'«obscurité visuelle»[26] des limites immanentes.

*

Cela peut, d'ailleurs, se décrire assez concrètement. «Yeux clos écarquillés», écrit Beckett: et Deleuze d'y comprendre, superbement, aidé de Kafka, la question du «rêve d'insomnie».[27] Yeux écarquillés dans l'angoissante nuit noire ou yeux clos grands ouverts sur le rêve insomniaque: dans les deux cas il nous faut compter avec les «limites immanentes», c'est-à-dire avec l'impureté de la situation, séparations et adhérences mêlées. Dans tous les cas – voir ou ne pas voir, ouvrir ou fermer les yeux – il faut des *paupières,* ces limites immanentes à notre exercice de la vision. Un autre exemple que propose Deleuze est celui du sourire: «L'image est plus profonde [que l'espace], parce qu'elle décolle de son objet pour être elle-même un processus, c'est-à-dire un événement comme possible, qui n'a même plus à se réaliser dans un corps ou un objet: quelque chose comme le sourire sans chat de Lewis Carroll.»[28] Le sourire d'une image peut éventuellement se passer d'un sujet de référence – que ce soit la Joconde ou le chat de Lewis Carroll –, mais ne demande-t-il pas que soient «désobscurcies» ces limites immanentes que sont les *lèvres,* telles qu'on les voit

26. Cf. G. Didi-Huberman, *Ce que nous voyons, ce qui nous regarde*, Paris, Les Éditions de Minuit, 1992, p. 53-84.
27. G. Deleuze, «L'épuisé», art. cité, p. 100.
28. *Ibid.*, p. 93-94.

apparaître si démesurées, si étrangement éclairées, dans un extraordinaire film de Samuel Beckett et Antony Page[29]?

Deleuze cite encore la démarche de Watt, «qui va vers l'est en tournant le buste vers le nord et lançant la jambe droite vers le sud, puis le buste vers le sud et la jambe gauche vers le nord».[30] Il en déduit que «cette démarche est exhaustive, puisqu'elle investit à la fois tous les points cardinaux, le quatrième étant évidemment la direction d'où on vient sans s'éloigner. Il s'agit de couvrir toutes les directions possibles, en allant pourtant en ligne droite», ce qui s'appelle, rigoureusement, «épuiser les potentialités d'un espace quelconque».[31] Nous voici donc ramenés à la question de *Quad*, c'est-à-dire au statut même de son dispositif d'exhaustion.

Or, comme on s'en souvient, Beckett s'y est pris, repris à deux fois pour tracer les combinaisons possibles des trajets à effectuer par les quatre interprètes. L'une, que j'appellerai *in se*, est stylistiquement impassible : elle expose le quadrangle avec ses deux diagonales, et nomme les cinq points résultants, c'est-à-dire A, B, C, D pour les quatre sommets et E pour le centre du carré. L'autre, que j'appellerai *in alio*, est beaucoup plus baroque, proliférante, inquiète, détournée : elle est hérissée de chiffres et de flèches qui vont dans tous les sens, elle devient sous nos yeux clairement labyrinthique, décalée, impure. Sur la même page, Beckett explique le pourquoi de cette transformation : c'est que le dispositif *in se* présente un et même plusieurs «problèmes», écrit-il.[32]

En conséquence, *Quad* se sera vu dissocié en deux possibilités différentes formant un écart, *Quad I* et *Quad II*. Beckett détaillant les différences comme suit : le principe d'éclairage à quatre couleurs sera «abandonné» pour une seule «lumière neutre» ; le principe de durée

29. S. Beckett et Anthony Page, *Not I*, 1977. Film sonore noir et blanc avec Billie Whitelaw, coproduit par la BBC et Reiner Moritz.

30. G. Deleuze, «L'épuisé», art. cité, p. 75 (citant S. Beckett, *Watt*, Paris, Les Éditions de Minuit, 1968, p. 31-32, dont le texte exact est celui-ci : «La méthode dont usait Watt pour avancer droit vers l'est, par exemple, consistait à tourner le buste autant que possible vers le nord et en même temps à lancer la jambe droite autant que possible vers le sud, et puis à tourner le buste autant que possible vers le sud et en même temps à lancer la jambe gauche autant que possible vers le nord, et derechef à tourner le buste autant que possible vers le nord et à lancer la jambe droite autant que possible vers le sud, et puis à tourner le buste autant que possible vers le sud et à lancer la jambe gauche autant que possible vers le nord, et ainsi de suite, inlassablement, sans halte ni trêve, jusqu'à ce qu'il arrivât à destination, et pût s'asseoir»).

31. *Ibid.*, p. 76.

32. S. Beckett, *Quad*, *op. cit.*, p. 14.

Pièce pour quatre interprètes, lumière et percussions[1].

Les interprètes (1, 2, 3, 4) parcourent une aire donnée, chacun suivant son trajet personnel.

Aire : un carré. Longueur du côté : 6 pas.

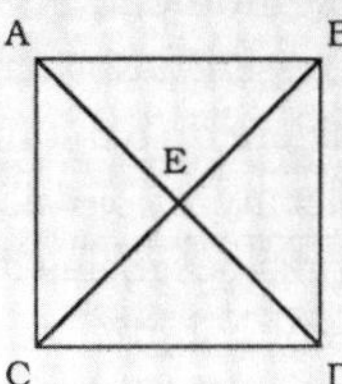

Trajet de 1 : AC, CB, BA, AD, DB, BC, CD, DA
Trajet de 2 : BA, AD, DB, BC, CD, DA, AC, CB
Trajet de 3 : CD, DA, AC, CB, BA, AD, DB, BC
Trajet de 4 : DB, BC, CD, DA, AC, CB, BA, AD

9

QUAD

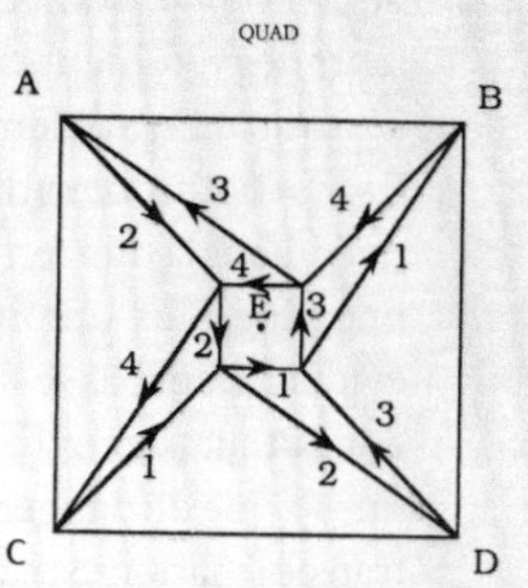

5. — Aucune couleur, tous quatre vêtus de longues tuniques blanches à capuchon, identiques, pas de percussion, bruit des pas seul son, rythme lent, 1re série seulement.

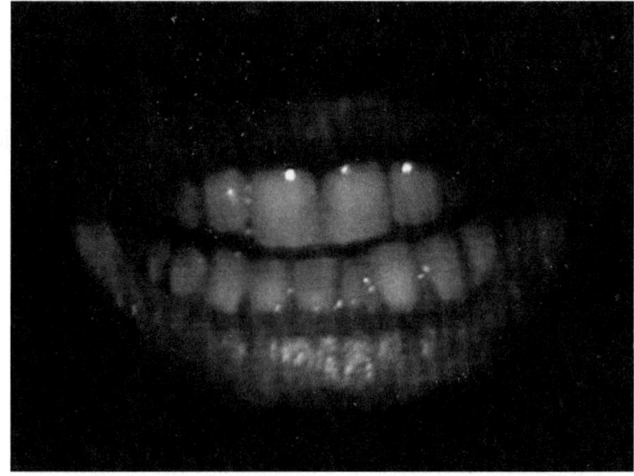

Samuel Beckett
Quad, dans *Quad et autres pièces pour la télévision*, Paris, Les Éditions de Minuit, 1992, p. 9

Samuel Beckett
Quad, dans *Quad et autres pièces pour la télévision*, Paris, Les Éditions de Minuit, 1992, p. 15

Samuel Beckett
Photogramme de *Not I*
1989

sera modifié, ayant été préalablement «surestimé» par Beckett; les quatre couleurs des vêtements seront abandonnées au profit d'un seul tissu blanc. Enfin et surtout, un «problème» d'espace et de temps aura surgi dans la «négociation de E sans rupture de rythme»: E est le centre ponctuel du carré dans le dispositif *in se*, mais, dans la mise en mouvement effective des corps dans l'espace *in alio*, il crée une gêne, plus, une impossibilité corporelle puisque les personnages ne peuvent évidemment pas se superposer en un même point. À ce moment, E devient une zone *in alio* – le contraire d'un point *in se* – que Beckett ressent désormais comme une «zone de danger» supposant «déviation» ou accident du parcours.[33] Cette transformation est capitale. Elle nous oblige à dédoubler notre point de vue sur le dispositif de Beckett. Le point de vue *in se* est structural: il se satisfait de l'épuisement au sens combinatoire et semble confirmer la vision habituelle du minimalisme comme «pureté» formelle ou *logos* géométrique. Le point de vue *in alio*, qui inclut l'accident dans le dispositif, se doit d'être plus phénoménologique: au-delà même de la fatigue et de l'épuisement physiologique, dont parle si bien Deleuze, l'accident fait désormais planer sur tout l'espace et le temps de *Quad* la question du danger, donc le *pathos* de la peur. Il nous rappelle à l'occasion que le *pathos* – et l'anthropomorphisme, l'intensité, l'inquiétante étrangeté qui vont avec – n'a jamais été absent des travaux minimalistes de Tony Smith, d'Ad Reinhardt, de Robert Morris, de Sol LeWitt ou de Richard Serra dans les années 1960 et 1970,[34] sans compter Bruce Nauman, si proche à bien des égards de l'œuvre de Beckett.[35]

On se dit alors que *Quad* pourrait aussi se comprendre dans l'élément de peur qui suinte en chaque ombre du *Terrier* de Kafka,[36] ou dans celui qui accompagne la lumière aveuglante des arènes tauromachiques. Je ne peux pas ne pas penser à cette «zone de danger», au centre de *Quad*, lorsque j'entends le grand matador Luis Miguel Dominguín donner cette extraordinaire définition de la mort et du destin: «La mort est comme un mètre carré qui tourbillonne dans l'arène. Le torero ne doit pas marcher dessus quand le taureau vient vers lui, mais personne ne sait où se situe ce mètre carré. C'est sans doute cela, le destin.»[37]

*

Avec son «épuisante» règle de parcours, *Quad* semble donner à l'avance toutes les réponses de l'espace et du temps à venir. Il n'en est rien. La contrainte

33. *Ibid.*, p. 14-15.
34. Cf. G. Didi-Huberman, *Ce que nous voyons, ce qui nous regarde*, *op. cit.*, p. 85-182.
35. Cf. Christine Hoffmann et Michael Glasmeier (dir.), *Samuel Beckett – Bruce Nauman*, cat. d'expo., Vienne, Kunsthalle, 2000.
36. Franz Kafka, *Le Terrier* (1923-1924), dans *Œuvres complètes*, trad. de l'allemand par A. Vialatte, Paris, Gallimard, «Bibliothèque de la Pléiade», 1980, t. II, p. 738-772.
37. François Zumbiehl, *Des taureaux dans la tête* (1987), I, Paris, Autrement, 2004, p. 46.

formelle est omniprésente, certes, mais la peur aussi. Donc le destin n'est pas clos sur son propre schématisme. Il s'ouvre également, et cette ouverture – cette différence pratiquée dans la répétition – pourrait se nommer une *image*. Deleuze a donc bien raison de définir l'image en termes de *tension* : « L'image ne se définit pas par le sublime de son contenu, mais par sa forme, c'est-à-dire par sa ‹ tension interne ›, ou par la force qu'elle mobilise pour faire le vide ou forer des trous, desserrer l'étreinte des mots. »[38] En cela, l'image n'est pas « objet » mais « processus », quelque chose de l'espace et du temps qui « s'insère dans le langage » comme une « fantastique énergie potentielle » qui, à tous les sens du mot, *détone* dans le contexte où elle intervient.[39]

L'hypothèse de l'« image pure » fait dire à Deleuze que tout cela est « alogique, amnésique, presque aphasique, tantôt se tenant dans le vide, tantôt frissonnant dans l'ouvert [...], dans le vide hors espace, mais aussi à l'écart des mots, des histoires et des souvenirs ».[40] La conséquence temporelle de ce statut d'« énergie pure » serait que les images « ne durent jamais longtemps [elles qui] se confondent avec la détonation, la combustion, la dissipation de leur énergie condensée. [...] L'image finit vite et se dissipe, parce qu'elle est elle-même le moyen d'en finir. Elle capte tout le possible pour le faire sauter. Quand on dit ‹ j'ai fait l'image ›, c'est que cette fois c'est fini, *il n'y a plus de possible*. La seule incertitude qui nous fasse continuer, c'est que même les peintres, même les musiciens ne sont jamais sûrs d'avoir réussi à faire l'image. »[41]

L'un des bonheurs du dialogue philosophique avec un penseur aimé consiste à le remercier d'exprimer si bien ce qu'on avait soi-même voulu exprimer, mais *sous une forme inversée*. L'image, me semble-t-il, *ouvre* bien le langage, la logique, la mémoire, la durée : ce qui ne veut justement pas dire qu'elle serait aphasique, alogique, amnésique ou aussitôt dissipée. Aby Warburg a montré – à partir d'une lecture de Nietzsche que Deleuze, j'imagine, n'aurait certainement pas désavouée – que les images doivent être comprises en termes d'énergie et d'intensité ; mais cette énergie n'est jamais « pure », toujours elle *adhère* à quelque chose dans l'histoire et, donc, ne se dissipe pas purement et simplement, mais *survit* sous une autre forme, comme vestige, reste, lacune, symptôme, hantise, mémoire inconsciente.[42] Certes, l'image *détone* et l'image *brûle* : mais

38. G. Deleuze, « L'épuisé », art. cité, p. 72.
39. *Ibid.*, p. 73 et 76.
40. *Ibid.*, p. 72 et 76.
41. *Ibid.*, p. 76-78.
42. Cf. G. Didi-Huberman, *L'Image survivante. Histoire de l'art et temps des fantômes selon Aby Warburg*, Paris, Les Éditions de Minuit, 2002.

l'explosion, qui nous assourdit un temps, nous fait aussi écouter toute chose, après coup, dans l'harmonique même de sa force destructrice; mais la combustion nous laisse pour longtemps avec un goût de cendre dans la bouche.

Je suis frappé par une étrange expression qu'emploie Beckett, reprise par Deleuze: «J'ai fait l'image.»[43] Comme lorsqu'on dit, par exemple: «J'ai fait l'amour.» Deleuze met au compte de l'incertitude quant à l'absolu de l'image le fait que Rembrandt ait pu *continuer* de peindre après tel ou tel de ses chefs-d'œuvre. Mais refait-on l'amour parce qu'on n'était pas certain, la dernière fois, d'avoir atteint l'«énergie pure»? N'est-ce pas l'*impureté* même de l'image – comme de l'amour, d'ailleurs – qui nous fait incessamment refaire et continuer? Deleuze parle fort bien d'une allée et venue, dans l'acte d'image, entre l'*intensio* – «tension», «évocation silencieuse qui soit aussi une invocation et même une convocation» – et la *revocatio* ou «processus de sa propre disparition, de sa dissipation».[44] Ne faut-il pas compléter ce balancement par un troisième terme temporalisateur, celui de la *retentio* par exemple, soit l'acte de *maintenir malgré tout* quelque chose de l'image passée, une mémoire de ce qui a été invoqué puis révoqué dans l'image? Ne serait-ce pas une façon, justement, de comprendre en quoi elle fonctionne si souvent comme une «petite ritournelle»?[45]

*

C'est du temps que l'image, toujours, met en scène. Beckett lui-même l'articule au plus précis. Par exemple lorsqu'il écrit: «Tout cesse, sans cesse», ou «Pour finir encore.»[46] Façons de dire la *tension* en quoi consiste le rapport fondamental – sans doute fondateur de ce que seraient les images en général – entre la *fin* et la *durée*. Par exemple lorsqu'il fait fredonner, dans *Nacht und Träume*, les sept dernières mesures d'un *Lied* de Schubert qui évoque précisément la question du retour – «Reviens, nuit bénie, / Doux rêves, revenez aussi» –, et qui doit *recommencer sa fin même*: «*Lied* comme auparavant. [...] Fin du *Lied* comme auparavant.»[47] Ou cette façon admirable dont finit sans finir *L'Innommable*: «ce sera le silence, un petit moment, un bon moment, ou ce sera le mien, celui qui dure, qui n'a pas duré, qui dure toujours, ce sera moi, il faut continuer, je ne peux pas continuer, il faut continuer, je vais donc continuer, il faut dire des mots, tant qu'il y en a, il faut les dire, jusqu'à ce qu'ils me trouvent, jusqu'à ce qu'ils me disent, étrange

43. S. Beckett, *L'Image* (daté «années 1950»), Paris, Les Éditions de Minuit, 1988, p. 18.
44. G. Deleuze, «L'épuisé», art. cité, p. 96-97.
45. *Ibid.*, p. 72.
46. S. Beckett, *Le Monde et le Pantalon* [1945], Paris, Les Éditions de Minuit, 1989, p. 33. Id., *Pour finir encore* (1975), Paris, Les Éditions de Minuit, 1976, p. 7.
47. Id., *Nacht und Träume* [1982], dans *Quad et autres pièces pour la télévision*, *op. cit.*, p. 53.

peine, étrange faute, il faut continuer, c'est peut-être déjà fait, ils m'ont peut-être déjà dit, ils m'ont peut-être porté jusqu'au seuil de mon histoire, devant la porte qui s'ouvre sur mon histoire, ça m'étonnerait, si elle s'ouvre, ça va être moi, ça va être le silence, là où je suis, je ne sais pas, je ne le saurai jamais, dans le silence on ne sait pas, il faut continuer, je ne peux pas continuer, je vais continuer.»[48]

«L'épuisé» – l'un des derniers, l'un des plus beaux textes de Deleuze – s'adresse à Beckett sur le fond d'une aporie: «L'aporie consiste dans l'inépuisable série de tous ces épuisés.»[49] Mais ce n'est pas une aporie. C'est une ouverture, une fécondité immanentes. C'est l'*art inépuisable,* poétique ou philosophique, d'expérimenter *Qu'est-ce que peut une image,* ou tout simplement de dire, par images, notre continuel épuisement devant le temps.

Ce texte a été prononcé le 2 novembre 2005, dans le cadre de la soirée «Abécédaire pour Gilles Deleuze», organisée par Les Revues parlées.

48. Id., *L'Innommable*, Paris, Les Éditions de Minuit, 1953, p. 213.
49. G. Deleuze, «L'épuisé», art. cité, p. 69.

24/11/54 Paris

Chère Marthe

Merci de votre gentille lettre. J'aurais dû vous répondre plus tôt. Je suis content de savoir que vous travaillez tous les deux. Moi je suis dans les traductions, ce n'est pas gai. Je viens de passer deux mois à Ussy. Maintenant Paris pour peu de temps. Je n'ai vu personne, ni Geer ni Tonny ni Jacques ni Georges ni personne. Je pense souvent à eux et ne fais pas un pas, à vous et à Bram aussi, en Irlande j'ai souvent pensé à vous tous, en me demandant si j'allais jamais vous revoir. On a fait repeindre le studio, très clair, et les Bram claquent comme knouts. Je ne peux pas vous écrire une bonne lettre, il neige et vente dans mon crâne, à enterrer toutes les vieilles tombes. Je veux seulement vous envoyer à tous les deux mes pensées affectueuses.

Sam

le 7 mars 1955 Paris

Ma chère Marthe

Merci pour votre lettre. Je m'étais promis d'aller vous voir et voir le travail de Bram cet après-midi. Mais je vois que je ne pourrai pas. J'ai des épreuves que je dois rendre ce soir et je n'ai pas fini de les corriger. Je quitte Paris demain pour une dizaine de jours. Je vous ferai signe à mon retour. Je suis content de vous savoir délivrée d'une situation que vous supportiez si mal. J'aurais dû répondre à votre dernière lettre de là-bas. Je suis de plus en plus bon à rien, sinon à biberonner et à faire le zouave. Si vous avez besoin de pesetas n'hésitez pas. Y en a encore.

Affectueusement et à bientôt.

Sam

5

Paris 3-12-51

Mes amis

Content d'avoir de vos nouvelles. Je suis en effet assez fatigué, et ça [illegible] pas aussi de l'temps. Je ne [illegible] être allé depuis 15 jours [illegible] dans le [illegible] à la [illegible] [illegible] n'a pas [illegible] de vouloir voyager, ne compte pas me voir à [illegible]. Mais vous pourriez venir à Paris — pourquoi ne passez-vous jamais nous voir ?

Je n'ai pas bien compris ce que veut dire le mot [illegible] n'est pas facile, et sur la [illegible] à [illegible], c'est accordé sans autre forme de procès. Mais tout de même ne sont plus [illegible] pour la [illegible] [illegible].

Il y a longtemps que je n'ai vu Serge, mais j'ai lu sa préface. [illegible] [illegible] tout simplement admirable.

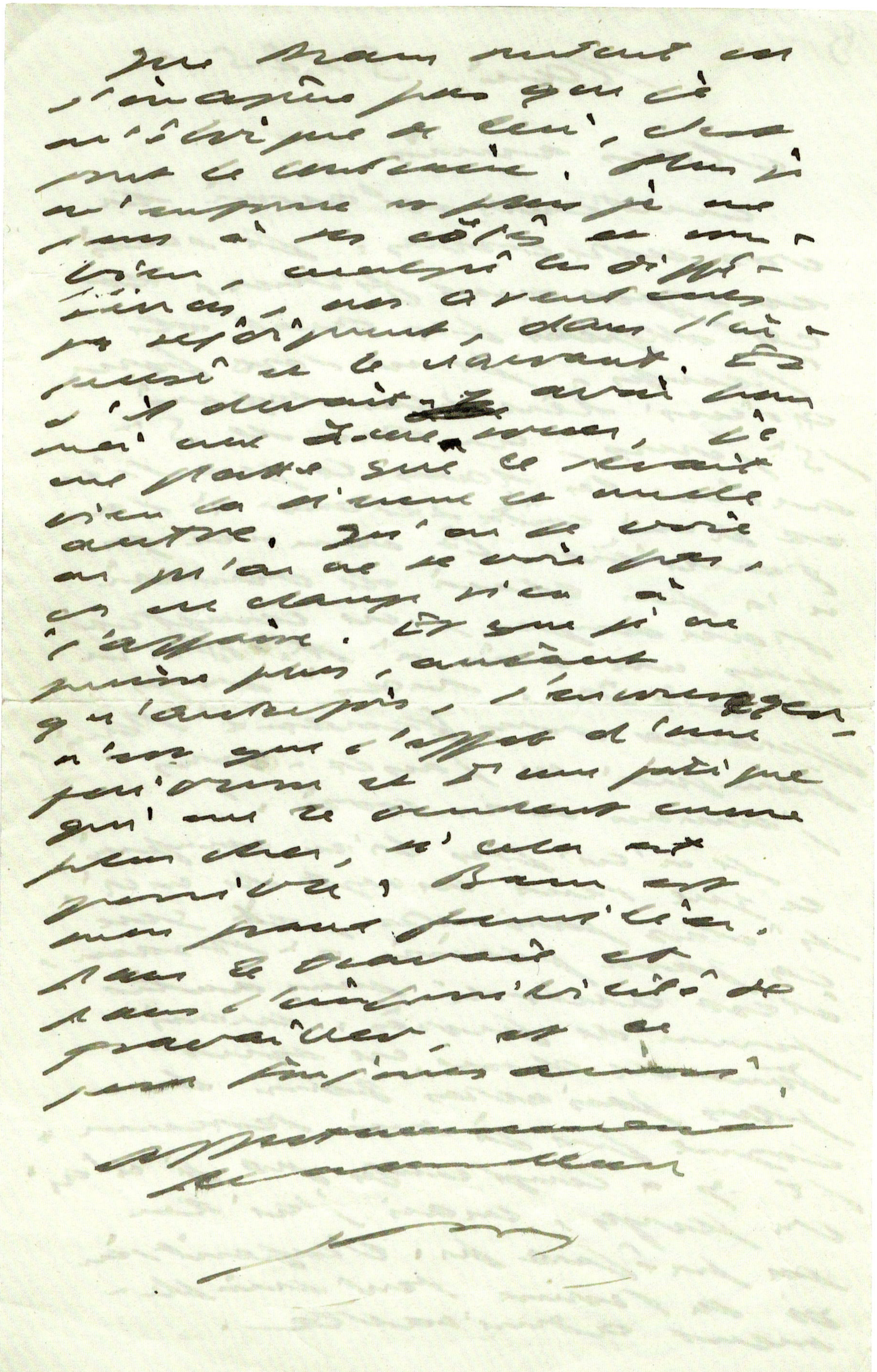

"La vie" écrit Pierre Schneider, dans son bel essai sur Corbière, "est une faute d'orthographe dans le texte de la mort."

Il en est heureusement de plus sérieuses.

Celles dont voici les laves.

Balayés les repentirs.

Peinture de vie et de mort.

Amateurs de natron, abstenez.

Voilà, mon cher Bram, ce que ça donne.

Amitiés.

6

Ussy. 24.6.52

Mon cher Bram

Rentré ici ce matin, à la campagne.

Venez dîner avec les Fauvilles mardi prochain, le 1er juillet, si vous êtes libre.
Que dites-vous de ce mélancolique lièvre de 1502?
Amitiés Sam

POSTES 50c RÉPUBLIQUE FRANÇAISE
POSTES 50c RÉPUBLIQUE FRANÇAISE

PARIS
DES CARRIÈ

Monsieur
Bram van Velde
177 Av. Aristide Briand
Montrouge

Lundi 6 Rue des Favorites
Paris XV

Chère Marthe

Je vous écris chez Bram, n'ayant pas votre adresse.

Les diables sont comme les anges. Priez le vôtre de rester et il partira.

Nous ne sommes pas libres vendredi soir, ni l'un ni l'autre. Mais je pourrais faire un billard avec Bram à <u>4 heures</u>, <u>café des Sports</u>, puis passer un petit moment chez vous entre 5 et 6 arranger votre prise. Donc sauf contre-avis de Bram je serai vendredi au café des Sports à 4 heures. Pourquoi ne venez-vous pas assister au match?

Tout ça à condition qu'on reste à Paris. Suzanne a l'air de vouloir partir. Moi non. Où aller et avec quoi?

Sous la vitre bleue le tableau de Bram flambe sombrement. Hier soir j'y voyais Mears au restaurant chinois, "accroupi dans la touffe de ses soucis comme un hibou dans du lierre." Aujourd'hui ce sera autre chose. On croit choisir une chose, et c'est toujours soi qu'on choisit – un soi qu'on ne connaissait pas – si on a de la chance. A moins d'être marchand.

Votre Sam Beckett

87

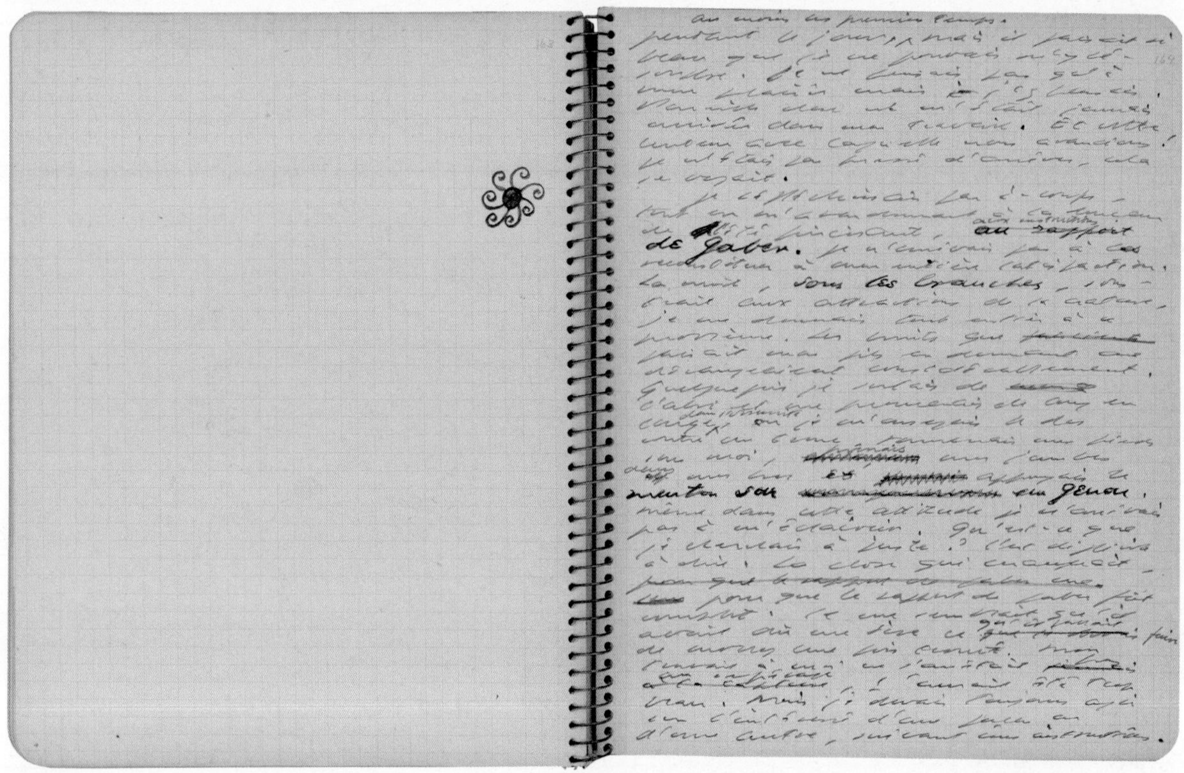

Samuel Beckett
Molloy, 1947
Cahiers manuscrits
autographes I et III, pages 5-6
et pages 163-164

Samuel Beckett
L'Innommable, 1949-1950
Cahier manuscrit
autographe I, pages 10-11

Samuel Beckett
Watt, 1940-1945
Carnet manuscrit
autographe IV, pages 126-127

10

11

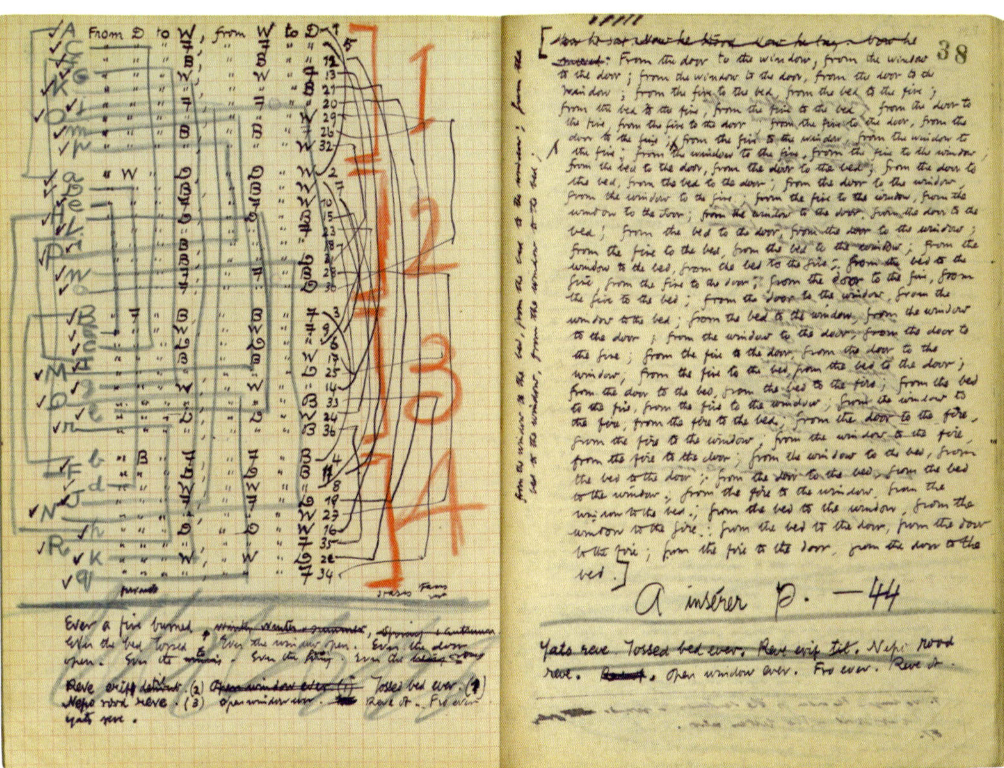

38

From the door to the window, from the window to the door; from the window to the door, from the door to the window; from the fire to the bed, from the bed to the fire; from the bed to the fire, from the fire to the bed; from the door to the fire, from the fire to the door; from the fire to the door, from the door to the fire; from the fire to the window, from the window to the fire; from the window to the fire, from the fire to the window; from the bed to the door, from the door to the bed; from the door to the bed, from the bed to the door; from the door to the window, from the window to the fire; from the fire to the window, from the window to the door; from the window to the door, from the door to the bed; from the bed to the door, from the door to the window; from the fire to the bed, from the bed to the window; from the window to the bed, from the bed to the fire; from the bed to the fire, from the fire to the door; from the door to the fire, from the fire to the bed; from the door to the window, from the window to the bed; from the bed to the window, from the window to the door; from the window to the door, from the door to the fire; from the fire to the door, from the door to the window; from the fire to the bed, from the bed to the door; from the door to the bed, from the bed to the fire; from the bed to the fire, from the fire to the window; from the window to the fire, from the fire to the bed; from the door to the fire, from the fire to the window; from the window to the fire, from the fire to the door; from the window to the bed, from the bed to the door; from the door to the bed, from the bed to the window; from the fire to the window, from the window to the bed; from the bed to the window, from the window to the fire; from the bed to the door, from the door to the fire; from the fire to the door, from the door to the bed.

À insérer p. 44

Yats reve. Tossed bed ever. Reve erip tit. Nipi rood reve. Open window ever. Fro ever. Reve it.

HOTEL BRISTOL

RESTAURANT PROVENÇAL
1er ORDRE
FACE LA GARE. CARCASSONNE

JACQUES CRÉTAUX
Propriétaire

Téléphone 7-24

Carcassonne, le ____ 19

Whoroscope

What's that?
An egg?
By the brothers Boot it stinks fresh.
Give it to Gillot.

Galileo how are you
and his consecutive thirds.
The vile old Copernican leadswinging son of a sutler!
We're moving he said we're off
Porca Madonna! —
The way a boatswain would be
That's not moving.
That's moving.

What's that!
A little green fry, or a mushrooming one?
Two lashed ovaries with prosciutto?
How long did she womb it, the feathery one?
Three days & four nights?
Give it to Gillot.

Faulhaber, Beeckman & Peter the Red

Samuel Beckett
Whoroscope, 1930
Manuscrit autographe, page 1

Samuel Beckett
Whoroscope, 1936
Couverture du cahier manuscrit autographe et ouverture à la page du «Purgatoire de Dante»

WHOROSCOPE

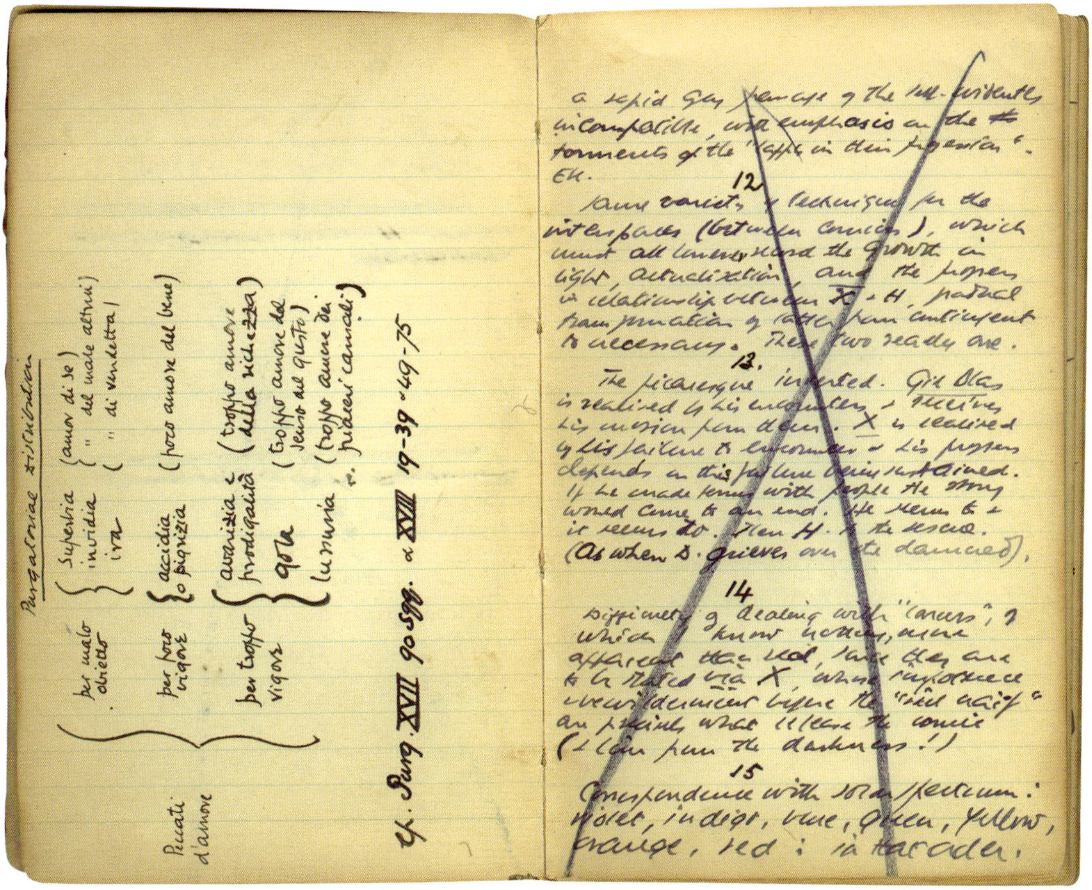

Cork 28/9/36

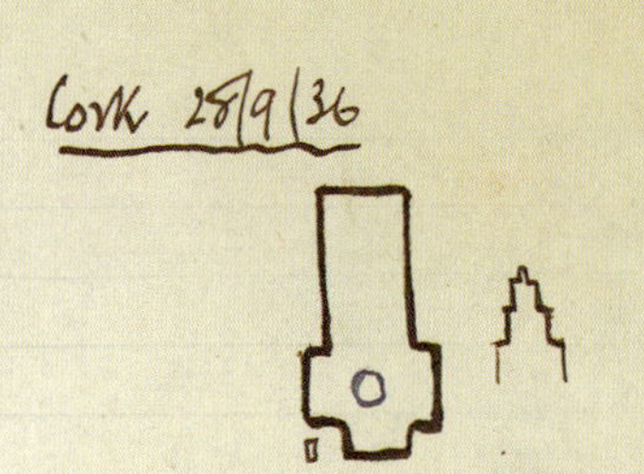

Shandon. Grave of Father Prout (Rev. Francis Mahony). Buried with 19 of same name. Church Yd.

Glanmire Station

Walk with Lowry & out to Fitzgerald's Park, bridge over Lee whence view of where [illegible] struck Irish Whip 3 times, Saturday last. [illegible]. "I'll say a prayer for you." "Oho noho". Back alone by Mardyke. From Waterford(?) to Cork — got out for a pin at Mallow & nearly missed train. Tivoli bus from "Statue" (Father Mathew)

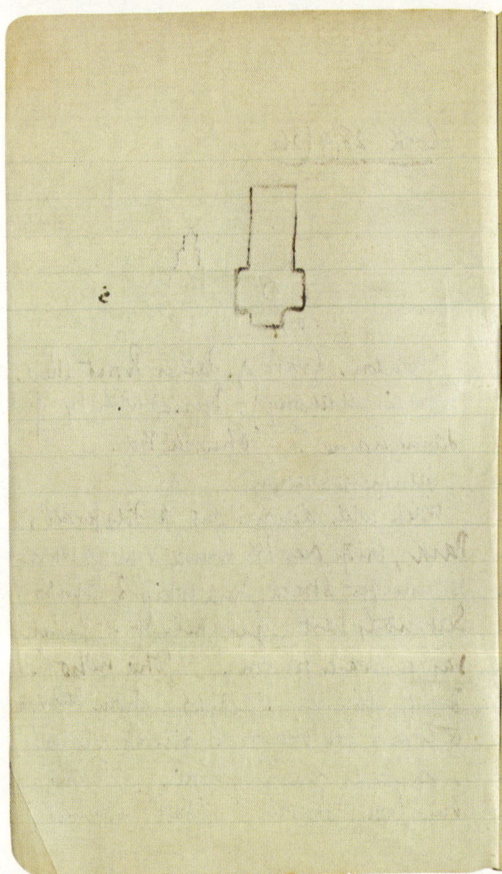

Heavy night ahead at Cobh. Tender not expected to leave till 4-5 a.m. 1 Beamish, 3 Guinness up to date. Tired out walking changing coach(?). Mort à Crédit in train. Pissait sur nous qui voulait.

SS Washington 10½ a.m. 29/9/36

Went in Cobh to ? bourne Hotel. Kip. Room 4/6. U.S. Lines closed. Must show up 4¼ a.m. Bacon left again. 1 gl. Bed. Room tiny, bed full of fleas, church outside window clanging quarters, époux ravis(?), next door. Boots wakes up all travellers to say he won't call them at 3½ as arranged, but not till 4½, as ship delayed. Got ticket visé at U.S. Lines about

Samuel Beckett
«Memo Book», 1936
Carnet du voyage en Allemagne

5¼. Tender left about 6. On board Washington about 7.15. Sail 8. Cabin to myself (so far). Long talk with [illegible] Northerns just come on board like myself. Didn't know we were to call at Plymouth. Tired yet don't feel like going to bed. Very dubious at the moment about the trip.

SS Washington 30/9/36

Woke this morning, 9 a.m., berthed in Le Havre. Went on shore 10 a.m. & did not return till 7.30 p.m. Due to sail about 10, & to arrive Hamburg about midnight to-morrow.

Le Havre charming. Picked up "assistant baggage master" in Hotel de Ville Gardens. Photographed me with cat in arms in gardens, & again against war memorial, so that I might do as much for him against Eglise Notre Dame. He comes from Ohio & talks like Father Coghlan.

Hotel de Ville, Bourse, Theatre, Caserne Kléber, all good 19th century Renaissance. Best building in town Hotel de la Marine, corner Quai de la Marine, late 17th. Started at Sémaphore & jetée & followed quays starting along Quai de Southampton, past St. Francis & circular Bassin du Commerce. Tried to get German marks, in vain. Had to buy francs à l'ancien cours. Good modern fair. Foire tout le long du Cours de la République. Walked

Samuel Beckett
Cahier Dante,
plan du Purgatoire,
ca. 1926

Samuel Beckett
Poem cards, années 1970
Poèmes manuscrits
sur cartes

10948/2/119

en face
le pire
jusqu'à ce
qu'il fasse rire

de pied ferme
~~en attente~~ tout en
n'attendant plus
il se passe devant
allant sans but

10948/2/130

away dream all
away

RENDEZ-VOUS

	MATIN	APRES-MIDI	SOIREE
DIM.			
LUN.	loin dans le néant au bout de quel allant [illegible] [illegible] [illegible]		
MAR.	[illegible]		
MER.			
JEU.			
VEN.			
SAM.			

MS 2460
LIBRARY
UNIVERSITY OF
READING

Samuel Beckett
«loin dans le néant…», S.D.
«Mirlitonnade» manuscrite

POMMES DE TERRE

PAJAK

En écrivant sur Abraham et Gerardus Van Velde – surnommés Bram et Geer – début 1945, Beckett conclut, dans son texte intitulé *Le Monde et le Pantalon* : « [...] on ne fait que commencer à déconner sur les frères Van Velde. J'ouvre la série. C'est un honneur. »

C'est un fait que Beckett déconne.

Il restera d'ailleurs le seul, parlant de Bram en particulier, à exceller dans cet exercice, déclarant par exemple que sa peinture «fait un bruit très caractéristique, celui de la porte qui claque au loin [...]».

Plusieurs fois, même à contrecœur, il reviendra sur le cas de Bram Van Velde. Celui-ci, imperturbable, résistera toujours à la moindre déconnade, aimant à répéter: «Je n'aime pas parler. Je n'aime pas qu'on me parle. La peinture, c'est du silence.»

Bram Van Velde est un type sérieux. Beckett a trouvé en lui le «désespéré total», qui se considère sans défense, grotesque même, et prêtant à rire. Dans *Fin de partie*, le peintre n'avouera-t-il pas reconnaître ses propres mots ici et là?

Il est certain que Bram Van Velde vit dans le sacré, dans la douleur, le dénuement, au moins autant que son compatriote Van Gogh, dressé contre le rire, absolument hostile à tout excès de dérision, accablé par une énorme angoisse protestante – mais moins que le pince-sans-rire Mondrian.

Au fait, ne l'oublions pas, Beckett est lui aussi d'éducation protestante – et Dieu sait combien cela compte dans son écriture, son personnage, sa pudeur un peu hautaine, son goût pour le non-dit.

À propos, ne voit-il pas chez Bram Van Velde le maître du non-dit dans tout son dépouillement? Mieux : il y trouve le peintre enfin incapable de peindre, parce que, selon Beckett, «il n'y a pas de quoi peindre».

— Dois-je entendre par là, interroge un Georges Duthuit à moitié imaginé, que la peinture de Bram Van Velde est inexpressive ?

Et Beckett de répondre (quinze jours plus tard) :

— Oui.

Protestant, donc, mais farceur, Beckett sait s'amuser de l'austérité de Bram Van Velde. Il ne s'en moque pas pour autant, ne s'en plaint pas : il en jouit, admiratif, enthousiaste. Peut-être le peintre exilé lui rappelle-t-il son propre exil ? Car c'est une race, les exilés. Van Gogh a emporté avec lui sa tristesse inconsolable, son pays horizontal, pour gagner un même champ de blé devant lequel se tirer une balle dans la poitrine. Et Mondrian a débarqué à Paris, puis à New York, avec au fond des yeux ses étendues rectilignes de tulipes ou de pommes de terre à perte de vue.

Leur peinture est certes barbouillée d'horizon – cet horizon natal.

Celle de Bram Van Velde est plutôt verticale.

Quittant ce même pays gris et plat, qu'a-t-il donc su ramasser avec lui pour mettre ses tableaux si bien debout ? Peut-être les bras des moulins ou quelques arbres plantés ici et là, seules évocations verticales sous le vide de son ciel qui mouillera ses yeux jusqu'en Corse ou jusqu'à Majorque.

Aucun exilé n'oublie sa terre. En rencontrant son jeune compatriote Beckett, James Joyce, l'exilé perpétuel, lui a répété cette loi : « Ulysse a fait un beau voyage, certes, mais il est revenu... »

Beckett ne quittera jamais tout à fait son île, ni sa langue. Il boira un temps les paroles de ce maître, expert en matière de parodie, avant de trouver sa propre voix, son propre rire et, surtout : de quoi faire rire. Il deviendra un protestant comique, un précurseur, capable de changer la pâte molle de toute conversation en un dialogue à la fois joyeux et dénué d'espérance, réaliste et improbable.

Chez Bram Van Velde, Beckett croit voir un frère, « le premier à admettre qu'être un artiste c'est échouer comme nul autre n'ose échouer [...] ».

Là où l'un fait bouffonner ses personnages en jubilant, l'autre ouvre sa fenêtre sur le silence et le néant pour y tracer sans un sourire quelques forts traits noirs entre les surgissements de la couleur – et sans oublier de souligner : « Dans chaque toile, il y a une telle souffrance. »

Face au peintre, Beckett ressemble à un étalon au galop, enjambant les haies à perdre haleine, et qui soudain s'arrête, éberlué au passage de ce cheval de labour patient et mutique, soufflant parfois quelques mots définitifs du genre : « La peinture ne m'intéresse pas [...]. Ce que je peins est en dehors de la peinture [...]. » Ou encore : « Je peins l'impossibilité de peindre. »

Stimulé, Beckett lui répond: « Qu'est-ce en effet que cette surface colorée qui n'était pas là avant? Je ne sais pas, n'ayant jamais rien vu de pareil. Cela semble sans rapport avec l'art, en tout cas si mes souvenirs de l'art sont exacts. »

Et ainsi de suite.

Beckett déconne, d'accord. Mais pas toujours. Lui qui déclare ne pas être un intellectuel, n'être que sensibilité, s'émeut de cette peinture, de tout ce qu'elle «présente d'irraisonné, d'ingénu, de non combiné, de mal léché». Il s'approche de son mystère, s'en gave, et vite retourne à sa déconnade.

Il comprend trop bien jusqu'où l'angoisse de Bram Van Velde peut le mener. Et dans le jeu de «je te tiens par la barbichette», il sait d'avance que Bram sera gagnant.

Qu'importe : tout le charme de leur malentendu est là.

BASE

DORIS

état final d'une manière ou d'une autre ma vie normale état final normal pas du tout en haut ou médium unique bien moisi l'un ou l'autre pas question de soif non plus dans ma longue vue qu'avant de pire en pire ou pas pire tu n'es pas pire et c'est devant première partie un peu rien de mes débuts dans la vie qui qui et pas de visite cette fois ici avec moi oui non et finalement et mon dieu non que de quoi à moi il manque seulement donc mon sac et tout sur des siècles me tourne vers lui de nouveau ils ne vont pas encore une autre dans la boue trop fort et j'ai une fois normal normal et puis ma vie normale tranquille seul et plus vivant vivant de nouveau deux tout autre chose et c'est mieux d'abord était une fois je le laisse normal quelquefois quelques jours je me réveille c'est l'un ou l'autre ça aide on est des choses encore des choses de nouveau dans la main gauche le ô se serrer puis toujours et fini ô oui ou non et revient ou mais le noir demi-flanc tête à toute vitesse et la géographie que j'avais oui je sais au toucher le témoin c'est l'un ou l'autre et puis puis dans le ciel cette fois parti espoir toujours la base on parle la base tous ces mots dorés c'est l'un ou l'autre ou avant Pim

ma vie plus tard non c'est trop dire non en veilleuse qui ne devait que paraître et et là à vrai dire et là à vrai dire et puis l'anatomie peut-être à dire meilleur moment je veux dire ou pas faire de mal et on verra de nouveau un moment oui pas plus que moi le nom et aussi oui sottises sans fin crevette ou quand je le fais pas au-dessus de mes forces sa chanson le ou il tout bêtement pas là et sa chanson enfin enfin trop tard patientons il tient le sac maintenant ce vieux chouchou et et beau plus ou moins beau rencontrés la voix ici et silences on pas de voix seulement de Pim un peu enfin puis chacun puis et trop compliqué enfin voix pas de voix pour la boîte au lieu de la boue et s'acharne longuement quelle voix combien de temps oui honneur de la famille si je pouvais et coup et de nouveau et mon vivant et osent ouvrir peut-être pas moi peut-être une distance pas la sienne être fini de nouveau mais ils bon main quand le silence si ou parce que et avec et et deux puis puis pas possible et quand j'y pense bien d'abord pas un seul perdu là-haut et partout oui et oui sur le ventre enfin

enfin vite même avant là oui émotions oui pleurs s'en va chercher ça aussi comment c'est dire tu le vois tout ça dire dire toujours né de nuit s'accélérant ou non non parce que la voix on parle de la voix manque ma faute d'elle enfin plus la mienne et ne pouvais pas de tous côtés la voix si nombreux qu'on est oui petites scènes ça de nouveau sa avec Pim rires insu ainsi sur le chemin appartenait et le nôtre grâce à l'ignorance toujours toujours quelque chose ne va pas là et et puis et et donnons puis c'est-à-dire seulement ou au nord ou sud seulement en principe peut parler par exemple et et puis disons quarante avançons et maintenant et et que trois jamais rien aussi et encore plus rien et une s'il y avait une lampe puis un en haut le sac nous l'avons vu plus qu'un simple garde-manger c'est-à-dire à chaque voyage escalader une montagne de sacs et alors que son sac on parle de nos sacs comme nous avons vu sans exception sans exception la voix enfin puis puis et la voix qui pourrait lui en vouloir l'avantage encore ce mot récent quelque part il y a et cette voix de loin dans la foulée écartés oui oui la paix enfin

Comment c'est *est paru d'abord en français (Paris, Les Éditions de Minuit, 1961). La version anglaise, «traduite» par Beckett, est* How It Is *(New York, Grove Press, 1964 ; Londres, John Calder, 1964).*

La lecture d'une édition récente (New York / Londres, Routledge, 2001) qui met en regard les différents textes m'a donné l'idée de traduire en français, de façon un peu approximative, tous les mots qui ne figurent que dans la version anglaise, en respectant leur ordre d'apparition dans le texte.

Samuel Beckett
«somme toute…»,
février 1977
«Mirlitonnade» manuscrite

~~deux millions et demi~~

~~Somme toute~~
~~ou peu s'en faut~~
~~un quart de milliard~~
~~de quarts d'heure~~
~~sans compter~~
~~les temps morts~~

somme toute
bon poids
un quart de milliasse
de quarts d'heure
sans compter
les temps morts

13.2.77

Paris
10.6.78

MS 2460
LIBRARY
UNIVERSITY OF
READING

~~dans la nuit~~
~~lui reparut~~
~~s'allongea pâlit~~
~~dans la nuit se dissolut~~

~~son ombre ~~dans la~~ une nuit~~
~~lui reparut~~
~~s'allongea pâlit~~
~~se dissolut~~

son ombre une nuit
lui reparut
s'allongea pâlit
se dissolut

Samuel Beckett
«son ombre une nuit…»,
juin 1978
«Mirlitonnade» manuscrite

Samuel Beckett
Notes pour l'adaptation
télévisée de *Was Wo*, 1985

Samuel Beckett
«flux cause…», mars 1977
«rêve / sans fin…», juillet 1977
«Mirlitonnades» manuscrites
du carnet de notes «Sottisier»

Production
Stuttgart June 18 – 28

—

Process of elimination

–

Colour eliminated.
Lit PA eliminated. Black ground unbroken.
Drum eliminated. No sound reinforcement of fades.

–

S (Stimme) = mirror reflection of Bam's face, slightly distorted, faintly lit, enough to distinguish closed eyes & lips in speech. 4 – 5 times size of PA faces. Eyes closed throughout. Motionless till head bowed before final fade-out.

Black
O O O

No visible head-rest. Hair etc eliminated by make up & invisible black material. Only oval of face to be seen

S's voice prerecorded. Bam's, but changed (entfernt)

Colour sequence

1. Black
2. Black Blue
3. Black Blue Red.
4. Black
5. Black Red.
6. Black Red White
7. Black
8. Black White

—

9. Black

–

Bam – Bom dialogue model for following. Sim. Bam – Bim with Bom for Bam – Bem with Bim. Same rhythm – tone (lessness)

–

S voice recognizable as Bam's but changed (entfernt). Same flat tone.

–

Name Bam never spoken. Perhaps open with Ich bin (heisse) Bam.

–

Was – Wo der Akzent wird von "was" auf "wo" versetzt

9 6

flux cause
que toute chose
tout en étant
toute chose
donc celle-là
celle-là
tout en étant
n'est pas
parlons-en

V. 7.3.77

– 10

Samedi répit
plus rire
depuis minuit
jusqu'à minuit
pas pleurer

–

V. 7.3.77

23 14

rêve
sans fin
ni trêve
à rien (V. 14.7.77)

—

24

morte parmi
les mouches mortes
un souffle coulis
berce l'araignée

P. 17 7 77

–

25

d'où ~~vient~~ dit
la voix qui dit
vis
d'une autre vie

P 18 7 77

–

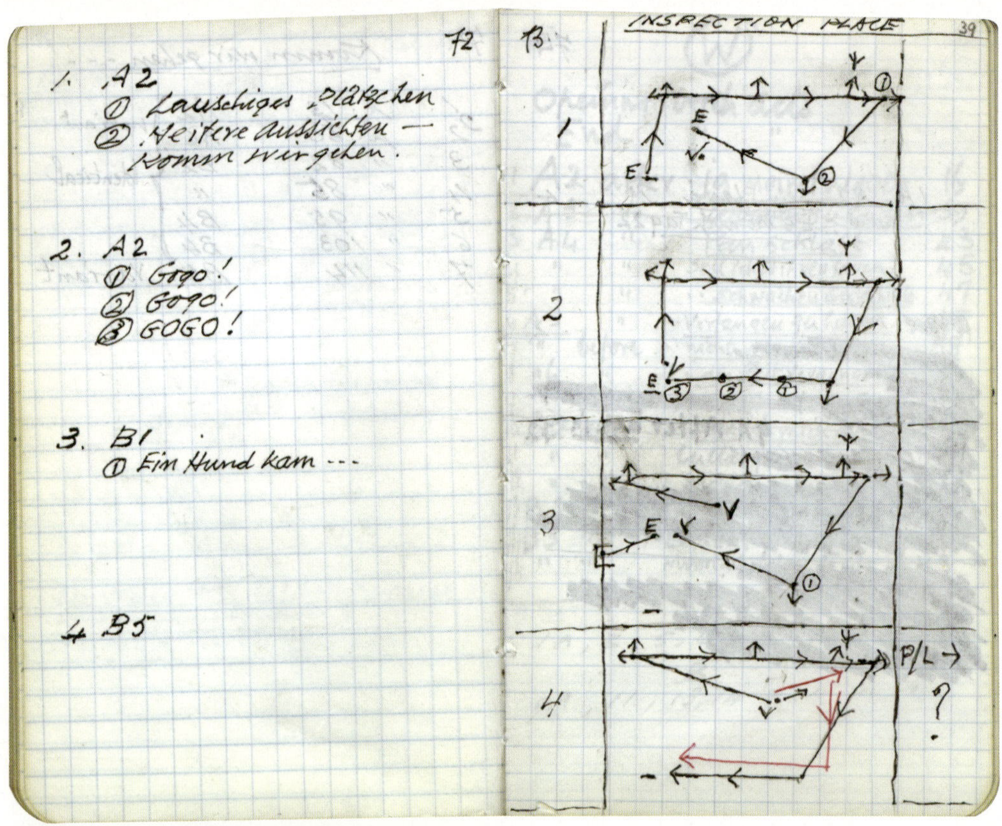

Samuel Beckett
Couverture et pages 29-30
du carnet pour la mise en scène
de *Warten auf Godot*
[*En attendant Godot*] au Schiller
Theater, Berlin, mars 1975

Samuel Beckett
Lettre dactylographiée
à Roger Blin,
19 décembre 1950

Ussy 9/1/53

Mon cher Roger

Bravo à tous. Je suis si content de votre succès à tous.

Ne m'en veuillez pas de m'être barré, je n'en pouvais plus.

Il y a une chose qui me chiffonne, c'est le froc d'Estragon. J'ai naturellement demandé à Suzanne s'il tombe bien. Elle me dit qu'il le retient à mi-chemin. Il ne le faut absolument pas, c'est on ne peut plus hors de situation. Il n'a vraiment pas la tête à ça à ce moment-là, il ne se rend même pas compte qu'il est tombé. Quant aux rires qui pourraient saluer la chute complète, au grand dam de ce touchant tableau final, il n'y a absolument rien à y objecter, ils seraient du même ordre que les précédents. L'esprit de la pièce, dans la mesure où elle en a, c'est que rien n'est plus grotesque que le tragique, et il faut l'exprimer jusqu'à la fin, et surtout à la fin. J'ai un tas d'autres raisons pour vouloir que ce jeu de scène ne soit pas escamoté, mais je vous en fais grâce. Soyez seulement assez gentil de le rétablir comme c'est indiqué dans le texte, et comme nous l'avions toujours prévu au cours des répétitions, et que le pantalon tombe complètement, autour des chevilles. Ca doit vous sembler stupide, mais pour moi c'est capital. Et je vous croyais tous les deux d'accord avec moi là-dessus, quand je vous ai vus samedi dernier après l'incident de la couturière, et que j'emportais votre assurance que cette scène serait jouée comme je la vois.

Bonne continuation et une amicale poignée de main à tous.

Roger Pic
Samuel Beckett pendant
une répétition
de *En attendant Godot*, 1961

John Minihan
Samuel Beckett pendant
une répétition de
En attendant Godot, Riverside
Studios, Londres, 1984

Hugo Jehle
Samuel Beckett pendant
le tournage de *Quad*,
Süddeutscher Rundfunk,
Stuttgart, 1981

Anonyme
William Beckett, le père de Samuel Beckett, vers 1922

Anonyme
Samuel Beckett étudiant, fin des années 1920

Anonyme
May Beckett, la mère de Samuel Beckett, devant une fenêtre de Cooldrinagh, vers 1920

Page 108

Le Campion
Samuel Beckett dans une chambre d'hôtel avant de recevoir son prix Nobel, Tunisie, octobre 1969

CHRONOLOGIE

établie par Mona Tepeneag

1906 Samuel Barclay Beckett naît le 13 avril – un Vendredi saint – dans la demeure de Cooldrinagh à Foxrock, dans la banlieue sud de Dublin. Ses parents, qui ont déjà un fils, Franck, sont protestants dans un pays catholique. Son père, William Beckett, exerce le métier de métreur-vérificateur. Sa mère, May Roe, est une femme sévère et pieuse, soucieuse de l'éducation de ses enfants.

1911-1915 Beckett fréquente un cours primaire privé dirigé par les sœurs Elsner: enseignement général, premiers rudiments de français, apprentissage de la musique. Amour de la lecture.

1915-1920 Beckett entre à l'Earlsfort House School. Sa matière préférée est l'anglais, mais il y perfectionne son français et participe à de nombreuses activités sportives.

1920-1923 Interne à la Portora Royal School, à Enniskillen. Intérêt pour la littérature, notamment pour la poésie. Passion pour les échecs et pour le bridge. Cours de musique.

1923-1926 Beckett entre à Trinity College à Dublin, où il a comme directeur d'études Arthur Aston Luce, professeur de philosophie et spécialiste de Berkeley. Son professeur de français, Thomas Rudmose-Brown, lui fait découvrir la littérature française, notamment la poésie classique et contemporaine, mais aussi des auteurs modernes tels que Proust. En parallèle, il prend des cours privés d'italien et lit Dante, Pétrarque, l'Arioste. Passionné par le théâtre, il découvre les pièces de l'Irlandais John Millington Synge. Il se rend également souvent au cinéma pour voir les films muets de Buster Keaton ou Charlie Chaplin. Il visite très régulièrement la National Gallery of Ireland où il se découvre une passion durable pour la peinture flamande du XVIIe siècle.

À l'issue de sa scolarité, il obtient une bourse de troisième cycle et, sur les encouragements de Rudmose-Brown, il effectue pendant l'été 1926 un premier voyage en France. À son retour, il fait la connaissance d'Alfred Péron, jeune lecteur de français au Trinity College, avec lequel il se lie d'amitié. Il est nommé bibliothécaire de la Modern Languages Society.

1927 Voyage en Italie, à Florence; visite des musées. En décembre, Beckett obtient son diplôme de Bachelor of Arts. Il est reçu premier aux examens de fin d'études.

1928 Beckett obtient un poste d'enseignant de français et d'anglais au Campbell College de Belfast, métier qui ne l'enchante guère. De retour à Dublin pendant l'été, il y retrouve sa cousine Peggy Sinclair dont il tombe amoureux. Premier voyage en Allemagne où il la rejoint. En octobre, il est nommé lecteur d'anglais à l'École normale supérieure, rue d'Ulm, à Paris.

1928-1930 À Paris, Beckett retrouve Alfred Péron, de retour de Trinity College. Lors d'une partie de tennis en sa compagnie, il fait la connaissance de sa future femme, Suzanne Deschevaux-Dumesnil, qui étudie le piano. Beckett se lie également d'amitié avec l'écrivain irlandais Thomas McGreevy, son prédécesseur à l'ENS. Ce dernier, qui sera longtemps son seul confident et restera jusqu'à la fin un de ses plus fidèles amis et son principal correspondant, facilite son intégration au sein de l'École normale supérieure. Il introduit Beckett dans les cercles de ses amis parisiens, souvent irlandais, anglais ou américains: il le présente notamment à Eugene Jolas, rédacteur de la revue *transition*, à Sylvia Beach, propriétaire de la librairie anglaise Shakespeare & Co. et éditrice d'*Ulysse*, ainsi qu'à James Joyce. Grand admirateur de l'auteur d'*Ulysse*, Beckett participe aux réjouissances collectives du groupe d'amis de Joyce, notamment au déjeuner du 27 juin 1929 à l'hôtel *Léopold* de Vaux-de-Cernay pour fêter la traduction en français d'*Ulysse* et le 25e anniversaire du *Bloomsday*. Il devient l'un des familiers de l'appartement du square Robiac. La vue de Joyce ayant baissé considérablement, Beckett lui fait la lecture et écrit parfois sous sa dictée. C'est à cette période que Joyce travaille à son roman *Work in Progress* qui deviendra *Finnegans Wake*. Beckett se lie aussi avec les deux enfants de Joyce, Giorgio et Lucia.

Premières publications: «Dante ... Bruno . Vico .. Joyce», essai sur le roman en cours de Joyce, et la nouvelle «Assumption» sont publiés en 1929 par Jolas dans *transition*; le poème «Whoroscope», première publication individuelle, paraît en 1930 aux Éditions The Hours Press dirigées par Nancy Cunard. Beckett commence un essai sur Proust et, avec Alfred Péron, la traduction en français d'«Anna Livia Plurabelle» (fragment du *Work in Progress* de Joyce).

1930-1931 Nommé assistant de littérature française à Trinity College en septembre 1930, Beckett supporte mal l'enseignement et sa santé se détériore. Intéressé tout particulièrement par la philosophie et la poésie, il prononce, en novembre 1930, devant la Modern Languages Society, une conférence en français intitulée «Le concentrisme» sur un poète français fictif, Jean du Chas. C'est à cette période qu'il fait la connaissance du peintre Jack B. Yeats.

En 1931, il publie son essai sur Proust (Londres, Chatto and Windus) ainsi que divers poèmes, proses courtes et traductions. Il séjourne à Kassel et à Paris où il fréquente assidûment la librairie d'Adrienne Monnier. À la fin de l'année, malgré la désapprobation familiale, il démissionne de Trinity College et se trouve confronté à des problèmes matériels.

1932 De retour à Paris, Beckett écrit en quelques semaines son premier roman, *Dream of Fair to Middling Women*, resté inachevé, dont il tirera les nouvelles du recueil *More Pricks Than Kicks* [*Bande et sarabande*, trad. de l'anglais par É. Fournier, Paris, Les Éditions de Minuit, 1994], et dont le premier chapitre, «Dante and the Lobster», paraît dans la revue *This Quarter*, dirigée par Edward Titus.

1933 Retour à Dublin. Cette année, particulièrement difficile, est marquée par deux deuils: Peggy Sinclair meurt en mai de tuberculose, et son père disparaît en juin. La santé de Beckett se dégrade de manière significative: maux de tête, troubles respiratoires et cardiaques.

Le docteur Geoffrey Thompson, un ancien camarade de Trinity College, lui révèle le caractère psychosomatique de ses malaises et lui facilite le contact avec des malades mentaux de l'hôpital où il exerce. À la fin de l'année, sous son influence, Beckett accepte d'entreprendre une psychanalyse. Pour échapper à l'atmosphère de deuil qui règne dans la maison familiale depuis la mort de son père, il s'installe à Londres, à Chelsea. Sa mère lui verse une pension.

1934-1935 Au début de l'année 1934, Beckett entame une cure psychanalytique à la Tavistock Clinic avec le docteur Wilfred Ruprecht Bion, qui deviendra l'un des cliniciens les plus éminents de l'école psychanalytique anglaise.

La même année paraît l'anthologie de Nancy Cunard, *Negro* (Londres, Nancy Cunard chez Wishart & Co), à laquelle Beckett a contribué en tant que traducteur. Son recueil de dix nouvelles, *More Pricks Than Kicks* (Londres, Calder and Boyars, 1934), qui sort en mai, reçoit un accueil mitigé de la critique anglaise et irlandaise. Parallèlement, Beckett prépare le recueil de poèmes *Echo's Bones and Other Precipitates* (Paris, Europa Press, 1935) et rédige, toujours en anglais, le roman *Murphy*. Il mène par ailleurs à Londres une vie riche sur le plan culturel : concerts de musique classique, spectacles de ballet – dont ceux des célèbres Ballets russes avec les décors et les costumes signés par Picasso –, visite assidue des musées, nombreuses lectures. À la fin de l'année 1935, il décide d'arrêter son analyse et de retourner à Dublin auprès de sa mère.

1936-1937 La cohabitation avec sa mère est un échec : nouveaux problèmes de santé. *Murphy* est refusé par quarante éditeurs. Dans cette période de questionnement, Beckett tente de s'orienter vers d'autres domaines que la littérature. En mars, il écrit une lettre à Eisenstein pour lui demander de le prendre en stage. Cette lettre restera sans réponse.

Fin septembre, Beckett entreprend un voyage de six mois en Allemagne, en pleine montée du nazisme. Son état physique se détériore encore. Il visite les musées et les monuments de Hambourg, Brunswick, Berlin, Halle, Weimar, Dresde et Munich, et rencontre des artistes, des historiens de l'art tels que Will Grohmann – démis de ses fonctions de directeur du Dresdener Zwinger en raison de ses origines juives –, des galeristes ou des collectionneurs, ce qui lui permet de prendre la mesure des événements qui se préparent. À Hambourg, il découvre Caspar David Friedrich, dont le tableau, *Deux hommes contemplant la lune*, serait, selon certains témoignages, à l'origine de *En attendant Godot*.

1937 Retour à Dublin. Sa tentative de s'y installer est un nouvel échec. À la fin du mois d'octobre, Beckett décide de quitter l'Irlande et de s'établir définitivement à Paris. Il y retrouve ses amis, notamment Alfred Péron, et fait la connaissance des frères Geer et Bram Van Velde, de Giacometti, de Duchamp ainsi que de Peggy Guggenheim, avec laquelle il aura une courte liaison. Il découvre Céline (*Voyage au bout de la nuit*) et Gontcharov (*Oblomov*). Premiers poèmes en français.

1938 Le 7 janvier, Beckett est poignardé par un proxénète et hospitalisé à Broussais. Il y reçoit la visite de Joyce et de Suzanne Deschevaux-Dumesnil, qui devient sa compagne. En avril, ils emménagent au 6 rue des Favorites à Paris, où ils resteront jusqu'au début des années 1960.

Publication du poème « Ooftish » dans la revue *transition*. En mars, parution à Londres, chez Routledge, de *Murphy* (qu'il traduira lui-même en français avec l'aide de Péron).

1939-1940 Paris lui convient, son état s'améliore. En septembre 1939, au moment de la déclaration de guerre, Beckett se trouve en Irlande où il a passé l'été auprès de sa mère et regagne précipitamment Paris.

En juin 1940, il rend une dernière visite aux Joyce à Vichy puis voyage dans le midi de la France. Il revient à Paris en octobre et rejoint, avec Suzanne, la Résistance, par l'intermédiaire de Péron. Le nom de code du groupe est Gloria. Beckett sert de traducteur et de boîte aux lettres.

1941-1942 Mort de Joyce à Zurich le 13 janvier 1941. La même année, Beckett commence *Watt*.

En 1942, Péron est arrêté par la Gestapo. Sa femme réussit à prévenir à temps Beckett et Suzanne, qui s'enfuient en zone libre et trouvent refuge en novembre à Roussillon en Vaucluse, dans une petite maison du village.

1943-1944 Pour tromper l'attente, Beckett travaille dans les champs, marche dans la garrigue et joue aux échecs, notamment avec le peintre Henri Hayden, réfugié avec sa femme à Roussillon. Il reste en contact étroit avec la Résistance.

1945 En mars, Beckett est décoré de la Croix de guerre pour ses services rendus au réseau Gloria. Le mois suivant, il retourne à Paris puis à Dublin où il retrouve sa mère, atteinte de la maladie de Parkinson, et son frère. Volontaire de la Croix-Rouge irlandaise, il est envoyé à Saint-Lô, « capitale des ruines », où il occupe les fonctions d'économe-interprète. La ville lui inspire un poème éponyme – son dernier en anglais – publié l'année suivante dans *Irish Times*. De retour à Paris en octobre, il publie à la fin de l'année un article sur la peinture des frères Van Velde, « Le monde et le pantalon », dans les *Cahiers d'art*.

1946 En avril, alors qu'il vient de fêter son 40e anniversaire chez sa mère, Beckett a une sorte de «révélation» de sa démarche littéraire, et accepte les limites que lui imposeront son impuissance et son ignorance. De retour à Paris le mois suivant, il décide désormais d'écrire en français et de se consacrer exclusivement à son œuvre. S'ensuit une période très féconde: il finit «Suite», nouvelle commencée antérieurement et qui paraîtra, tronquée, sous le titre «La fin» dans *Les Temps modernes*; il commence en juillet *Mercier et Camier*; en octobre, il écrit «L'expulsé», qui paraîtra en janvier 1947 dans le numéro 57 de *Fontaine*; il achève en novembre *Premier amour* et, le mois suivant, «Le calmant».

1947-1948 En 1947, Beckett rédige *Eleutheria*, pièce en trois actes, qui ne sera publiée qu'après sa mort. Il écrit son premier roman en français, *Molloy*. *Murphy* paraît chez Bordas.

L'année suivante, il écrit *Malone meurt*, et rédige, du 9 octobre jusqu'à fin janvier, une pièce en deux actes, *En attendant Godot*.

1949 Au printemps, Beckett se rend à Dublin, où sa mère est gravement malade.

Il écrit *L'Innommable* et collabore également régulièrement à la revue *Transition*, reprise par Georges Duthuit. Le court essai «Three Dialogues», paru dans le numéro de décembre, évoque l'essentiel de ses discussions avec Georges Duthuit autour de la peinture de Tal Coat, André Masson et Bram Van Velde.

1950-1951 En juin 1950, nouveau voyage à Dublin. Sa mère meurt le 25 août. De retour à Paris en septembre, Beckett rencontre Roger Blin, enthousiasmé par *En attendant Godot*. Il écrit les «Textes pour rien». En octobre, Suzanne remet à Jérôme Lindon, qui vient de racheter les Éditions de Minuit, les trois manuscrits de la «trilogie»: *Molloy*, *Malone meurt* et *L'Innommable*. Le contrat, négocié par Suzanne, est signé le 15 novembre pour les trois ouvrages.

Molloy et *Malone meurt* paraissent en 1951. Jérôme Lindon s'engage à publier tous ses écrits.

1952-1953 En 1952, Beckett fait l'acquisition d'un terrain à Ussy (Seine-et-Marne) où il se fait construire une petite maison. Publication de *En attendant Godot*.

5 janvier 1953: première publique de *En attendant Godot*, mise en scène par Roger Blin au Théâtre de Babylone. La pièce, bien reçue par la critique, déclenche l'hostilité d'un certain public. Tournant décisif dans la carrière de Beckett, *En attendant Godot* signe la fin de l'anonymat et ouvre la voie au succès littéraire. Au cours de cette même année paraît *L'Innommable*. Olympia Press publie en anglais *Watt*, jusque-là inédit. Beckett entreprend également de traduire en anglais ses textes écrits en français, notamment *En attendant Godot*.

1954-1956 En 1954, Beckett publie un «Hommage à Jack B. Yeats» dans les *Lettres nouvelles* et passe tout l'été auprès de son frère aîné, qui meurt le 13 septembre. De retour à Paris, il entreprend l'écriture de *Fin de partie*.

Un an après sa publication (New York, Grove Press, 1954), *En attendant Godot* est jouée à Londres, à l'Arts Theatre Club. *Molloy* est publié en anglais (New York, Grove Press; Paris, Olympia Press, 1955).

3 janvier 1956: première de *En attendant Godot* aux États-Unis, dans la mise en scène d'Alan Schneider. Cette année-là, Beckett écrit *Acte sans paroles* ainsi que sa première pièce radiophonique, *All That Fall*, commande de la BBC (la traduction française, *Tous ceux qui tombent*, sera réalisée par Robert Pinget). Il rédige également la première version de *Fin de partie*; représentée à Paris l'année suivante, la pièce est jouée en français à Londres, dans une mise en scène de Roger Blin.

1957-1959 Parution de *Fin de partie* et de *Acte sans paroles I* en 1957. La même année, les *Lettres nouvelles* publient *Tous ceux qui tombent*.

Octobre 1958: publication de *Krapp's Last Tape* [*La Dernière Bande*] à Londres chez Faber and Faber; création de la pièce au Royal Court Theatre de Londres. Publication, la même année, de *The Unnamable* (New York, Grove Press).

L'année suivante, *La Dernière Bande* est publiée dans les *Lettres nouvelles*. Beckett écrit *Acte sans paroles II*, pièce radiophonique, commande de la BBC (publiée en 1963 dans la traduction de l'auteur et de Robert Pinget sous le titre *Cendres*).

1960-1961 En 1960, Beckett termine *Comment c'est*, roman qu'il avait entrepris un an plus tôt, et écrit – en anglais – *Happy Days* [*Oh les beaux jours*]. Parution de sa traduction en anglais de *La Manivelle* de Robert Pinget.

25 mars 1961: mariage en Angleterre, à Folkestone, de Samuel Beckett et de Suzanne Deschevaux-Dumesnil. La même année, parution de *Comment c'est* dont Beckett entreprend la traduction en anglais. *Happy Days*, qui sort chez Grove Press, est jouée à New York au Cherry Lane Theatre. Beckett s'attelle à sa traduction en français et commence *Cascando*.

1962-1964 En 1962, Beckett termine la pièce radiophonique *Words and Music* [*Paroles et musique*] pour la BBC, qui est diffusée le 13 novembre. La partie musicale est réalisée par son cousin, John Beckett. Beckett commence *Play* [*Comédie*].

Au printemps de l'année suivante, Beckett écrit le scénario de *Film*. Au cours de la même année, il traduit en français et en allemand *Play*. L'ORTF transmet *Cascando*. *Oh les beaux jours*, publiée en français, est interprétée par Madeleine Renaud à l'Odéon puis au Teatro Ridotto dans le cadre du Festival de Venise.

En 1964, il termine le scénario de *Film*, dont il effectue le tournage pendant l'été à New York, où il rencontre et dirige Buster Keaton.

1965-1966 En 1965, Beckett écrit *Eh Joe* [*Dis Joe*], courte pièce pour la télévision – une première – et traduit en anglais *Va-et-vient*, sous le titre *Come and Go*. C'est pour cette dernière pièce qu'il invente le terme de «dramaticule» qui servira pour nombre de ses pièces courtes. *Film* remporte une série de prix dans les festivals internationaux. Parution de *Imagination morte imaginez*.

L'année suivante, Beckett effectue la traduction de *Eh Joe* en français, publiée dans *Arts*. Parution de *Assez*, *Bing* et *Va-et-vient*.

1967-1969 En 1967, son ami Thomas McGreevy meurt à Londres. Beckett écrit *Le Dépeupleur* et publie *Têtes-mortes*.

En 1968, il publie *Watt*, *L'Issue* et *Poèmes*, et écrit *Souffle*.

Le 23 octobre 1969, alors qu'il se trouve en Tunisie, Beckett reçoit le prix Nobel de littérature. Il ne fera pas le voyage à Stockholm; Jérôme Lindon ira chercher le prix.

1970-1972 Parution de *Premier amour*, *Mercier et Camier* et du *Dépeupleur* en 1970.

L'année suivante, Beckett met en scène *Oh les beaux jours* à Berlin.

En 1972, il écrit *Not I* [*Pas moi*], créée la même année à New York. *Le Dépeupleur* paraît à Londres chez Calder and Boyars et à New York chez Grove Weidenfeld sous le titre *The Lost Ones*.

1973-1976 Au cours des années 1973-1974, Beckett écrit *Footfalls* [*Pas*] et commence *That Time* [*Cette fois*].

En 1975, il réalise la mise en scène de *Pas moi* avec Madeleine Renaud au Théâtre d'Orsay et écrit pour la télévision *Ghost Trio* [*Trio du fantôme*]. Il commence à travailler à la réalisation de deux films pour la télévision allemande – *Geistertrio* et *Nur noch Gewölk*.

Il publie *Pour finir encore et autres foirades* en 1976. La première de *Footfalls* au Royal Court Theatre, avec Billie Whitelaw dans le rôle principal, a lieu en mai 1976.

1977-1980 En 1977, Beckett réalise la mise en scène de *La Dernière Bande* à l'Akademie der Künste à Berlin. La BBC transmet *Ghost Trio* et *…but the clouds…* [*…que nuages…*] avec Billie Whitelaw. Il écrit *Company* [*Compagnie*], publié l'année suivante chez John Calder.

Pas, recueil de pièces, paraît en 1978.

En 1980, Beckett réalise pour la télévision allemande *Quadrat I* et *II*. Publication de *Compagnie*. Il écrit *Quad*.

1981-1983 Parution de *Mal vu mal dit* en 1981. Il écrit *Rockaby* [*Berceuse*] et *Ohio Impromptu* à l'occasion du colloque Beckett à l'Université d'Ohio.

L'année suivante, Beckett écrit et publie *Catastrophe* qu'il dédie à Václav Havel. La pièce est créée pendant l'été au Festival d'Avignon.

En 1983, Beckett réalise pour la télévision allemande les films *Nacht und Träume* et *Was No*. Création de *Solo* et *Cette fois* au théâtre Gérard-Philipe de Saint-Denis, avec David Warrilow.

1984-1989 En 1984, la mort de Roger Blin, le 20 janvier, affecte profondément les Beckett. Festival Beckett à Édimbourg pendant l'été.

Festival Beckett à Madrid en 1985.

Dernières publications : *Stirrings Still* [*Soubresauts*] (New York, Blue Moon Books ; Londres, John Calder) et *L'Image* en 1988.

Mort de Suzanne Beckett le 17 juillet 1989. Samuel Beckett meurt le 22 décembre de la même année.

David Davison
Cooldrinagh, la maison d'enfance de Samuel Beckett à Foxrock, S.D.

Page 112

Anonyme
La maison de Samuel Beckett à Ussy-sur-Marne, S.D.

David Davison
La Portora Royal School, Enniskillen, S.D.

Claudio Parmiggiani
Silenzio
1971

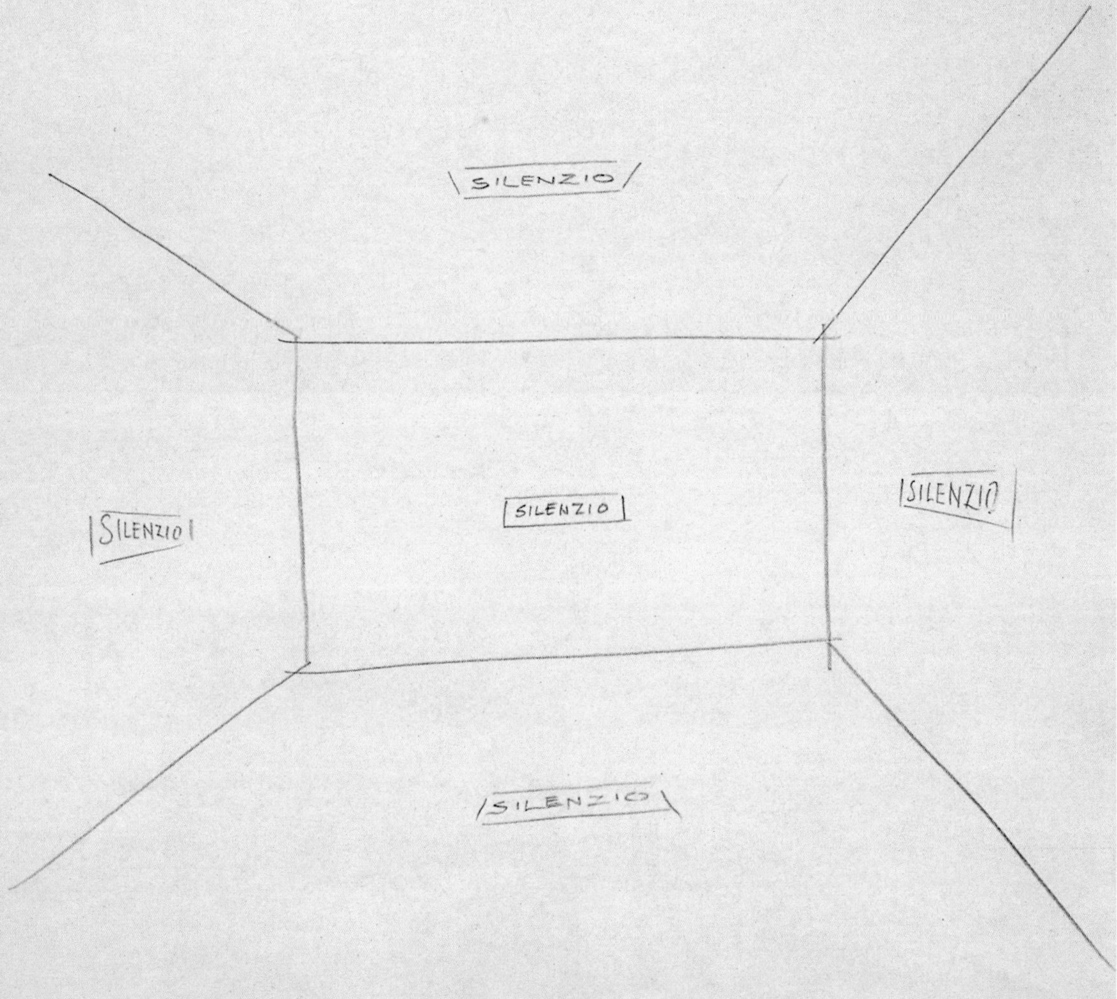

C.P. 1971

ENTRETIENS

Jacques Aubert
Né en 1932.
Vit entre Lyon et Paris.
Dernier livre édité : James Joyce, *Œuvres* (Paris, Gallimard, « Bibliothèque de la Pléiade », 2 vol., 1982, 1995).

Paul Auster
Né en 1947.
Vit à New York.
Dernier livre traduit : *Lulu on the Bridge*, suivi de *Entretiens avec Rebecca Prime* (trad. de l'américain par C. Le Bœuf, Arles, Actes Sud, 2006).

Pierre Bergounioux
Né en 1949.
Vit en banlieue parisienne.
Dernier livre paru : *Carnet de notes. Journal, 1980-1990* (Lagrasse, Verdier, 2006).

Pascale Casanova
Née en 1959.
Vit à Paris.
Dernier livre paru : *Samuel Beckett. Anatomy of a Literary Revolution* (Londres / New York, Verso, 2007).

Éric Chevillard
Né en 1964.
Vit à Dijon.
Dernier livre paru : *Démolir Nisard* (Paris, Les Éditions de Minuit, 2006).

Jean Demélier
Né en 1940.
Vit à Paris.
Dernier livre paru : *Life Line. Dessins* (Londres, Oasis Books, 2003).

André Derval
Né en 1960.
Vit à Paris.
Dernier livre paru : *Dossier de presse. En attendant Godot*, 1952-1961 (Paris, 10/18/IMEC, 2007).

Georges Didi-Huberman
Né en 1953.
Vit à Paris.
Dernier livre paru : *L'Image ouverte. Motifs de l'incarnation dans les arts visuels* (Paris, Gallimard, 2007).

Stacy Doris
Née en 1962.
Vit à San Francisco.
Dernier livre paru en français : *Parlement. Une cométragédie* (Paris, P.O.L, 2005).

Raymond Federman
Né en 1928.
Vit à San Diego.
Dernier livre traduit : *À qui de droit* (trad. de l'anglais par N. Mallet, Romainville, Al Dante, 2006).

Alain Fleischer
Né en 1944.
Vit à Paris.
Dernier livre paru : *L'Amant en culottes courtes* (Paris, Le Seuil, 2006).

Jean Frémon
Né en 1946.
Vit à Paris.
Dernier livre paru : *Gloire des formes* (Paris, P.O.L, 2005).

Gaby Hartel
Née en 1961.
Vit à Berlin.
Dernier livre paru (avec Carola Veit) : *Samuel Beckett* (Francfort, Suhrkamp, 2006).

Frédéric Pajak
Né en 1955.
Vit à Paris.
Dernier livre paru : *J'entends des voix* (Paris, Gallimard, 2006).

Charles Pennequin
Né en 1965.
Vit à Lille.
Dernier livre paru : *La ville est un trou* (Paris, P.O.L, 2007).

Anne Portugal
Née en 1949.
Vit à Paris.
Dernier livre paru : *définitif bob* (Paris, P.O.L, 2002).

François Regnault
Né en 1938.
Vit à Paris.
Dernier livre paru : *« Percé jusques au fond du cœur ». Choix forcés dans* Le Cid *de Corneille* (Paris, Navarin, 2006).

Jean-Loup Rivière
Né en 1948.
Vit à Paris.
Dernier livre paru : *Comment est la nuit ? Essai sur l'amour du théâtre* (Paris, L'Arche, 2002).

Clément Rosset
Né en 1939.
Vit à Paris.
Dernier livre paru : *Fantasmagories*, suivi de *Le Réel, l'imaginaire et l'illusoire* (Paris, Les Éditions de Minuit, 2006).

Isabelle Sobelman
Née en 1962.
Vit à Paris.
Dernier livre paru : *Vivante* (Paris, Melville / Léo Scheer, 2003).

Jude Stéfan
Né en 1930.
Vit à Orbec.
Dernier livre paru : *L'Angliciste* (Seyssel, Champ Vallon, 2006).

Jean-Philippe Toussaint
Né e
Vit à
Dernier l *Fuir*
(Paris, Les Éditions de Minuit, 2005).

Enrique Vila-Matas
Né en 1948.
Vit à Barcelone.
Dernier livre traduit : *Docteur Pasavento* (trad. de l'espagnol par A. Gabastou, Paris, Christian Bourgois, 2006).

Gaby Hartel *Ce qui me frappe dans votre essai de 1987 sur Beckett,* Goodbye Pork-Pie Hat, *c'est que votre vision de Beckett va un peu à contre-courant de l'image qu'on nous présente généralement, celle du vieux maître du silence et de la destruction.*

Stan Douglas C'est sans doute parce que j'ai découvert Beckett d'une façon très personnelle, sans rien savoir de ce qu'en avaient dit les experts en littérature. Pour moi, ses œuvres ne parlaient pas d'une «fin» – contrairement à ce que l'on en disait généralement –, d'un déclin des conditions de la perception et de la création culturelle qui déboucherait sur une sorte d'immobilisme de fin de partie, ou, comme le dirait Adorno, la forme distillée d'un état culturel qu'il importe de préserver, tel un message dans une bouteille adressé à la postérité. J'ai toujours vu dans son œuvre un commencement, un point de départ. La catastrophe a déjà eu lieu, et maintenant, que fait-on? Les problèmes qu'il cherche à résoudre – les problèmes de communication, les problèmes de perception – sont des conditions *a priori* dont il faut prendre conscience. Je pense à cette impossibilité de communiquer que l'on éprouve même quand la communication s'impose dans toute son urgence. C'est ce paradoxe qu'exprime Beckett dans son œuvre.

GH *Je trouve étonnant qu'un artiste plasticien comme vous, ou Bruce Nauman avant vous, ouvre ainsi des perspectives tout à fait nouvelles sur Beckett.*

SD L'œuvre que je préfère est *Pas moi*, où l'on assiste à la lutte d'une voix qui s'efforce de parler pour accéder à l'existence. On associe souvent Beckett au pessimisme, mais *Pas moi* est une œuvre optimiste, ou alors, c'est que je n'ai rien compris... *[rires]*.

GH *Et il y a cette phrase dans* Pas moi, *«l'être tout entier... pendu à ses paroles...»,*[1] *qui semble indiquer que si Beckett se méfie d'un langage traditionnel devenu cliché, il ressent encore le besoin de travailler avec des mots.*

SD En tant qu'auteur, il n'a à sa disposition que des mots, et un texte se résume à ça. Mais, chez lui, les mots veulent être plus que ce qui nous est donné. *Pas moi* est une expérience mentale. Peut-être la langue est-elle mieux à même de mettre en scène l'identité s'il n'y a pas de première personne du singulier. Ce qui est étrange, c'est ce cliché qui veut que l'œuvre de Beckett soit l'expression d'une défaite, alors qu'une de ses phrases les plus connues est: «je ne peux pas continuer, je vais continuer»[2] *[rires]*.

GH *Vous dites aussi quelque part que, pour vous, Beckett se rapproche des images après* Fin de partie.

SD Je ne dirais pas qu'il se rapproche de l'image dans la trajectoire de son œuvre, car ses œuvres antérieures aussi sont pleines d'images, mais les images deviennent plus concrètes dans la langue ou dans les situations performatives. Et la présence de ces images, en tant qu'*objets* concrets occupant la pièce même

1. Samuel Beckett, *Pas moi*, dans *Oh les beaux jours*, suivi de *Pas moi*, Paris, Les Éditions de Minuit, 1963-1974, p. 88.
2. Id., *L'Innommable*, Paris, Les Éditions de Minuit, 1953, p. 213.

où l'on se trouve, devient plus apparente dans les pièces courtes des années 1960 ou dans une œuvre en prose telle que *Comment c'est*.

GH *Peut-être même dès les années 1950, avec les «Textes pour rien», où la voix désincarnée d'un obscur narrateur s'immisce lentement dans la tête du lecteur.*

SD La voix est la chose! La voix est une chose concrète, même quand elle est dans notre tête.

GH *De concret et de très délicat en même temps. Dans les «Textes pour rien», Beckett parle d'une voix qui laisse «des traces [...] parmi le sable».[3] Beckett ne s'encombre pas d'idéologies pesantes, il laisse des traces. Cette image du sable dans lequel la voix inscrit sa trace pourrait-elle symboliser l'imagination du public?*

SD Certainement! Tous les artistes veulent laisser une trace dans l'imagination du public, établir de nouvelles connexions dans les synapses d'autrui. Nauman a probablement aimé chez Beckett la manière dont des actions répétitives peuvent devenir la syntaxe d'une langue capable de montrer comment des forces invisibles s'exercent sur le corps. D'abord, on le sent; ensuite, on imagine comment un système de télévision en circuit fermé transforme notre corps, par interpolation, en un système. C'est le véritable sens conceptuel de ses *Performance Corridors*.

GH *J'ai le sentiment parfois que Beckett a été le premier à voir dans le langage et dans la voix qui l'exprime une possibilité sculpturale. Est-ce qu'une telle idée a un sens pour vous?*

SD Certainement.

GH *Tant mieux!*

SD *[Rires.]* Désolé d'être aussi laconique! L'œuvre de Beckett part de rien. C'est une humble tentative pour dire: «Je vais créer quelque chose à partir de rien, mais ce sera peut-être rien!» C'est là qu'intervient son scepticisme. Mais il est admirable de constater que, jusque vers la soixantaine, à l'époque de *Pas moi*, il se remettait encore en question et travaillait sur les possibilités du médium qu'il avait choisi. Le grand problème des œuvres plus tardives, celles des années 1980, c'est qu'il commence à revisiter ses anciennes idées d'une manière très schématique, ce qui l'entraîne parfois vers les clichés et un certain sentimentalisme. Mais il y a eu, je pense, une période exceptionnelle dans les années 1970.

GH *Oui mais, là encore, il a dit très tôt que l'artiste travaillait dans un «continuum incohérent»,[4] dans «une série d'annexions partielles».[5]*

SD Jusque-là, il a accumulé un inventaire de figures linguistiques dont il pouvait se servir pour construire «quelque chose à partir de rien». Au début des années 1980, lorsque j'ai découvert *Compagnie* dans une librairie, je me suis dit: «Samuel Beckett? Il n'est pas mort?» Et j'ai vu que l'ouvrage était sorti cette année-là. Fasciné par ce livre, je me suis mis à lire tout Beckett à rebours, mais j'étais

3. Id., «Texte pour rien, XIII», dans *Nouvelles et Textes pour rien*, Paris, Les Éditions de Minuit, 1958, p. 202.
4. Id., *Dream of Fair to Middling Women*, dans Ruby Cohn (éd.), *Disjecta. Miscellaneous Writings and a Dramatic Fragment*, Londres, John Calder, 1983, p. 48.
5. Id., *Proust*, trad. de l'anglais par É. Fournier, Paris, Les Éditions de Minuit, 1990, p. 25.

hanté par le souvenir de *Compagnie*, parce que la plupart des images de ce livre sont, d'une manière ou d'une autre, des condensés d'idées qui se trouvent dans ses œuvres antérieures.

GH *Je pense que vous touchez ici un point crucial. Il a aussi accumulé un inventaire de personnages expressifs. Comme il le dit dans* Molloy *: « Quelle tourbe dans ma tête, quelle galerie de crevés... »*[6] *Beckett crée parfois une atmosphère hantée, qui, me semble-t-il, vous intéresse aussi.*

SD Oui, mais je ne voudrais accorder trop d'importance à cela, car il y a eu une époque, dans les années 1980, où les metteurs en scène (y compris Beckett lui-même) avaient tendance à donner à ses œuvres une ambiance très gothique ; vous savez, les cheveux gris, les haillons, les grands gestes et des personnages décrépits, hantés par un acte commis dans le passé. J'espère que les espaces hantés de mon œuvre ne relèvent pas de ce genre de trope.

GH *Je vois ce que vous voulez dire, mais je ne voudrais pas complètement abandonner mon idée. Après tout, Beckett vient d'une tradition moderniste qui, par certains côtés, est issue de la littérature gothique du XIX*e *siècle. Tous ces auteurs ont essayé d'aller au-delà du visible. Je trouve fascinante la manière dont Beckett intègre des éléments gothiques dans ses recherches artistiques.*

SD Un des traits dominants des gothiques est de créer des situations dans lesquelles quelque chose de mort – par exemple une action malfaisante perpétrée jadis – hante les vivants. Ce sont généralement des aristocrates, qui vivent dans le dénuement parce que leur famille, un jour, a transgressé la loi morale ou la loi sociale. Chez Beckett, les gens sont coupables d'avoir vécu, ou aimé, mais, en fin de compte, la langue – et le bagage négatif de la langue, son bagage autoritaire et inhumain qui ne cesse de contrarier la communication – est la chose même dont ses voix cherchent à se libérer.

GH *Oui ! En fait, il essaie d'étrangler le langage « corrompu », comme...*

SD ... un « serre-kiki mental »[7] *[rires]*.

GH *Exactement ! Comme Joe dans la pièce pour la télévision* Dis Joe. *Cette dimension gothique vous intéresse-t-elle chez Beckett ?*

SD Un élément formel que je lui ai emprunté, c'est le principe de la variation ou de la « répétition avec une différence ». L'œuvre que j'expose ici à Berlin [*Overture* (1986), dans le cadre de l'exposition « Beyond Cinema. Art of Projection », Hamburger Bahnhof, 2006] présente ce type de structure. On a trois bouts de film assez semblables (tirés d'Edison) qui se répètent, accompagnés de six fragments de monologue tirés de Proust ; ensuite, cet ensemble composite tourne en boucle sans véritable commencement ni fin, tout n'étant que milieu. Le monologue agit sur la manière dont on comprend les images, et quand on entend un autre monologue, sur la deuxième boucle d'images, on ne sait plus exactement si on a déjà vu ces images.

6. Id., *Molloy*, Paris, Les Éditions de Minuit, 1951, p. 228.
7. Id., *Dis Joe*, dans *Comédie et actes divers*, Paris, Les Éditions de Minuit, 1972, p. 84.

Comme dans les deux actes de *Godot*, où il se passe la même chose, mais de manière différente. Le procédé est beaucoup plus élaboré dans mes projets récents, qui intègrent une dimension aléatoire, probablement sous l'influence de *Sans* de Beckett. Cependant, je pense que Beckett a triché dans la mesure où les phrases fonctionnent surtout bien dans l'ordre où il les a publiées, mais j'aime bien l'histoire selon laquelle il aurait placé les phrases dans un bocal à poissons, qu'il les aurait mélangées et les auraient sorties au hasard (deux fois, évidemment).

GH *Ce qui nous amène à la question de la perception…*

SD Avec les boucles, les œuvres produisent moins un récit qu'un espace, un état, un lieu où quelque chose « suit son cours » et peut être considéré comme statique.

GH *Certaines personnes pensent que Beckett était un auteur élitiste. Est-ce qu'il exclut son public ?*

SD Pas exactement. Il partage ses problèmes, et, de toute évidence, des œuvres comme *Catastrophe* et *Quoi où* étaient explicitement politiques. Mais il n'y a pas vraiment d'engagement humaniste, ni de personnage avec lequel on puisse s'identifier. Cependant, on devrait être habitué à cela après près d'un siècle de théâtre épique Beckett nous présente des situations sans prétention ni condescendance : « Voici une situation, réfléchissez-y. »

GH *Vous avez dit plus tôt que l'écriture de Beckett est non autoritaire, mais n'y a-t-il pas quelque chose d'autoritaire dans le fait qu'il force le lecteur-spectateur à ne voir qu'un espace limité ?*

SD Toute véritable œuvre écrite est autoritaire dès lors qu'elle nous raconte ou nous montre quelque chose qui sort des idées reçues. Tout film qui nous présente une série d'images mais ne nous permet pas de choisir leur ordre est autoritaire en un sens, mais on est libre de juger la séquence des images ou des mots et de se demander pourquoi ils se présentent dans cet ordre particulier. La *poïésis* dans l'œuvre de Beckett laisse beaucoup de place à la réflexion, ce qui s'oppose aux idées d'interactivité des années 1960 et 1970 – depuis le « théâtre de la cruauté » jusqu'aux jeux informatiques, en passant par les récits interactifs –, où l'on est libre de faire un choix parmi plusieurs possibles, mais pas de faire tout ce que l'on veut. Un auteur comme Beckett, qui rend la structure claire pour le lecteur, au lieu de l'entraîner dans une catharsis, exprime simplement une forme d'honnêteté vis-à-vis de son public.

GH *On dit que Godot a été inspiré par un tableau de Caspar David Friedrich. A-t-il un lien avec les romantiques ?*

SD Non, ou alors, seulement d'un point de vue littéral, formel, dans l'image d'un paysage ouvert avec une figure solitaire qui se dresse, vue de dos, comme dans *Worstward Ho*.

Mais l'esprit est très différent. Friedrich nous demande de nous identifier avec le personnage pour éprouver la dimension sublime d'une nature qui l'écrase, alors que les personnages de Beckett ne sont pas pleinement incarnés.

GH *J'aimerais revenir un moment sur l'idée des «lieux hantés». Avez-vous jamais pensé à l'atmosphère des œuvres de Beckett?*

SD Quand je réalise mes propres œuvres? Non *[rires]*.

GH [Rires.] *Non, d'une façon générale. Dans* Vidéo, *qui est un hommage que vous rendez à* Film *de Beckett, vous jouez avec une architecture symbolique et vous créez des atmosphères, par exemple avec cette image presque abstraite des bulles dans la tasse de café.*

SD C'est une allusion à *Deux ou trois choses que je sais d'elle* de Jean-Luc Godard. Au célèbre gros plan de bulles dans une tasse de café, que l'on voit de tellement près qu'on ne sait pas vraiment ce que c'est; elles ressemblent à des galaxies dans l'espace. Godard nous explique que cette séquence représente quelque chose qu'elle ne représente pas. Un des principaux lieux que nous avons choisis est la cité de La Courneuve où vit le personnage de Marina Vlady dans *Deux ou trois choses que je sais d'elle*.

GH *C'est ce que je voulais dire par «atmosphère». Beckett crée une ambiance pour essayer d'évoquer «le non-dit par le dit»?*[8]

SD Oui, et c'est ce que font les situations. Dans *Vidéo*, par exemple, toutes les administrations sont logées dans une architecture des années 1930, cette architecture protofasciste que l'on voit à Paris et dont le plus célèbre exemple est le Trocadéro, mais nous n'avons pas utilisé le Trocadéro parce que ça ressemble trop au Trocadéro. K vit dans une tour de La Courneuve, une de ces cités qui ont été le théâtre des émeutes de novembre 2005. C'est un immeuble moderniste qui, à l'époque de sa construction, correspondait sans doute à une utopie sociale mais qui, maintenant, ressemble davantage à un entrepôt pour les pauvres. Ce type de situation nous révèle beaucoup de choses sur les événements qui ont précédé.

GH *Pensez-vous que Beckett soit sensible à l'architecture qui l'entoure?*

SD Pas tellement. La décision de tourner *Film* à New York a probablement été prise par Alan Schneider, car l'aspect visuel d'un film, quel qu'il soit, est toujours défini par le metteur en scène. *Dis Joe* de Schneider ressemble à *Film*, mais absolument pas au *Dis Joe* de la SDR [Süddeutscher Rundfunk]. Dans son script, Beckett donne très peu de précisions concernant l'architecture.

GH *Je n'en suis pas si sûre. Le plan d'ouverture, avec l'immense mur de brique décrépit, correspond bien au goût prononcé de Beckett pour la texture des choses. Il est probablement là pour provoquer un engagement physique de la part du spectateur.*

SD Oui, quand on fait un film, il faut montrer des choses; il faut donc être très clair sur le sens que ces choses doivent revêtir. Dans *Vidéo*, il y a plusieurs citations

8. Id., «Intercessions by Denis Devlin», dans *Disjecta. Miscellaneous Writings and a Dramatic Fragment, op. cit.*, p. 94.

de *Film*, mais aussi des substitutions : K, joué par une femme, remplace O, joué par Buster Keaton ; la caméra de surveillance se substitue à l'œil de Buster Keaton, etc.

GH *Mais j'ai relevé aussi des éléments qui proviennent d'autres films de Beckett. Beckett utilise la caméra comme une sorte de* Doppelgänger, *pour faire ressortir le fait que le personnage (et, en fin de compte, chacun d'entre nous) est suivi par lui-même, par sa propre perception. Et les détectives ? Ils interviennent aussi chez Beckett ; est-ce une autre citation ?*

SD Non, ils viennent de l'adaptation du *Procès* de Kafka par Orson Welles. Ce sont des policiers et des détectives. S'il y a une arrestation et un procès, il faut bien qu'il y ait des flics *[rires]*.

GH *Beckett dit que, chez Kafka, la forme avance « comme un rouleau compresseur »...*[9]

SD ... En fait, chez Kafka, on passe sous le rouleau compresseur, le rouleau compresseur de la loi par exemple. Chez Beckett, le rouleau est déjà passé, et il faut se relever *[rires]*.

GH *Est-ce une idée que vous avez développée dans* Vidéo *? Quand vous combinez Kafka (vu par les yeux d'Orson Welles) et Beckett ?*

SD C'est plutôt une idée qui en découle. Si on connaît Beckett et Kafka et qu'on voit en eux deux moments totalement distincts de l'art du XXe siècle, ce genre d'idée va surgir, mais elle ne figure pas explicitement dans le script. Vue sous un certain angle, c'est simplement une histoire, l'histoire de Kafka. La principale idée empruntée à *Film* est l'absence du visage du héros, idée qui fonctionne comme un lipogramme, ce procédé d'écriture qui consiste, par exemple, à s'interdire d'utiliser une lettre. Georges Perec a écrit *La Disparition* sans employer la lettre « e ». On lit ce livre avec le sentiment très étrange qu'il manque physiquement quelque chose. Pareillement, l'absence de visage fait moins partie de l'histoire que dans *Film*, mais elle crée la même impression dérangeante. Dans la dramaturgie d'un film, on s'attend à comprendre un personnage en découvrant son visage, mais, dans *Vidéo*, on voit ce que voit le personnage mais on ne le découvre, lui, que tout à la fin.

GH *Diriez-vous que dans* Film, *on s'identifie au personnage dont on ne voit jamais le visage ?*

SD À mon avis, on s'identifie davantage à la caméra, comme E, et à « sa » curiosité. On est l'Œil, le poursuivant. On a bien quelques points de vue de O, mais ils sont visiblement floutés par la présence d'une gaze sur l'objectif.

GH *Il me semble que dans votre œuvre, comme dans celle de Beckett, l'oreille et l'œil sont vraiment les organes centraux qui permettent d'essayer de comprendre le monde.*

SD Dans les médias que nous avons en commun – le film et la télévision –, nous sommes effectivement obligés de travailler avec le son et l'image, mais ceux-ci sont tout aussi corrompus que les mots, dont Beckett se méfiait tant.

Traduit de l'anglais par Jean-François Allain

9. Id., « Samuel Beckett. Dramatist of the Year » [Conversation avec Harold Hobson], *International Theatre Annual*, n° 1, 1956, p. 155.

Pascal Dusapin Comment j'ai découvert Beckett? J'étais tout jeune, encore un gosse, et je passais un week-end chez les parents d'une amie. Dans la chambre où j'étais, il n'y avait qu'un seul livre, *Acte sans paroles*. Je n'arrivais pas à dormir, j'ai pris ce livre et j'ai lu cette scène, cet homme qui voit descendre un grand cube, qui se retourne, qui réfléchit, prend le cube, monte dessus, essaie d'atteindre une carafe, tout ça, cet homme qui se débat sans dire un mot, ce texte qui décrit tous ses mouvements – et bien sûr je n'y ai absolument rien compris. Imaginez. Il n'y avait pas un seul mot de prononcé. Pas un seul. Et tous ces objets qui tombent!

À la vérité, pour le musicien que j'étais déjà, c'est le silence qui m'avait sans doute éberlué et quelque chose d'inouï et d'invraisemblable s'était passé en moi. C'était une énigme. J'avais à l'époque un amour profond de la littérature classique, je lisais Flaubert, Stendhal, les grands textes, j'adorais même lire Bossuet, j'aimais déjà collectionner les livres et je tombe sur ce livre qui est plus inexplicable pour moi que tout ce que j'avais rencontré auparavant: même une musique ne m'avait pas fait cet effet-là. La musique, j'y avais accès, je pouvais m'y repérer. Mais là, c'était tellement autre chose, tellement le contraire d'une musique et tellement fort que j'ai recopié ce texte. J'avais mon cartable avec moi, j'avais des devoirs à faire et tout mon matériel scolaire – j'ai donc pris un cahier et entièrement recopié le texte. Du premier mot jusqu'au dernier. Je pense que quelque chose de très important s'est déployé là.

Et même si le personnage d'*actes sans paroles I* est un personnage surtout confronté aux formes de l'absurde (mais je l'ai compris bien plus tard...), cela m'a plutôt incliné à me connecter à une compréhension très formelle de l'art de Beckett. Quand j'ai découvert son théâtre – je me souviens de *La Dernière Bande* au Théâtre d'Orsay – j'ai pu en avoir une compréhension un peu plus métaphysique mais avec le sentiment que l'on ne pouvait seulement le réduire à ça. Les images que l'on se fait toujours de lui – le créateur de clochards, de paumés, de marginaux – ne correspondaient pas à la perception que j'en avais; Beckett, pour moi, c'était d'abord un inventeur de formes, de structures et de procédés. On a de lui une vision trop humaniste, on oublie totalement l'inventeur abstrait – même si, au fond, ces formes trouvent une signification dans l'errance des hommes. Par exemple, je suis très attaché aux figures de Mercier et Camier.

Marianne Alphant *Plusieurs de vos œuvres n'ont-elles pas des titres beckettiens?*

PD Si, comme *Hop'* (le mot est tiré de la nouvelle *Bing*) ou *Watt, Quad, Cascando* ou *Exeo* – qui vient d'un poème de jeunesse. Beaucoup d'autres pièces contiennent des citations de Beckett directement écrites dans les partitions.

J'ai même une pièce entièrement faite sur des citations de *Mercier et Camier*. Dans mon 5e *Quatuor*, elles sont là comme des indications solfégiques en quelque sorte. Mais il m'arrive aussi de les inventer, comme pour dire quelque chose aux musiciens. Du reste, personne ne m'a jamais fait remarquer que ce n'était pas du Beckett, j'arrive assez bien à l'imiter, je m'en sers, les musiciens lisent ces phrases qui ajoutent un peu à la compréhension de la forme.

Watt, par exemple, est un concerto pour trombone et orchestre, on ne sait jamais lequel des deux est le concertant de l'autre – et le personnage de Watt chez Beckett est toujours un peu dépassé par lui-même : c'était donc amusant d'avoir un trombone confronté à un orchestre, et où l'on ne sait jamais lequel est le concertant de l'autre, lequel est dépassé par l'autre. Souvent, quand on joue cette pièce, on me demande lequel des deux est Watt. Je dis que je ne sais pas mais peut-être que c'est le compositeur.

Beckett est passé chez moi à travers les mécanismes, les pierres à sucer, les actions automatiques, les actions vaines ; c'était ça qui m'intéressait. Dans ma musique, il y a comme des espèces de « toupiement » où les choses sont tout d'un coup encagées : quatre ou cinq notes qui se débattent comme des mouches, un mouvement qui a de la peine à sortir de la cage qui s'est créée. Je suis toujours extrêmement attentif à ces mécanismes-là chez Beckett, et ils ont pour moi une résonance qui n'est pas musicale mais qui devient chez moi de la musique.

MA *Et qu'en est-il de la musicalité de l'écriture ? Si l'on prend des œuvres de la fin, comme* Soubresauts *ou* Cap au pire, *est-ce qu'elles parlent au musicien ?*

PD Oui, bien sûr, ce qui est très étonnant au fond parce que Beckett n'est pas un allitératif mais quelqu'un qui écrit sec avec un effet de rebondissement des sons, un roulement de la matière sonore. Il joue sur des suites de phonèmes très rythmiques, sur la brièveté des mots. Et à certains égards si beaucoup de mes pièces ont des titres très brefs, mono ou bisyllabiques, cela vient de là.

Si je dois faire le compte de ce que lui dois, je commencerais par les structures, bien sûr, mais on peut y ajouter un art de l'émotion très compliqué. J'aime les artistes de ce genre : finis et pas finis, un peu de travers en même temps, ouverts et sanglants comme Varèse, par exemple. Varèse et Beckett, ça n'a rien à voir, il ne s'agit pas de tracer des généalogies entre les genres, mais j'aime ces œuvres perpétuellement ouvertes. On entre dans les interstices du texte, dans ses brisures, et on découvre toujours un autre sous-texte. C'est comme une plume qui tombe très doucement, en tournoyant, et qui permet de mesurer la distance qui nous sépare d'un sol qui se dérobe : j'ai toujours ce sentiment avec Beckett.

Si je suis moins sensible à son théâtre, je dirais que ce qui m'y intéresse le plus, c'est qu'il ait tout vissé de tous les côtés : l'idée qu'il se battait pour la durée des silences, qu'il contrôlait tout. Je connais ça, je suis d'une maniaquerie au cinquantième de seconde, je sais exactement ce que je veux et comment la liberté peut s'acquérir dans une partition et dans le déchiffrage des codes. Je me souviens, par exemple, d'une histoire à l'époque où on montait mon opéra *Medea* à Bruxelles : j'avais fait des distinctions entre les silences, je voulais tel type de silence ici, et que celui-là soit un peu plus grand, celui-ci encore un peu plus grand. Pour les musiciens, le silence, c'est juste une respiration et donc il y avait sans arrêt des problèmes. Le chef d'orchestre, qui était d'ailleurs merveilleux, trouvait toujours mes silences trop courts ou trop lents et puis à chaque fois on perdait du temps à discuter ou c'étaient les chanteurs qui avaient aussi leur mot à dire. Bon, j'ai pris ma partition, je suis allé à l'hôtel, j'ai écrit « 5 secondes », « 7 secondes 1/2 » « 12 secondes », « 4 secondes », paf, et j'ai dit maintenant voilà, vous faites comme ça. C'était vraiment ce que je voulais : on a pu ensuite trouver quelque chose de plus souple et plus adapté, mais parce que j'avais donné le système de mesure. Pour cette raison, je pense que même Beckett aurait pu aller plus loin encore dans ses exigences, en adoptant la précision de l'écriture musicale. Tant qu'à faire…

MA *Est-ce que les titres de Beckett que vous donnez à vos pièces ne pourraient pas être vus comme une façon de vous mettre sous sa protection ?*

PD Pourquoi pas, oui. Beckett m'échafaude toujours un peu : tout me touche chez cet homme, la dimension du personnage ne cesse de grandir. Il y a cette proximité dont j'ai parlée et qui passe par le formalisme, mais si j'en reviens à la dimension émotive, je dirais que j'aime aussi la douceur qu'il y a chez lui. Et cette tristesse : il y a une perte chez Beckett, quelque chose de perdu dès le départ, qui me touche pour des tas de raisons. Et c'est avec ça, au bord du gouffre, qu'il va créer cet univers splendide et déséquilibré, extraordinairement inquiétant, subversif à tout jamais. La fréquentation de cet homme me fait tenir debout, c'est comme un œil qui me regarde, qui exige. Et en même temps, c'est vrai, c'est une protection, le mot est juste.

26 septembre 2006. Nous sommes dans l'atelier de Robert Ryman, Greenwich Street, assis l'un et l'autre sur des tabourets devant la longue table. J'ai apporté avec moi un exemplaire du livre pour pouvoir le feuilleter avec lui et recueillir ses souvenirs de ce projet. *Nohow on*, 5 gravures de Robert Ryman, Limited Edition Club, 1989. Je lui demande comment la rencontre s'est faite, qui en a pris l'initiative.

«Ben Schiff est venu me voir et m'a demandé si cela m'intéresserait de réaliser quelques gravures pour ce livre. Je n'avais jamais rien fait de tel. J'ai pensé que cela pourrait être intéressant d'essayer de faire quelque chose. Il avait apporté les textes. J'avais déjà lu le premier, *Compagnie*, mais pas les autres. Je ne sais pas pourquoi Ben Schiff s'est adressé à moi, il a dû penser que ça devrait coller. De fait, si on m'avait demandé avec quel écrivain j'aurais aimé faire un livre, je n'aurais pas hésité, Beckett est le seul.

«Je ne peux pas dire que j'ai tout lu mais j'ai lu un bon nombre de ses livres au fil des années. Pourquoi lui? Parce que ça sonne juste![1] C'est simple et en même temps très complexe. La lecture vous emporte, c'est le rythme, c'est le son.

«Quand je suis arrivé à New York, en 1952, j'ai acheté un exemplaire de *Finnegans Wake*. Bien sûr, je ne l'ai pas vraiment lu, enfin, j'ai lu des morceaux, j'aimais surtout le lire à voix haute parce que c'est comme ça que c'est beau, même si on ne comprend pas tout. C'était une telle abstraction du langage. J'ai lu Beckett de la même façon, le rythme, le son. Alors j'ai fait ces petites aquatintes, qui ne sont pas vraiment des illustrations quoique c'en soient tout de même dans un sens. D'abord, elles ont été vraiment conçues pour ce livre, elles jouent avec ses proportions: le frontispice, décalé par rapport à la ligne de couture des cahiers, la dernière gravure, en pleine page – un gros grain, il faut presque le toucher. Et les planches correspondent précisément à certaines parties du texte dont j'ai traité abstraitement des détails: la neige, le monceau de pierres blanches, cette page déchirée d'un agenda avec l'indication d'une date à peine lisible, *Tuesday 17th* ou *Thursday 17th*. J'ai pris plaisir à m'approcher du texte sans pour autant m'éloigner de mon travail habituel.

«Puis Ben Shiff a porté les feuilles à Beckett pour les lui montrer et qu'il signe les colophons. Apparemment il a aimé, en tous cas il a signé. Je ne l'ai jamais rencontré, je le regrette. Quel âge avait-il quand il est mort?

—86.

—J'aurais aimé le connaître, nous n'aurions probablement rien eu à nous dire, mais quand même, j'aurais bien aimé le connaître.»

Propos recueillis et traduits de l'anglais par Jean Frémon

1. Je traduis cela comme je peux. Ryman a dit exactement: «*He is right to the point*» [N.D.T].

La première fois que j'ai vu *En attendant Godot*, j'étais étudiant en beaux-arts à l'université de Newcastle, dans le nord de l'angleterre. C'était en 1970. La pièce avait été montée au théâtre de l'université. Pendant la représentation, j'ai eu l'impression d'être au paradis. C'était vrai, c'était dur, c'était sans compromis. Parce que c'était vrai, c'était beau et ça me rendait heureux. Pas enthousiasmé, juste heureux de voir quelque chose de vrai.

Mon poème préféré était un texte de Bertolt Brecht dans lequel une voiture tombe en panne et où le narrateur attend que le conducteur change la roue. Je n'aime pas d'où je viens et je n'aime pas où je vais ; pourquoi est-ce que j'attends avec impatience ?

Il y a tellement d'attente dans ce monde : attendre des choses, attendre des gens. Qu'ils viennent ou ne viennent pas, cela m'est égal, mais je n'aime pas attendre. Mon père m'a proposé un jour de regarder une émission à la télé pour tuer le temps. Mais puisque la vie est du temps, chacun peut l'occuper comme il veut ; je me demande ce qu'il avait en tête.

Beckett efface la distinction entre la figure et le fond. Alors, le temps aussi s'efface, et on peut attendre. Et pendant qu'on attend, on se pose des questions. Que Godot vienne ou pas, c'est égal, mais c'était merveilleux de regarder des gens attendre, et parler d'attendre, et d'être au bout du monde, là où le temps n'existe plus. Avec un arbre pour tout objet d'enthousiasme.

Certaines personnes aiment voir en Beckett un minimaliste, mais c'est un minimalisme irlandais, qui n'est pas très minimal. C'est austère, comme l'Irlande, comme l'histoire du pays. Et à sa manière à lui, Beckett est un conteur. Il raconte une histoire qui revient sur soi et rentre en soi. C'est le système de la rage et du mystère. Ce n'est pas le système de la banlieue ; seulement la rage que peut provoquer la banlieue. Et c'est la discipline, le métier et la rigueur qui donnent à la rage son endurance. Personne ne vient de nulle part. Le temps s'est effondré. Tout est lugubre. Tout est sombre et tout est gris. Pourtant, il y a de l'humour. Il n'y a pas d'espoir, et pourtant, il y a de la provocation. La joie de l'iconoclaste. L'iconoclaste adore la désespérance, et plus les choses sont désespérées, plus il se délecte. Désespoir égale vérité, vérité égale comédie peinte en noir.

Quand j'avais 7 ans, je vivais au 82 Highbury Hill avec mes deux cousines, des vraies jumelles qui avaient presque le même âge que moi, et qui, en fait, étaient pour moi de véritables sœurs. Après venait timidement mon petit frère Tony. Comme il était timide, il était toujours le dernier à passer la porte. Quelle que soit la porte, il était toujours le dernier. Anna était parfois la première, mais seulement quand elle lançait un défi à Lesley, qui avait plus de charisme. Dans Highbury Hill vivaient beaucoup de vieilles Irlandaises, juste après la Seconde Guerre mondiale. C'est une rue qui monte plus ou moins droit jusqu'au pub. On aurait pu l'appeler Irish Hill, sauf que si ça avait été une rue en pente irlandaise, elle n'aurait pas été droite, du moins psychologiquement. En face de chez nous et de notre grande maison pleine d'Irlandais, mais où vivait aussi un couple de Juifs – Auntie Nan et Uncle Vick, qui était un comédien travesti –, il y avait une autre maison plus ou moins remplie d'Irlandais. Y habitait entre autres une grande dame, âgée et mystérieuse, qui aimait nous faire des cadeaux. Avec beaucoup d'affection et en sachant donner un caractère spécial à l'occasion, elle nous invitait à descendre dans sa cave magique. Là, elle ouvrait une immense malle en bois et choisissait spécialement, avec beaucoup de soin, le cadeau du jour. Je me souviens en particulier d'un escarpin rose ; la chaussure était usée mais elle ne manquait pas de noblesse. Une autre fois, elle nous a donné un pot à lait en céramique, avec un décor de fleurs. Il était très beau mais il avait un trou dans le fond : un magnifique pot à lait avec un magnifique trou. Comme dans Beckett, qui utilise des moyens très économiques, nous nous sentions honorés, heureux et troublés par la signification des choses. Par la signification d'une chaussure, qui avait peut-être appartenu jadis à une reine irlandaise. Qui d'entre nous allait la porter, et quelle était la place de cette chose dans le monde ? Sa place dans un sens à la fois comique et noble ? Une fois de plus, la distinction entre la figure et le fond s'effaçait. Qu'est-ce que ça veut dire de verser du lait dans un pot qui répand obligeamment son contenu par terre ? Faut-il y voir une abstraction, le symbole d'une intention touchante ? Nous étions ses « petits chéris », ses « anges », ses « petits choux », et nous étions confus et touchés. Et nous sortions de chez elle en gambadant – Tony était le dernier à sortir –, flattés, perplexes, et nous courions dans la rue comme de petits philosophes.

J'ai fait un tableau que j'ai appelé *Falling Wrong* (1985), et un autre, la même année, intitulé *How Not*. Plus tard, j'ai commencé *Any Questions* (1985-2005).

Tous ces tableaux sont de grandes dimensions, et tous sont physiques. Dans leur présence même, ils affirment qu'ils tombent mal, au lieu de bien tomber, ou ils montrent « comment ne pas ». Comment ne pas faire une chose, comment ne pas faire un tableau, comment ne pas peindre des bandes. Ils suscitent des questions, des questions qui n'ont pas de réponse.

D'un point de vue créatif, mal tomber est préférable à bien tomber. Bien tomber est codifié. Sinon, on ne saurait pas ce qui est bien et on n'aurait pas droit à une médaille pour cela. De même, un deuxième prix est mieux qu'un premier prix. Si on est le premier, on ne peut que faire moins bien. Si on est deuxième, on peut monter ou descendre. Mal tomber est une chose intéressante, car personne ne sait comment ça va se terminer. Et personne ne peut prouver à quel point on est magnifiquement à côté. Mal tomber peut prendre des millions de formes et de visages. Bien tomber nous enferme dans un seul possible. Le monde entier veut tomber juste, être dans le vrai, avoir la bonne solution.
 J'ai raison. Comment serait le monde si tout le monde voulait avoir tort ? Être dans

son tort, avoir tort et pas raison. Je suis dans l'erreur. Au lieu de cela, on nous dit comment il faut penser, comment il faut être ou ne pas être.

En 1984, j'ai peint *Murphy*, puis *Molloy* la même année.[1] Comme je le disais, Beckett met toujours en danger la relation entre la figure et le fond. Il menace constamment la figure, il la met en péril par un humour noir comique. Tout va mal mais ça pourrait être pire. Ensuite, après nous avoir presque fait oublier la figure, il la ramène à la vie en lui donnant du caractère.

Murphy n'est pas une peinture sur Beckett. Elle doit son titre d'abord et avant tout à ma manière à moi d'étreindre mon ami Beckett, mort après que j'eus terminé le tableau. On pourrait dire que Murphy est en bas, coincé par le poids du tableau. Une figure en crise. Cette œuvre a des proportions bizarres. Elle ne se termine donc pas de façon harmonieuse, mais sous la forme d'une lutte, et comme elle est achevée, c'est aussi une lutte sans fin. Le personnage porte une couleur citron qui lui porte chance, de même que le tableau porte une ROBE divisée par le jaune. «Bim et Bom» est un prochain titre. J'en ferai presque certainement un diptyque, un diptyque doté d'un simple mouvement de balancement régulier. Un / deux, un / deux, un / deux, un / deux, tout comme je peins des bandes noir / blanc, noir / blanc, noir / blanc, noir / blanc. Dans mes tableaux, je peins un rythme régulier de balancement, allumé / éteint, allumé / éteint, allumé / éteint. L'un est allumé, l'autre éteint, mais aucun ne le dit clairement. Ils sont donc tous les deux allumés et tous les deux éteints.

Être Irlandais en exil, comme l'était Joyce, comme l'était Beckett, comme je le suis, c'est aimer le monde et aspirer à ce dont on est privé. Les Irlandais sont disséminés aux quatre coins du monde, mais ils aspirent tous à être dans une prairie verdoyante. Éparpillés à la suite d'une catastrophe, comme les Juifs qui se considèrent comme la tribu perdue d'Israël. Ils peuvent vivre n'importe où. Transformer n'importe où en quelque part. Le balancement du fauteuil à bascule a un effet calmant. Le balancement rythmé de mes peintures crée quelque chose à quoi on peut se raccrocher. C'est ma terre, constamment labourée, labourée, si bien que je sais que je suis ici, je sais que j'ai quelque part où vivre. Mais ce n'est pas aussi profond que ce qu'on a perdu. Le problème, dans tout cela, c'est que ça pourrait donner l'impression qu'être Irlandais suffit pour être spécial. Ce n'est pas vrai. Chacun porte ce qu'il a perdu.

Molloy est en situation précaire en dehors de son champ. Un champ exubérant de rouge et de noir l'a poussé vers l'avant, vers le bord, vers le rebord. Mais il est fait de la même matière et il ne cède pas. Les bandes insistantes réunissent – ou tentent de réunir – ce qui ne peut tenir ensemble que grâce à de bonnes intentions.

J'avais terminé *Come In* (1983) et j'ai appelé mon ami Peter Nadin, qui est peintre et qui avait aussi des ambitions poétiques. C'était donc un lecteur de Beckett.

1. Dès 1981, Sean Scully a emprunté à Beckett les titres de deux de ses tableaux : *How It Is* (*Comment c'est*) et *Come and Go* (*Va-et-vient*) [N.D.É].

Nous étions assis dans mon atelier devant ma grande toile et nous passions un bon moment ensemble. Pour fêter le tableau et le fait qu'on se retrouve ensemble, il décida de me faire cadeau d'une histoire. Il me raconta qu'un jour Joyce dictait de la prose à Beckett, qui notait obligeamment ce qu'il disait. Soudain, quelqu'un frappe à la porte et Joyce dit « Entrez ! » Beckett note « Entrez ! » Le lendemain, Joyce demande à Beckett pourquoi il a écrit « Entrez ! », ce qui n'a pas de sens. Beckett répond qu'il l'a dit et que, par conséquent, ça doit figurer dans le texte. Une fois de plus, ça nous ramène à la crise et à la bataille des vérités. Que cela ait du sens ou pas, Joyce l'a apparemment laissé dans le texte. De même qu'un tiers environ de mes tableaux comportent des insertions et des incrustations, j'ai décidé que cette histoire était une insertion ; elle débarquait dans ma vie comme une Visitation, une Annonciation, une intrusion. Je l'ai prise comme un cadeau.

Beckett lutte pour la figure. La noble architecture de son langage est au service d'histoires abominables et bizarres. Son humour est donc tragi-comique. Moi aussi je lutte pour la figure, entre autres choses. J'utilise un système, mais un système humanisé. C'est une surface irrégulière obtenue de haute lutte, avec insistance. J'insiste. J'insiste pour que ce soit ainsi. Insister, c'est faire preuve d'une foi insondable.

J'ai peint *Beckett* (2006) sous la forme d'un *Wall of Light*[2] [mur de lumière]. C'est une série sur laquelle je travaille depuis six ans. Des murs peints, de grands blocs peints qui prennent place les uns à côté des autres. Quand on croit, comme moi, à la capacité fondamentale de la peinture – notamment abstraite – de représenter deux choses qui se rencontrent, on en profite. C'est un bleu et un jaune qui viennent ensemble. La manière dont ils se rencontrent en tant que surfaces constitue le sens même de la peinture. C'est une métaphore de la relation. Entre les blocs, il y a des espaces, et, dans ces espaces, on peut lire la genèse du tableau en tant qu'espace positif. Mais ces peintures ne sont pas linéaires. Elles ne sont pas faites de lignes et ne composent pas un schéma. Elles sont faites avec la surface et le corps. Parce que je suis convaincu que, dans la lutte entre l'idée et le corps, c'est le corps qui gagne. Entre la surface et la ligne, c'est la surface qui gagne. La surface est mystérieuse. Contrairement à la ligne, elle n'a pas de direction ; elle exprime. *Beckett* est un tableau qui paraît comique et déchiqueté ; on pourrait croire que quelqu'un a dormi dedans. Les couleurs paraissent aussi folles que dans *Falling Wrong*. La structure manque de rigueur et semble à la fois joyeuse et austère. Je lui ai donné le nom de Beckett, dont la rage s'exprimait dans une joie profondément travaillée.

Propos recueillis par Jean Frémon et traduits de l'anglais par Jean-François Allain

2. *Wall of Light* est le titre générique que Scully donne aux tableaux dont la composition est similaire à celle du tableau intitulé Beckett, blocs horizontaux et verticaux, imbriqués comme les pierres d'un mur [N.D.É].

LES AUTEURS

Jacques Aubert
Né en 1932.
Vit entre Lyon et Paris.
Dernier livre édité : James Joyce, *Œuvres* (Paris, Gallimard, « Bibliothèque de la Pléiade », 2 vol., 1982, 1995).

Paul Auster
Né en 1947.
Vit à New York.
Dernier livre traduit : *Lulu on the Bridge*, suivi de *Entretiens avec Rebecca Prime* (trad. de l'américain par C. Le Bœuf, Arles, Actes Sud, 2006).

Pierre Bergounioux
Né en 1949.
Vit en banlieue parisienne.
Dernier livre paru : *Carnet de notes. Journal, 1980-1990* (Lagrasse, Verdier, 2006).

Pascale Casanova
Née en 1959.
Vit à Paris.
Dernier livre paru : *Samuel Beckett. Anatomy of a Literary Revolution* (Londres / New York, Verso, 2007).

Éric Chevillard
Né en 1964.
Vit à Dijon.
Dernier livre paru : *Démolir Nisard* (Paris, Les Éditions de Minuit, 2006).

Jean Demélier
Né en 1940.
Vit à Paris.
Dernier livre paru : *Life Line. Dessins* (Londres, Oasis Books, 2003).

André Derval
Né en 1960.
Vit à Paris.
Dernier livre paru : *Dossier de presse. En attendant Godot*, 1952-1961 (Paris, 10/18/IMEC, 2007).

Georges Didi-Huberman
Né en 1953.
Vit à Paris.
Dernier livre paru : *L'Image ouverte. Motifs de l'incarnation dans les arts visuels* (Paris, Gallimard, 2007).

Stacy Doris
Née en 1962.
Vit à San Francisco.
Dernier livre paru en français : *Parlement. Une cométragédie* (Paris, P.O.L, 2005).

Raymond Federman
Né en 1928.
Vit à San Diego.
Dernier livre traduit : *À qui de droit* (trad. de l'anglais par N. Mallet, Romainville, Al Dante, 2006).

Alain Fleischer
Né en 1944.
Vit à Paris.
Dernier livre paru : *L'Amant en culottes courtes* (Paris, Le Seuil, 2006).

Jean Frémon
Né en 1946.
Vit à Paris.
Dernier livre paru : *Gloire des formes* (Paris, P.O.L, 2005).

Gaby Hartel
Née en 1961.
Vit à Berlin.
Dernier livre paru (avec Carola Veit) : *Samuel Beckett* (Francfort, Suhrkamp, 2006).

Frédéric Pajak
Né en 1955.
Vit à Paris.
Dernier livre paru : *J'entends des voix* (Paris, Gallimard, 2006).

Charles Pennequin
Né en 1965.
Vit à Lille.
Dernier livre paru : *La ville est un trou* (Paris, P.O.L, 2007).

Anne Portugal
Née en 1949.
Vit à Paris.
Dernier livre paru : *définitif bob* (Paris, P.O.L, 2002).

François Regnault
Né en 1938.
Vit à Paris.
Dernier livre paru : *« Percé jusques au fond du cœur ». Choix forcés dans* Le Cid *de Corneille* (Paris, Navarin, 2006).

Jean-Loup Rivière
Né en 1948.
Vit à Paris.
Dernier livre paru : *Comment est la nuit ? Essai sur l'amour du théâtre* (Paris, L'Arche, 2002).

Clément Rosset
Né en 1939.
Vit à Paris.
Dernier livre paru : *Fantasmagories*, suivi de *Le Réel, l'imaginaire et l'illusoire* (Paris, Les Éditions de Minuit, 2006).

Isabelle Sobelman
Née en 1962.
Vit à Paris.
Dernier livre paru : *Vivante* (Paris, Melville / Léo Scheer, 2003).

Jude Stéfan
Né en 1930.
Vit à Orbec.
Dernier livre paru : *L'Angliciste* (Seyssel, Champ Vallon, 2006).

Jean-Philippe Toussaint
Né en 1957.
Vit à Bruxelles.
Dernier livre paru : *Fuir* (Paris, Les Éditions de Minuit, 2005).

Enrique Vila-Matas
Né en 1948.
Vit à Barcelone.
Dernier livre traduit : *Docteur Pasavento* (trad. de l'espagnol par A. Gabastou, Paris, Christian Bourgois, 2006).

Les chiffres et les mentions en exposant correspondent aux pages où sont reproduits les œuvres et les documents concernés.

LISTE DES ŒUVRES ET DES DOCUMENTS EXPOSÉS

1 VOIX

«Une voix parvient à quelqu'un dans le noir. Imaginer.»

Samuel Beckett
«Mirlitonnades» (1976-1978), dans *Poèmes*, suivi de *Mirlitonnades*, Paris, Les Éditions de Minuit, 1978
«Something There» (1974), dans *Collected Poems*, Londres, John Calder, 1984
Lus par Michael Lonsdale
Installation sonore, 8′
Design sonore: Gérard Chiron
Assisté de Manuel Poletti
Coproduction Ircam / Centre Pompidou

Samuel Beckett
Not I [*Pas moi*], 1972
Manuscrit autographe
Beckett International Foundation
at University of Reading

Samuel Beckett 49+CRISTAL
Not I, 1989
NB, sonore, 12′44″
Mise en scène: Laurence Sacharow
Avec Margo Lee Sherman
Réalisation: John Reilly
Production Melissa Shaw-Smith et John Reilly
© Global Village, New York / by permission of The Estate of Samuel Beckett

Claudio Parmiggiani 60
Polvere, 1998
Empreinte de bibliothèque
Suie sur acrylique sur bois
200 × 146 × 3 cm
Collection du Fonds régional d'art contemporain de Bourgogne
Don de l'artiste, 1998

2 RESTES

«Lieu des restes où jadis dans le noir de loin en loin luisait un reste.»

Jean-Michel Alberola 31
Rien, 1995
Néon
30 × 30 cm
Collection particulière

Pierre Alechinsky
Noir clair. Allusion à Samuel Beckett, 1998
Encre, bordure à l'aquarelle sur vélin XIXe
31 × 20 cm
Centre Pompidou,
Musée national d'art moderne, Paris
Don de l'artiste, 2003

Avigdor Arikha
Les Cailloux, 1973
4e gravure de la suite pour «Au loin un oiseau» de Samuel Beckett
Tirage d'essai par l'artiste
Aquatinte sur papier Népal
27,4 × 24,2 cm
Centre Pompidou,
Musée national d'art moderne, Paris
Don de l'artiste à l'État, attribution, 1977

Avigdor Arikha
La Canne, 1973
3e gravure de la suite pour «Au loin un oiseau» de Samuel Beckett
Tirage d'essai par l'artiste
Aquatinte sur papier Népal
27,4 × 24,2 cm
Centre Pompidou,
Musée national d'art moderne, Paris
Don de l'artiste à l'État, attribution, 1977

Avigdor Arikha
L'Herbe, 1973
5e gravure de la suite pour «Au loin un oiseau» de Samuel Beckett
Tirage d'essai par l'artiste
Aquatinte sur papier Népal
27,4 × 24,3 cm
Centre Pompidou,
Musée national d'art moderne, Paris
Don de l'artiste à l'État, attribution, 1977

Avigdor Arikha
Le Manteau, 1973
1re gravure de la suite pour «Au loin un oiseau» de Samuel Beckett
Tirage d'essai par l'artiste
Aquatinte sur papier Népal
27,5 × 24,2 cm
Centre Pompidou,
Musée national d'art moderne, Paris
Don de l'artiste à l'État, attribution, 1977

Avigdor Arikha
La Ruine, 1973
2e gravure de la suite pour «Au loin un oiseau» de Samuel Beckett
Tirage d'essai par l'artiste
Aquatinte sur papier Népal
27,5 × 24,3 cm
Centre Pompidou,
Musée national d'art moderne, Paris
Don de l'artiste à l'État, attribution, 1977

Geneviève Asse 35+CRISTAL
Trace I, 1972
Crayon sur papier
65,5 × 50 cm
Centre Pompidou,
Musée national d'art moderne, Paris
Don de l'artiste, 2002

Geneviève Asse
Trace II, 1972
Crayon sur papier
65,5 × 50,5 cm
Centre Pompidou,
Musée national d'art moderne, Paris
Don de l'artiste, 2002

Geneviève Asse
Trace III, 1972
Crayon sur papier
65 × 50,4 cm
Centre Pompidou,
Musée national d'art moderne, Paris
Don de l'artiste, 2002

Samuel Beckett
Comment c'est, 1958-1960
Cahier manuscrit autographe
Harry Ransom Center,
The University of Texas at Austin

Samuel Beckett 89
L'Innommable, 1949-1950
Cahier manuscrit autographe I
Harry Ransom Center,
The University of Texas at Austin

Samuel Beckett
Malone meurt, 1947-1948
Cahier manuscrit autographe
Harry Ransom Center,
The University of Texas at Austin

Samuel Beckett
Mercier et Camier, 1946
Cahier manuscrit autographe
Harry Ransom Center,
The University of Texas at Austin

Samuel Beckett 88
Molloy, 1947
Cahiers manuscrits autographes I et III
Harry Ransom Center,
The University of Texas at Austin

Samuel Beckett
Murphy, 1936
Dactylogramme sur carbone
Harry Ransom Center,
The University of Texas at Austin

Samuel Beckett
Premier amour, 1946
Cahier manuscrit autographe
Harry Ransom Center,
The University of Texas at Austin

Samuel Beckett
«Textes pour rien», 1950-1951
Cahier manuscrit autographe
Harry Ransom Center,
The University of Texas at Austin

Samuel Beckett et Jasper Johns
Foirades / Fizzles
Londres, Petersburg Press, 1976
Avec 33 gravures et 2 lithographies sur papier à la main de Jasper Johns
33,2 × 25,3 cm (chaque)
Centre Pompidou,
Musée national d'art moderne, Paris
Achat, 1976

William Chattaway
Étude de crâne, 1970
Crayon sur papier
34,3 × 26,3 cm
Centre Pompidou,
Musée national d'art moderne, Paris
Don de l'artiste, 1995

William Chattaway
Étude de crâne, 1970
Crayon sur papier
33,8 × 25,3 cm
Centre Pompidou,
Musée national d'art moderne, Paris
Don de l'artiste, 1995

William Chattaway
Étude de crâne, 1970
Crayon sur papier
32,5 × 26 cm
Centre Pompidou,
Musée national d'art moderne, Paris
Don de l'artiste, 1995

Alain Fleischer
L'Image dans le noir des mots, 2006-2007
Installation avec vidéo-projection
D'après Samuel Beckett, *Comment c'est*, Paris,
Les Éditions de Minuit, 1961
Avec l'aimable autorisation des Éditions de Minuit
Images: Christian Bahier
Production Centre Pompidou

Mona Hatoum [48]
So Much I Want to Say, 1983
Vidéo, NB, sonore, 4'37"
Centre Pompidou,
Musée national d'art moderne, Paris
Achat à l'artiste, 1994

Andrew Kötting [50-51]
Klipperty Klöpp, 1984
Super 8, NB, sonore, 12'
Images: Leila Mcmillan
© Andrew Kötting
Distribué par ED Distribution, Montreuil

Paul McCarthy [38-39]
Black and White Tapes, 1970-1975
Vidéo, NB, sonore, 32'
Extrait: 2'23"
Centre Pompidou,
Musée national d'art moderne, Paris
Achat, 2002

Bruce Nauman
Eating My Words / Bound to Fail / Finger Trick With Mirror / Coffee Thrown Away Because It Was Too Cold / Spilling Coffee Because the Cup Was Too Hot / Finger Trick With Two Mirrors / Self Portrait as a Fountain / Feet of Clay / Waxing Hot / Untitled / Drill Team, 1966-1967 / 1970
Portfolio de onze photographies en couleurs
Copies de cibachromes encadrées
48 × 60 cm (chaque)
Kaiser Wilhelm Museum, Krefeld

Bruce Nauman
Gauze, 1969
Film cinématographique, 16 mm, NB, silencieux, 9'30"
Centre Pompidou,
Musée national d'art moderne, Paris
Achat, 1996

Bruce Nauman
Pulling Mouth, 1969
Film cinématographique 16 mm, NB, silencieux, 9'
Centre Pompidou,
Musée national d'art moderne, Paris
Achat, 1974

Giuseppe Penone [55]
Foglie del cervello, 1986
Crayon et fusain sur papier
33 × 48 cm
Collection de l'artiste, Italie

Giuseppe Penone
Foglie del cervello, 1991
Crayon et fusain sur papier
33 × 48 cm
Collection de l'artiste, Italie

Giuseppe Penone
Sans titre, 1988
Aquarelle et encre de Chine sur papier
70 × 100 cm
Collection de l'artiste, Italie

Giuseppe Penone [55]
Suture, 1986
Crayon et fusain sur papier
33 × 48 cm
Collection de l'artiste, Italie

Giuseppe Penone [53+CRISTAL]
Suture, 1989
Aquarelle et encre de Chine sur papier
33 × 48 cm
Collection de l'artiste, Italie

3 TRUC

«Ce truc qu'on appelle ma vie...»

Carton d'invitation à la répétition générale de *En attendant Godot*, 1953
Beckett International Foundation at University of Reading

Document administratif avec les photos d'identité des élèves de l'École normale supérieure de la rue d'Ulm, promotion 1928
Bibliothèque de l'École normale supérieure, Paris

École normale supérieure, 1927-1928
Brochure de l'École normale supérieure de la rue d'Ulm
Paris, J. David et E. Vallois [1928]
Bibliothèque de l'École normale supérieure, Paris

Enveloppe de la correspondance Jérôme Lindon / Alain Robbe-Grillet avec le tampon «Samuel Beckett / Prix Nobel / Éditions de Minuit», cachet du 9 septembre 1970
Fonds Alain Robbe-Grillet / IMEC,
Saint-Germain-la-Blanche-Herbe

Interview de Jérôme Lindon à propos de Samuel Beckett, prix Nobel de Littérature, 1969
Journal télévisé du 23 octobre 1969, NB, sonore
Extrait: 3'32"
Production INA (JT ORTF)

Liste des invités au «Déjeuner Ulysse», 1929
Dactylogramme avec annotations manuscrites [Maurice Saillet]
Fonds Adrienne Monnier / IMEC,
Saint-Germain-la-Blanche-Herbe

Menu du «Déjeuner Ulysse», jeudi 27 juin 1929
Fonds Adrienne Monnier / IMEC,
Saint-Germain-la-Blanche-Herbe

Paire de lunettes de Samuel Beckett
Collection Anne-Marie Colombard, Paris

Plan de la salle du Théâtre Récamier pour la représentation de *Oh les beaux jours* du 9 février 1970
Fonds Renaud-Barrault /
Bibliothèque nationale de France, Paris

Berenice Abbott
James Joyce, vers 1926-1929
Épreuve gélatino-argentique
34,5 × 26,3 cm
Centre Pompidou,
Musée national d'art moderne, Paris
Achat, 1982

Anonyme
Les acteurs de *En attendant Godot* avec Samuel Beckett au Théâtre Hébertot, 1959
Photographie NB
© Agence de presse Bernand
Fonds Roger Blin / IMEC,
Saint-Germain-la-Blanche-Herbe

Anonyme
Alfred Péron à Primel-Trégastel, 21 août 1931
Photographie NB
Collection Alexis Alfred Péron, Chatou

Anonyme
Alfred Péron et sa femme Mania, vers 1937
Photographie NB
Collection Alexis Alfred Péron, Chatou

Anonyme
Beckett devant sa maison d'Ussy-sur-Marne, hiver 1962
Photo Dartmouth College Library

Anonyme
Beckett et le groupe de volontaires de l'hôpital de la Croix-Rouge irlandaise à Saint-Lô, 1945
Photo Dartmouth College Library

Anonyme
Le «Déjeuner Ulysse», 27 juin 1929
Photographie NB
Fonds Adrienne Monnier / IMEC,
Saint-Germain-la-Blanche-Herbe

Anonyme
École normale supérieure de la rue d'Ulm, promotions 1929 et 1930
Photographie NB
Bibliothèque de l'École normale supérieure, Paris

Anonyme
En attendant Godot, mise en scène de Roger Blin au Théâtre de Babylone, 1953
Photographie NB
© Agence de presse Bernand
Fonds Roger Blin / IMEC,
Saint-Germain-la-Blanche-Herbe

Anonyme
En attendant Godot, mise en scène de Roger Blin au Théâtre de Babylone, 1953
Photographie NB
© Lipnitzki
Fonds Roger Blin / IMEC,
Saint-Germain-la-Blanche-Herbe

Anonyme
Henri Hayden dans son atelier, S.D.
Photographies NB
Collection particulière

Anonyme
Irish Cricket Season Opens, 1922
Match Dublin University *vs* RHMS, College Park
NB, muet
Extrait: 1'
© British Pathe

Anonyme
London Views 1930 et *London Scenes*, vers 1930
Montage d'archives, NB, muet
Extrait: 1'
Droits Collection British Movietone
Distribution L'Atelier des Archives, Paris

Anonyme [106]
May Beckett, la mère de Samuel Beckett, devant une fenêtre de Cooldrinagh, vers 1920
Photo The Estate of Samuel Beckett

Anonyme
Peggy Sinclair, vers 1930
Photographie NB
Collection Morris Sinclair, Suisse

Anonyme
Portrait de la famille Beckett, 1896
Photo The Estate of Samuel Beckett

Anonyme
Portrait de la famille Roe, vers 1910
Photo The Estate of Samuel Beckett

Anonyme
Ruines de la ville de Saint-Lô, juillet 1944
Images d'archives, NB, muet, 5'
© Mémorial de Caen / Nara

Anonyme
Samuel Beckett, vers 1930
Photo The Estate of Samuel Beckett

Anonyme
Samuel Beckett, vers 1950
Photo Rue des Archives

Anonyme
Samuel Beckett à Venise, 1927
Photo The Estate of Samuel Beckett

Anonyme [106]
Samuel Beckett étudiant, fin des années 1920
Photo The Estate of Samuel Beckett

Anonyme
Suzanne Dumesnil, vers 1929
Photographie NB
Collection particulière

Anonyme
Suzanne Dumesnil, vers 1929
Photographie NB
Collection particulière

Anonyme [106]
William Beckett, le père de Samuel Beckett, vers 1922
Photo The Estate of Samuel Beckett

Avigdor Arikha
Samuel Beckett, 1970
Eau-forte sur papier Arches
23,7 × 17,8 cm
Centre Pompidou,
Musée national d'art moderne, Paris
Don de l'artiste à l'État, attribution, 1977

Avigdor Arikha
Samuel Beckett assis au cigare, 1970
Pinceau et encre sumi sur papier toilé
35 × 27 cm
Centre Pompidou,
Musée national d'art moderne, Paris
Don de l'artiste à l'État, attribution, 1977

Avigdor Arikha
Samuel Beckett assis de profil, 1972
Eau-forte sur papier Japon
20,8 × 10,4 cm
Centre Pompidou,
Musée national d'art moderne, Paris
Don de l'artiste à l'État, attribution, 1977

Avigdor Arikha
Samuel Beckett au verre de vin, 1970
Eau-forte, aquatinte sur papier Japon
23,8 × 29,8 cm
Centre Pompidou,
Musée national d'art moderne, Paris
Don de l'artiste à l'État, attribution, 1977

Jerry Bauer [75]
Samuel Beckett, Paris, 1962
Photo Jerry Bauer

Samuel Beckett
Abandoned Play, 1958
Cahier manuscrit autographe
The Board of Trinity College Dublin

Samuel Beckett
Assez
Paris, Les Éditions de Minuit, 1966
Exemplaire dédicacé
Édition originale H.-C. IV
Fonds Alain Robbe-Grillet / IMEC,
Saint-Germain-la-Blanche-Herbe

Samuel Beckett
Berceuse, suivi de *Impromptu d'Ohio*
Paris, Les Éditions de Minuit, 1982
Exemplaire dédicacé
Édition originale H.-C. Registres de l'éditeur nº 1722
Fonds Alain Robbe-Grillet / IMEC,
Saint-Germain-la-Blanche-Herbe

Samuel Beckett
Bing
Paris, Les Éditions de Minuit, 1967
Exemplaire dédicacé
Édition originale H.-C. IV
Fonds Alain Robbe-Grillet / IMEC,
Saint-Germain-la-Blanche-Herbe

Samuel Beckett [94]
Cahier Dante, notes de lecture, ca. 1926
Manuscrit autographe
The Board of Trinity College Dublin

Samuel Beckett
Cap au pire
Traduit de l'anglais par Édith Fournier
Paris, Les Éditions de Minuit, 1991
Collection particulière

Samuel Beckett
Carte manuscrite à Roger Blin, 2 août 1952
Fonds Roger Blin / IMEC,
Saint-Germain-la-Blanche-Herbe

Samuel Beckett
Carte postale à Jacoba Van Velde, 15 mai 1946
Bibliothèque nationale de France, Paris

Samuel Beckett
Cette fois
Paris, Les Éditions de Minuit, 1978
Exemplaire dédicacé
Édition originale H.-C.
Fonds Alain Robbe-Grillet / IMEC,
Saint-Germain-la-Blanche-Herbe

Samuel Beckett
Comédie
Les Lettres nouvelles, juin-août 1964
Fonds Samuel Beckett / IMEC,
Saint-Germain-la-Blanche-Herbe

Samuel Beckett
Comédie et actes divers
Paris, Les Éditions de Minuit, 1966
Édition originale H.-C. IV
Fonds Alain Robbe-Grillet / IMEC,
Saint-Germain-la-Blanche-Herbe

Samuel Beckett
Comment c'est
Paris, Les Éditions de Minuit, 1961
Édition originale H.-C. V
Fonds Alain Robbe-Grillet / IMEC,
Saint-Germain-la-Blanche-Herbe

Samuel Beckett
Comment c'est
Paris, Les Éditions de Minuit, 1961
Exemplaire dédicacé
Édition originale
Fonds Alain Robbe-Grillet / IMEC,
Saint-Germain-la-Blanche-Herbe

Samuel Beckett
«Dante and the Lobster»
This Quarter, vol. 5, 1932
Harry Ransom Center,
The University of Texas at Austin

Samuel Beckett
«Dante ... Bruno . Vico .. Joyce»
Dans *Our Exagmination Round his Factification for Incamination of Work in Progress*
Paris, Shakespeare and Co., Sylvia Beach, 1929
Ouvrage collectif
Bibliothèque nationale de France, Paris

Samuel Beckett
«Dante ... Bruno . Vico .. Joyce»
Dans *Our Exagmination Round his Factification for Incamination of Work in Progress*
Paris, Shakespeare and Co., Sylvia Beach, 1929
Ouvrage collectif
Harry Ransom Center,
The University of Texas at Austin

Samuel Beckett
Le Dépeupleur
Paris, Les Éditions de Minuit, 1971
Collection particulière

Samuel Beckett
La Dernière Bande, suivi de *Cendres*
Paris, Les Éditions de Minuit, 1959
Édition originale H.-C. V
Fonds Alain Robbe-Grillet / IMEC,
Saint-Germain-la-Blanche-Herbe

Samuel Beckett
D'un ouvrage abandonné
Paris, Les Éditions de Minuit, 1967
Exemplaire dédicacé
Édition originale H.-C. IV
Fonds Alain Robbe-Grillet / IMEC,
Saint-Germain-la-Blanche-Herbe

Samuel Beckett
Echo's Bones and Other Precipitates
[*Les Os d'Écho et autres précipités*]
Paris, Europa Press, 1935
Harry Ransom Center,
The University of Texas at Austin

Samuel Beckett
Echo's Bones and Other Precipitates
Exemplaire sur papier alpha,
signé par Samuel Beckett sur la page de titre
Paris, Europa Press, 1935
Harry Ransom Center,
The University of Texas at Austin

Samuel Beckett
En attendant Godot
Paris, Les Éditions de Minuit, 1952
Collection particulière

Samuel Beckett
«L'expulsé»
Fontaine, t. X, nº 57, décembre 1946-janvier 1947
Bibliothèque des revues / IMEC,
Saint-Germain-la-Blanche-Herbe

Samuel Beckett
Imagination morte imaginez
Paris, Les Éditions de Minuit, 1965
Exemplaire dédicacé
Édition originale H.-C. IV
Fonds Alain Robbe-Grillet / IMEC,
Saint-Germain-la-Blanche-Herbe

Samuel Beckett
L'Innommable
Paris, Les Éditions de Minuit, 1953
Collection particulière

Samuel Beckett
«Jean du Chas»
Dactylogramme annoté par Samuel Beckett, 1930
Beckett International Foundation
at University of Reading

Samuel Beckett
Lettre à Jacoba Van Velde, 15 octobre 1946
Bibliothèque nationale de France, Paris

Samuel Beckett
Lettre à Jacoba Van Velde, 12 avril 1958
Bibliothèque nationale de France, Paris

Samuel Beckett
Lettre à Jacoba Van Velde, 16 mai 1959
Bibliothèque nationale de France, Paris

Samuel Beckett
Lettre à Jacoba Van Velde, 14 janvier 1960
Bibliothèque nationale de France, Paris

Samuel Beckett
Lettre à Thomas McGreevy, 29 janvier 1935
The Board of Trinity College Dublin

Samuel Beckett
Lettre dactylographiée à Roger Blin, 19 décembre 1950
Fonds Roger Blin / IMEC,
Saint-Germain-la-Blanche-Herbe

Samuel Beckett [101]
Lettre dactylographiée à Roger Blin, 9 janvier 1953
Fonds Roger Blin / IMEC,
Saint-Germain-la-Blanche-Herbe

Samuel Beckett
Lettre manuscrite à Jacoba Van Velde, 30 juin 1946
Bibliothèque nationale de France, Paris

Samuel Beckett
Lettre manuscrite à Jacoba Van Velde, 19 février 1952
Bibliothèque nationale de France, Paris

Samuel Beckett
Lettre manuscrite à Roger Blin, 3 avril 1968
Fonds Roger Blin / IMEC,
Saint-Germain-la-Blanche-Herbe

Samuel Beckett
«Long Observation of the Ray», 1976
Page manuscrite autographe
Beckett International Foundation
at University of Reading

Samuel Beckett
«Mahood»
La Nouvelle Revue française, 1re année, nº 2, février 1953
Fonds Samuel Beckett / Imec,
Saint-Germain-la-Blanche-Herbe

Samuel Beckett
Mal vu mal dit, 1981
Cahier manuscrit autographe
Beckett International Foundation
at University of Reading

Samuel Beckett
Mal vu mal dit
Paris, Les Éditions de Minuit, 1981
Collection particulière

Samuel Beckett
Malone meurt
Paris, Les Éditions de Minuit, 1951
Harry Ransom Center,
The University of Texas at Austin

Samuel Beckett
«Malone s'en conte»
84. Nouvelle revue littéraire, nº 16, décembre 1950
Bibliothèque des Revues / Imec,
Saint-Germain-la-Blanche-Herbe

Samuel Beckett 92-93
«Memo Book», 1936
Carnet du voyage en Allemagne
The Estate of Samuel Beckett

Samuel Beckett
Mercier et Camier
Paris, Les Éditions de Minuit, 1970
Collection particulière

Samuel Beckett
Molloy
Paris, Les Éditions de Minuit, 1951
Collection particulière

Samuel Beckett
More Pricks Than Kicks [*Bande et sarabande*]
Londres, Chatto and Windus, 1934
Harry Ransom Center,
The University of Texas at Austin

Samuel Beckett
More Pricks Than Kicks
Londres, Calder and Boyars, 1966
Harry Ransom Center,
The University of Texas at Austin

Samuel Beckett
Murphy
Londres, George Routledge and Sons, 1938
Harry Ransom Center,
The University of Texas at Austin

Samuel Beckett
Murphy
Paris, Bordas, 1947
Harry Ransom Center,
The University of Texas at Austin

Samuel Beckett
Murphy
Paris, Bordas, 1947
Jaquette des Éditions de Minuit
Harry Ransom Center,
The University of Texas at Austin

Samuel Beckett
Oh les beaux jours
Paris, Les Éditions de Minuit, 1963
Édition originale H.-C. V
Fonds Alain Robbe-Grillet / Imec,
Saint-Germain-la-Blanche-Herbe

Samuel Beckett
Oh les beaux jours
Paris, Les Éditions de Minuit, 1963
Exemplaire dédicacé, annoté par Roger Blin
Fonds Roger Blin / Imec,
Saint-Germain-la-Blanche-Herbe

Samuel Beckett
Oh les beaux jours
Paris, Les Éditions de Minuit, 1963
Exemplaire dédicacé à Madeleine Renaud
et annoté par J.-L. Barrault
Bibliothèque nationale de France, Paris

Samuel Beckett
Pas
Paris, Les Éditions de Minuit, 1977
Exemplaire dédicacé
Édition originale H.-C. IV
Fonds Alain Robbe-Grillet / Imec,
Saint-Germain-la-Blanche-Herbe

Samuel Beckett
«Petit Odéon Théâtre», 1967
Cahier manuscrit autographe
Beckett International Foundation
at University of Reading

Samuel Beckett
Poèmes
Paris, Les Éditions de Minuit, 1968
Exemplaire dédicacé
Édition originale H.-C. IV
Fonds Alain Robbe-Grillet / Imec,
Saint-Germain-la-Blanche-Herbe

Samuel Beckett
«Poèmes 38-39»
Les Temps modernes, nº 14, novembre 1946
Bibliothèque des revues / Imec,
Saint-Germain-la-Blanche-Herbe

Samuel Beckett
Poèmes, suivi de *Mirlitonnades*
Paris, Les Éditions de Minuit, 1978
Exemplaire dédicacé
Édition originale H.-C. IV
Fonds Alain Robbe-Grillet / Imec,
Saint-Germain-la-Blanche-Herbe

Samuel Beckett 95
Trois *poem cards*, années 1970
Poèmes manuscrits sur cartes
Collection Barbara Bray
The Board of Trinity College Dublin

Samuel Beckett
Pour finir encore et autres foirades
Paris, Les Éditions de Minuit, 1976
Collection particulière

Samuel Beckett
Premier amour
Paris, Les Éditions de Minuit, 1970
Collection particulière

Samuel Beckett
Proust
Londres, Chatto and Windus,
coll. «Dolphin Press», 1931
Collection Alexis Alfred Péron, Chatou

Samuel Beckett
Sans
Paris, Les Éditions de Minuit, 1969
Exemplaire dédicacé
Édition originale H.-C. IV
Fonds Alain Robbe-Grillet / Imec,
Saint-Germain-la-Blanche-Herbe

Samuel Beckett
Soubresauts
Paris, Les Éditions de Minuit, 1989
Collection particulière

Samuel Beckett
«Suite»
Les Temps modernes, nº 10, juillet 1946
Bibliothèque des revues / Imec,
Saint-Germain-la-Blanche-Herbe

Samuel Beckett
Télégramme à Madeleine Renaud,
24 août 1971
Fonds Renaud-Barrault /
Bibliothèque nationale de France, Paris

Samuel Beckett
«Textes pour rien», 1958
Traduction de l'anglais par l'auteur
Dactylogramme
The Board of Trinity College Dublin

Samuel Beckett
«Three Poems»
Transition Forty-Eight, 2, 1948
Collection Alexis Alfred Péron, Chatou

Samuel Beckett
«Trois dialogues»
Transition Forty-Nine, 5
Collection Alexis Alfred Péron, Chatou

Samuel Beckett
«Trois textes pour rien»
Les Lettres nouvelles, nº 3, mai 1953
Fonds Samuel Beckett / Imec,
Saint-Germain-la-Blanche-Herbe

Samuel Beckett
«Two Fragments»
Transition Fifty, 6
Collection Alexis Alfred Péron, Chatou

Samuel Beckett
Watt
Paris, The Olympia Press, 1953
Collection Alexis Alfred Péron, Chatou

Samuel Beckett
Watt
Paris, The Olympia Press, 1953
Harry Ransom Center,
The University of Texas at Austin

Samuel Beckett
Watt
Traduction par Agnès et Ludovic Janvier,
en collaboration avec l'auteur
Paris, Les Éditions de Minuit, 1968
Exemplaire dédicacé
Édition originale H.-C. IV
Fonds Alain Robbe-Grillet / Imec,
Saint-Germain-la-Blanche-Herbe

Samuel Beckett 90
Whoroscope, 1930
Manuscrit autographe
Harry Ransom Center,
The University of Texas at Austin

Samuel Beckett
Whoroscope
Paris, The Hours Press, 1930
Collection Alexis Alfred Péron, Chatou

Samuel Beckett
Whoroscope
Paris, The Hours Press, 1930
Bibliothèque nationale de France, Paris

Dominique Belloir
L'Érable et le Houx (Samuel Beckett à Ussy), 2007
Vidéo couleur, 12'
Images : Ivan Verbizh
Collection de l'artiste, Paris

Roger Blin
Dessins au crayon, s.d.
Travail préparatoire pour *En attendant Godot*
Fonds Roger Blin / Imec,
Saint-Germain-la-Blanche-Herbe

Roger Blin
Lettre manuscrite à Madeleine Renaud,
27 septembre 1963
Fonds Renaud-Barrault /
Bibliothèque nationale de France, Paris

Pascale Bouhénic 32-33
How Far Is the Sky?, 2006-2007
Dispositif vidéo, 60'
Entretiens: Pascale Bouhénic
Avec les interventions de (dans l'ordre d'apparition):
Jude Stéfan, Jean-Philippe Toussaint, Pierre Zaoui,
Werner Spies, Jean Martin, Philippe Beck,
Pierre Pachet, Françoise Gorog, Tom Bishop,
John Calder, Raymond Federman,
Hermine Karagheuz, Geneviève Asse, Jean Echenoz
Producteur: IMEC – Alain Desmeulles
Chargée de production exécutive: Murielle dos Santos
Moyens techniques: Service audiovisuel
du Centre Pompidou
Chef opérateur/montage et conformation:
Christian Bahier
Enregistrement/montage son et mixage: Nicolas Joly
Graphiste textes: Bernard Levêque
Commande de l'IMEC, coproduction
Centre Pompidou

Bruce Davidson
Samuel Beckett, New York, 1964
Photo Magnum

David Davison 111
Cooldrinagh, la maison d'enfance
de Samuel Beckett à Foxrock
Photo David Davison

David Davison 111
La Portora Royal School, Enniskillen
Photo David Davison

Jean Demélier 97, BIBLE
Sam au Dôme, *le 8 avril 1968*
Encre de Chine sur papier
21 × 15 cm
Collection Jean Demélier, Paris

Suzanne Dumesnil
«F-»
Transition Forty-Eight, 4, 1948
Collection Alexis Alfred Péron, Chatou

Suzanne Dumesnil
Pédagogie moderne.
Premiers contacts de l'enfant et de la musique
Paris, Henry Lemoine & C., 1935
Collection Anne-Marie Colombard, Paris

Paul Eluard
Thorns of Thunder
Choix de poèmes traduits du français
par Samuel Beckett
Londres, Europa Press and Stanley Nott, 1936
Harry Ransom Center,
The University of Texas at Austin

Max-Pol Fouchet
Lettre dactylographiée à Charles Gervais,
23 octobre 1949
Fonds Max-Pol Fouchet/IMEC,
Saint-Germain-la-Blanche-Herbe

Gisèle Freund
Adrienne Monnier dans la librairie, 1938
Épreuve gélatino-argentique
Fonds Adrienne Monnier/IMEC,
Saint-Germain-la-Blanche-Herbe

Gisèle Freund
La Maison des amis des livres. Le coin des portraits.
Sylvia Beach et Adrienne Monnier, 1938
Épreuve gélatino-argentique
Fonds Adrienne Monnier/IMEC,
Saint-Germain-la-Blanche-Herbe

Gisèle Freund 63
Samuel Beckett, Paris, 1964
Épreuve gélatino-argentique
40 × 30 cm
Centre Pompidou,
Musée national d'art moderne, Paris
Donation de l'artiste, 1992
Œuvre non exposée

N. Geiger
Lettre à Roger Blin dactylographiée sur papier
à en-tête du ministère de l'Éducation nationale/Bureau
des spectacles, décembre 1952
Fonds Renaud-Barrault/
Bibliothèque nationale de France, Paris

Georges Godot
Carte de visite adressée à Samuel Beckett, 1969
Fonds Roger Blin/IMEC,
Saint-Germain-la-Blanche-Herbe

Peggy Guggenheim
Photo de groupe avec Samuel Beckett, 1938
De gauche à droite: sa fille Peggeen, Georges Reavy,
Geer Van Velde, Gwynned Reavy, Samuel Beckett, Lisl
Van Velde
Photographie NB
Harry Ransom Center,
The University of Texas at Austin

Henri Hayden
Les Langues rouges, 1961
Huile sur toile
73 × 100 cm
Collection particulière

Henri Hayden
Les Monts moyens, 1969
Huile sur toile
73 × 100 cm
Collection particulière

Henri Hayden
Roussillon d'Apt, 1944
Huile sur toile
60 × 73 cm
Collection particulière

Henri Hayden 23
Les Sillons rouges, 1960
Huile sur toile
73 × 100 cm
Collection particulière

Étienne Hubert
Samuel Beckett, Paris, 1966
Photo Étienne Hubert

Jean-Olivier Hucleux 61
Samuel Beckett. D'après une photographie
de Gisèle Freund, 1987
Mine de plomb sur papier
214 × 150 cm
Collection Isabelle Sobelman, Paris

Johannes Itten
Flyer de *En attendant Godot*, 1953
Beckett International Foundation
at University of Reading

Dmitri Kasterine 73
Samuel Beckett, Londres, 1963
Photo Dmitri Kasterine

Le Campion 108
Samuel Beckett dans une chambre d'hôtel
avant de recevoir son prix Nobel, Tunisie,
octobre 1969
Photo Sipa

Man Ray
Nancy Cunard, 1920
Négatif support plaque de verre
17,7 × 12,8 cm
Tirage d'exposition réalisé en 2003 par Jean-Luc Piété
Centre Pompidou,
Musée national d'art moderne, Paris
Don de Lucien Treillard, 1995

Man Ray
Sans titre, 1924
Portrait de Peggy Guggenheim
Épreuve gélatino-argentique
10,8 × 8 cm
Centre Pompidou,
Musée national d'art moderne, Paris
Dation, 1994

Louis Monnier
Jérôme Lindon et Samuel Beckett, ca. 1980
Photo Gamma

Bernard Morlino 77
Samuel Beckett au Colombarium
du cimetière du Père-Lachaise devant les cendres
de son ami Roger Blin, le 27 janvier 1984
Photo Bernard Morlino

Lüfti Özkök 70-71
Samuel Beckett, Paris, 1960
Photo Sipa

Lüfti Özkök
Samuel Beckett, Paris, 1961
Photo Sipa

Lüfti Özkök
Samuel Beckett, Paris, 1966
Photo Sipa

I. C. Rapoport
Samuel Beckett, New York, 1965
Photo I. C. Rapoport

Thomas Rudmose-Brown
French Literary Studies
Dublin, The Talbot Press, 1917
Bibliothèque nationale de France, Paris

Jean Salerno
Cahier de régie pour *Comédie et Va-et-vient*, 1966
Fonds Renaud-Barrault/
Bibliothèque nationale de France, Paris

Greta Schiller
Paris Was a Woman, 1995
Film 16 mm, couleur, sonore, 75'
Extrait: 1'
Courtesy Greta Schiller
© Jezebel Productions

Marc Trivier
Samuel Beckett, Paris, 1983
Photo Marc Trivier

Jack B. Yeats
A Morning, 1935-1936
Huile sur toile
23 × 36 cm
National Gallery of Ireland, Dublin

Jack B. Yeats
Regatta Evening, 1945
Huile sur toile
23 × 35,5 cm
Collection particulière

4 SCÈNES

**«Maximum de simplicité et de symétrie.
Lumière aveuglante.»**

Cabas et accessoires de Madeleine Renaud
dans le rôle de Winnie dans *Oh les beaux jours*,
Odéon-Théâtre de France, 1963
Bibliothèque nationale de France, Paris

Intelligence Tests on Anthropoid Apes, Tenerife, 1914-1917
NB, muet
Extrait: 10'20"
Réalisation: Wolfgang Köhler
© IWF/Avec l'aimable autorisation des ayants droit
de Wolfgang Köhler

Interview de Catherine Sellers, 1983
Dans «Plaisir du théâtre»
Réalisation: Robert Valey et Armelle Heliot
Extrait: 4'
Production INA (Antenne 2)

Interviews de Roger Blin et de Geneviève Serreau, 1968
Dans «Soirée Beckett»
Réalisation: Pierre Bureau
Extrait: 7'57"
Production INA (ORTF)

Anonyme
Madeleine Renaud et Samuel Beckett pendant une répétition de *Va-et-vient*, Théâtre de l'Odéon, Paris, 1966
Photo Keystone

Anonyme 128
Samuel Beckett pendant une répétition de *En attendant Godot*, Schiller Theater, Berlin, 1965
Photo Deutsches Theatermuseum Munchen, Archiv Ilse Buhs

Anonyme
Samuel Beckett pendant une répétition de *En attendant Godot*, Schiller Theater, Berlin, 1975
Photo Deutsches Theatermuseum Munchen, Archiv Ilse Buhs / Jurgen Remmler

Samuel Beckett
Krapp's Last Tape [*La Dernière Bande*], 1969
Cahier manuscrit autographe
Notes pour sa mise en scène au Schiller Theater, Berlin
Beckett International Foundation at University of Reading

Samuel Beckett
La Dernière Bande [1983]
Avec François Simon
Réalisation: Marcel Bluwal
Couleur, sonore, 56'30''
Production INA (Antenne 2), 1983

Samuel Beckett
Krapp's Last Tape, 1999-2000
Film NB, VO anglaise, 42'
Avec Peter Shreve (Krapp)
Réalisation: Tom Skipp
© Estrella Sonora, Madrid
By permission of The Estate of Samuel Beckett and Tom Skipp

Samuel Beckett
Eleutheria, S.D.
Dactylographie avec mention «De la part d'Alain Trutat»
Fonds Roger Blin / IMEC, Saint-Germain-la-Blanche-Herbe

Samuel Beckett
Eleutheria I, 1947
Dactylogramme
Fonds Max-Pol Fouchet / IMEC, Saint-Germain-la-Blanche-Herbe

Samuel Beckett
En attendant Godot, octobre 1948-janvier 1949
Cahier manuscrit autographe
Bibliothèque nationale de France, Paris

Samuel Beckett
En attendant Godot, acte I (début), 1952
Avec Pierre Latour et Lucien Raimbourg
Document radiophonique
Extrait: 7'59''
Phonothèque INA

Samuel Beckett
Message de Beckett lu par Roger Blin à l'occasion de la première lecture à la radio de *En attendant Godot*, 1952
Dans «Entrée des auteurs»
Extrait: 1'42''
Phonothèque INA

Samuel Beckett
En attendant Godot, Théâtre de France Odéon, Paris, 1961
Mise en scène: Roger Blin
Compagnie Jean-Marie Serreau
Avec Étienne Bierry (Estragon), Lucien Raimbourg (Vladimir), Jean Martin (Lucky)
Dans «Page théâtre», NB, sonore
Extrait: 6'
Production INA (RTF), 1961

Samuel Beckett 100+CRISTAL
Notes pour la mise en scène de *Warten auf Godot* [*En attendant Godot*] au Schiller Theater, Berlin, mars 1975
Carnet manuscrit autographe
Beckett International Foundation at University of Reading

Samuel Beckett
Warten Auf Godot [*En attendant Godot*], Schiller Theater, Berlin, 1975
Mise en scène: Samuel Beckett
Avec Horst Bollmann (Estragon), Stefan Wigger (Vladimir), Klaus Herm (Lucky) et Carl Raddats (Pozzo)
Traduction: Elmar Tophoven
Réalisation: Walter D. Asmus
NB, sonore
Extrait: 5'
© ZDF
Avec l'aimable autorisation de S. Fischer Verlag GmbH

Samuel Beckett
En attendant Godot, Théâtre de l'Odéon, Paris, 1978
Mise en scène: Roger Blin
Avec Jean-Paul Roussillon (Estragon), Michel Aumont (Vladimir), François Chaumette (Pozzo) et Georges Riquier (Lucky)
Décors: Matias
Réalisation: Georges Bensoussan
Dans «Le Petit théâtre du dimanche», couleur, sonore
Extrait: 6'
Production INA

Samuel Beckett
En attendant Godot, Festival d'Avignon (cour d'Honneur du Palais des Papes), 1979
Mise en scène: Otomar Krejca
Avec Michel Bouquet (Pozzo), Georges Wilson (Vladimir) et Rufus (Estragon)
Décors: Otomar Krejca et Yves Cassagne
Couleur, sonore
Extrait: 4'
Production INA (TF1), 1980

Samuel Beckett
Fin de partie, 1967
Cahier manuscrit autographe
Notes pour sa mise en scène au Schiller Theater, Berlin
Beckett International Foundation at University of Reading

Samuel Beckett
Fin de partie, 1968
Mise en scène: Roger Blin
Avec Roger Blin, Jean Martin, Germaine de France et Georges Adet
Dans «Page théâtre 1968»
Extrait: 6'20''
Production INA (ORTF)

Samuel Beckett
Endspiel [*Fin de partie*], Schiller Theater, Berlin, 1968
Mise en scène et réalisation: Samuel Beckett
Avec Werner Stock, Gudrun Genest, Ernst Schröder, Horst Bollmann
NB, sonore, 88'
Extrait: 4'11''
© NDR / By permission of S. Fischer Verlag GmbH

Samuel Beckett
Footfalls [*Pas*], 1988
Mise en scène: Samuel Beckett
Avec Billie Whitelaw (May), voix: Christine Collins
Réalisation: Walter Asmus
NB, sonore, VO sous-titrée, 31'
© Digital Classics
By permission of The Estate of Samuel Beckett

Samuel Beckett
Happy Days [*Oh les beaux jours*], 1956
Manuscrit autographe
Beckett International Foundation at University of Reading

Samuel Beckett
Oh les beaux jours, 1971
Mise en scène: Roger Blin
Avec Madeleine Renaud et Régis Outin
Réalisation: Jean-Paul Roux
Couleur, sonore, 90'
Production INA (ORTF)

Samuel Beckett
Happy Days, Royal Court Theater, Londres, 1979
Mise en scène: Samuel Beckett
Avec Billie Whitelaw et Leonard Fenton
Réalisation: Tristram Powell
Sonore, 96'
Extraits: 2'10'' et 4'20''
Production BBC
© BBC Motion Gallery
By permission of The Estate of Samuel Beckett

Samuel Beckett
Play [*Comédie*], 2001
Film cinématographique, 16 / 9, couleur, sonore, 16'
Réalisation: Anthony Minghella
Avec Alain Rickman, Kristin Scott-Thomas et Juliet Stephenson
Production Michael Colgan & Alan Moloney; Blue Angel Films / Tyrone Productions for Radio Telefis Eireann & Channel 4 in association with Bord Scannán na Éireann
By permission of The Estate of Samuel Beckett

Samuel Beckett
Rockaby [*Berceuse*], 1989
Mise en scène: Samuel Beckett
Avec Billie Whitelaw
Réalisation: Walter Asmus
NB, VO sous-titrée, 14'
© Digital Classics
By permission of The Estate of Samuel Beckett

Charlie Chaplin
Scène coupée de *City Lights* [*Les Lumières de la ville*], 1928-1931
NB, muet, 7'04''
Avec Charlie Chaplin
© Roy Export Company Establishment

Charlie Chaplin
Work [*Charlot apprenti*], 1915
Film burlesque, NB, muet, 28'
Extrait: 2'40''
Avec Charlie Chaplin et Edna Purviance
Production Essanay-General Film Co.
Collection Lobster Films

Jérôme Combier
Noir gris, 2007
Installation sonore et visuelle autour de *Impromptu d'Ohio* de Samuel Beckett, 16'
Musique: Jérôme Combier, *Noir gris pour trio à cordes*, commande du Centre Pompidou
Création vidéo: Pierre Nouvel
Musiciens: Hae-Sun Kang, Odile Auboin, Éric Maria-Couturier de l'Ensemble intercontemporain
Lecteur: Grégoire Oestermann
Enregistrement et mixage: Sébastien Naves, Ircam
Coproduction Ircam / Centre Pompidou
Version concert donnée le 29 mars 2007 au Centre Pompidou dans une mise en scène de Joël Jouanneau avec les acteurs Jean-Claude Leguay et Grégoire Oestermann.

Giovanni Coruzzi
Samuel Beckett pendant une répétition de *Oh les beaux jours*, Odéon-Théâtre de France, 1963
Photo Giovanni Coruzzi

Bruce Davidson 65
Samuel Beckett pendant une répétition de *En attendant Godot*, New York, 1964
Photo Bruce Davidson

Suzanne Dumesnil
Lettre à Max-Pol Fouchet, 15 novembre 1949
Fonds Max-Pol Fouchet / IMEC, Saint-Germain-la-Blanche-Herbe

Suzanne Dumesnil
Notes manuscrites, recherches d'un éditeur pour Samuel Beckett, 1949
Fonds Max-Pol Fouchet / IMEC, Saint-Germain-la-Blanche-Herbe

Foottit et Chocolat
«Acrobates sur la chaise» et «Chaise en bascule», 1897
NB, muet, opérateur inconnu, 1'49''
© Association Frères Lumière

Alberto Giacometti 79+CRISTAL
Homme et arbre, vers 1952
Crayons de couleur sur papier
35,5 × 26,5 cm
Fondation Alberto et Annette Giacometti, Paris

John Haynes
Samuel Beckett et Billie Whitelaw pendant une répétition de *Footfalls* [*Pas*], Royal Court Theater, Londres, 1979
Photo John Haynes

Hugo Jehle 105
Samuel Beckett pendant le tournage de *Quad*, Süddeutscher Rundfunk, Stuttgart, 1981
Photo Südwestrundfunk, Stuttgart

Buster Keaton
Go West, 1925
Film cinématographique NB, muet, 70′
Extrait: 2′49″
Avec Buster Keaton
Footage – Courtesy the Douris Corporation

Ralph Koltai
Maquette pour *Endgame*, 1964
53 × 88 × 57 cm
Beckett International Foundation at University of Reading

Matias
Maquette pour *Oh les beaux jours*, 1963
Technique mixte
12 × 12 × 10,5 cm
Collection Jacques Crozet, Paris

John Minihan 104
Samuel Beckett pendant une répétition de *En attendant Godot*, Riverside Studios, Londres, 1984
Photo John Minihan

John Minihan
Samuel Beckett et Walter Asmus pendant une répétition de *En attendant Godot*, Riverside Studios, Londres, 1984
Photo John Minihan

Roger Pic
Madeleine Renaud, Samuel Beckett et Roger Blin pendant une répétition de *Oh les beaux jours*, Odéon Théâtre de France, 1963
Photo Bibliothèque nationale de France, Arts du spectacle

Roger Pic 102-103
Samuel Beckett pendant une répétition de *En attendant Godot*, 1961
Photo Bibliothèque nationale de France, Arts du spectacle

I. C. Rapoport 67
Samuel Beckett pendant le tournage de *Film*, New York, 1964
Photo I. C. Rapoport

Judit Reigl
A Beckett, 1995-1996
Technique mixte sur toile
225 × 225 cm
Fonds national d'art contemporain, ministère de la Culture et de la Communication, Paris

Bram Van Velde
Trois masques. Worpswede, 1922-1924
Aquarelle
49 × 70 cm
Collection particulière

Sabine Weiss
Samuel Beckett, Paris, 1960
Photo Sabine Weiss

5 ŒIL

«Il apparaîtra seulement à la fin du film que l'œil poursuivant est celui, non pas d'un quelconque tiers, mais du soi.»

Jean-Michel Alberola
La Vision de Samuel, 2006-2007
Lavis sur papier
120 × 80 cm
Collection de l'artiste

Martin Andrews
Maquette pour *The Lost Ones*, 2006
94 × 32 × 38 cm
Beckett International Foundation at University of Reading

Samuel Beckett
Film, 1963
Cahier manuscrit autographe
Beckett International Foundation at University of Reading

Samuel Beckett CRISTAL
Film, 1966
Film cinématographique 35 mm, NB, silencieux (un son), 30′
Scénario: Samuel Beckett
Avec Buster Keaton
Réalisation: Alan Schneider
Centre Pompidou, Musée national d'art moderne, Paris
Achat, 2005

Samuel Beckett
The Lost Ones [*Le Dépeupleur*], 1976
Mise en scène: Lee Breuer
Avec David Warrilow
Musique: Philip Glass
Captation, VHS, NB, sonore, 51′
By permission of Mabou Mines, New York and The Estate of Samuel Beckett

Stan Douglas
Vidéo, 2007
Installation vidéo, Betacam digital, couleur, sonore
Réalisation et montage: Stan Douglas
Production David Zwirner Gallery, New York
Production déléguée: Les Films d'ici
David Zwirner Gallery, New York

Robert Motherwell
In Beckett's Space n° 2, 1974
Acrylique et collage sur carton Upson
183 × 61 cm
Galerie Lelong, Paris

Richard Serra 29+CRISTAL
Double Ring II, 1972
Lithographie sur papier Curtis Rag
89,5 × 122,5 cm
Dépôt au Musée de Grenoble
Fonds national d'art contemporain, ministère de la Culture et de la Communication, Paris

Richard Serra 29+CRISTAL
Spoleto Circle, 1972
Lithographie sur papier Italia
89 × 130 cm
Dépôt au Musée de Grenoble
Fonds national d'art contemporain, ministère de la Culture et de la Communication, Paris

Tal Coat
Sans titre 1, 1981-1982
Aquarelle sur papier
18 × 28 cm
Centre Pompidou, Musée national d'art moderne, Paris
Acquisition de l'État, attribution, 1987

Tal Coat
Sans titre 2, 1981-1982
Aquarelle sur papier
18,5 × 23,5 cm
Centre Pompidou, Musée national d'art moderne, Paris
Acquisition de l'État, attribution, 1987

Tal Coat 37
Sans titre 3, 1981
Aquarelle sur papier
18,5 × 27,5 cm
Centre Pompidou, Musée national d'art moderne, Paris
Acquisition de l'État, attribution, 1987

Tal Coat 37
Sans titre 5, 1981-1982
Aquarelle sur papier
18,5 × 23,5 cm
Centre Pompidou, Musée national d'art moderne, Paris
Acquisition de l'État, attribution, 1987

6 CUBE

«Va donc pour la monotonie, c'est plus stimulant.»

Jean-Michel Alberola
Le Seul État de ses idées (Samuel), 2006-2007
Vitrine avec plâtre, silicone, néon
80 cm × 140 cm × 0,7 cm
Collection de l'artiste, Paris

Samuel Beckett 44
Arena Quad I+II, 1981
Pièce pour la télévision, vidéo, couleur, sonore, 15′
Centre Pompidou, Musée national d'art moderne, Paris
Achat, 2001
By permission of The Estate of Samuel Beckett

Samuel Beckett
Quad, sous-titré *Quadrat*, 1981
Notes manuscrites
Beckett International Foundation at University of Reading

Samuel Beckett
Watt, S.D.
Tapuscrit (copie carbone)
Harry Ransom Center, The University of Texas at Austin

Samuel Beckett 89
Watt, 1940-1945
Carnet manuscrit autographe IV
Harry Ransom Center, The University of Texas at Austin

Sol LeWitt
Geometric Figures and Color, 1979
Titre attribué: *Deux cercles*
Planche 3
Encres de Chine noire et rouge, crayons noir et bleu sur papier Bristol
37,1 × 58,5 cm
Centre Pompidou, Musée national d'art moderne, Paris
Don de Philippe et Denyse Durand-Ruel, 1990

Sol LeWitt
Geometric Figures and Color, 1979
Titre attribué: *Deux carrés*
Planche 4
Encres de Chine noire et rouge, crayons noir et bleu, sur papier Bristol
37 × 58,5 cm
Centre Pompidou, Musée national d'art moderne, Paris
Don de Philippe et Denyse Durand-Ruel, 1990

Sol LeWitt
Geometric Figures and Color, 1979
Titre attribué: *Deux triangles*
Planche 5
Encres de Chine noire et rouge, crayons noir et bleu sur papier Bristol
36,8 × 58, 5 cm
Centre Pompidou, Musée national d'art moderne, Paris
Don de Philippe et Denyse Durand-Ruel, 1990

Sol LeWitt
Geometric Figures and Color, 1979
Titre attribué : *Deux rectangles*
Planche 6
Encres de Chine noire et rouge,
crayons noir et bleu sur papier Bristol
37,1 × 58, 5 cm
Centre Pompidou,
Musée national d'art moderne, Paris
Don de Philippe et Denyse Durand-Ruel, 1990

Sol LeWitt 58-59+CRISTAL
Geometric Figures and Color, 1979
Titre attribué : *Deux trapèzes*
Planche 7
Encres de Chine noire et rouge,
crayons noir et bleu sur papier Bristol
36,9 × 58,5 cm
Centre Pompidou,
Musée national d'art moderne, Paris
Don de Philippe et Denyse Durand-Ruel, 1990

Sol LeWitt
Geometric Figures and Color, 1979
Titre attribué : *Deux parallélogrammes*
Planche 8
Encres de Chine noire et rouge,
crayons noir et bleu sur papier Bristol
36,9 × 58,5 cm
Centre Pompidou,
Musée national d'art moderne, Paris
Don de Philippe et Denyse Durand-Ruel, 1990

Sol LeWitt
Lines from the Center of Other Lines.
Lines from the Ends of, 1974
Encre de Chine sur traces au crayon sur papier, 1974
39,5 × 55,7 cm
Centre Pompidou,
Musée national d'art moderne, Paris
Achat, 1991

Bruce Nauman
Bouncing in the Corner 1 and 2 (Upside Down), 1968-1969
Vidéo, NB, sonore, 20'
Extrait : 10'
Centre Pompidou,
Musée national d'art moderne, Paris
Achat, 1985

Bruce Nauman 57
Floating Room. Room suspended from Ceiling..., 1972
Crayon sur papier
58 × 73 cm
Konrad Fischer Galerie, Düsseldorf

Bruce Nauman 42-43
Slow Angle Walk (Beckett's Walk), 1968
Vidéo, NB, sonore, 60'
Centre Pompidou,
Musée national d'art moderne, Paris
Achat, 1996

Bruce Nauman
Walking in an Exaggerated Manner
Around the Perimeter of a Square, 1967-1968
Film cinématographique 16 mm, NB, silencieux, 10'40''
Centre Pompidou,
Musée national d'art moderne, Paris
Achat, 1996

Sean Scully 19
Beckett, 2006
Huile sur toile
214 × 182 cm
Collection particulière

Sean Scully 21
Falling Wrong, 1985
Huile sur toile
243,8 × 274,3 cm
Collection particulière

7 BRAM

« La chose immobile dans le vide, voilà enfin la chose visible. »

Interview de Bram Van Velde, 1980
Dans « Fenêtre sur »
Extrait : 2'06''
Production INA (Antenne 2)

Anonyme
Au moulin de Jean Messagier à l'occasion de la visite
à l'exposition Bram Van Velde, à la Kunsthalle Berne,
(avec notamment Bram Van Velde, Samuel Beckett,
Michel Leyris, Jacques Putman), 1958
Photographie NB
Archives Jacques Putman, Paris

Samuel Beckett 80-87
Lettres à Bram et Marthe Van Velde, 10 juin 1940,
26 décembre 1948, 14 janvier 1949, 25 mars 1952,
24 juin 1952, 24 novembre 1954, 7 mars 1955
Archives Jacques Putman, Paris

Samuel Beckett
« Peintres de l'empêchement »
Derrière le miroir, n° 11-12, juin 1948
Collection particulière

Samuel Beckett
Pour Bram, 1975
Manuscrit autographe
Beckett International Foundation
at University of Reading

Samuel Beckett et Bram Van Velde
Texte pour rien, XIII
Paris, Yves Rivières Éditeur
et Les Éditions de Minuit, 1987
Avec 5 lithographies de Bram Van Velde
Galerie Catherine Putman, Paris

Bram Van Velde
Collection de cailloux ramassés par l'artiste
au cours de ses promenades
Françoise P., Paris

Bram Van Velde
Sans titre, 1936-1941
Gouache sur carton
125,8 × 75,8 cm
Centre Pompidou,
Musée national d'art moderne, Paris
Don de Samuel Beckett, 1982

Bram Van Velde
Sans titre, 1937
Huile sur toile
100,2 × 81,2 cm
Centre Pompidou,
Musée national d'art moderne, Paris
Don de Samuel Beckett, 1982

Bram Van Velde
Sans titre, 1977
Peinture sur papier
130 × 160 cm
Collection particulière

Bram Van Velde 27
Sans titre. Carouge, 1973
Aquarelle et gouache
74 × 87 cm
Collection particulière

Bram Van Velde
Sans titre. Carouge, 1975
Gouache et encre sur papier
130 × 95 cm
Collection particulière

Bram Van Velde 25
Sans titre. Grimaud, 1979
Gouache et encre sur papier
150 × 125 cm
Collection particulière

8 NOIR

« Que tout devienne noir, que tout devienne clair, que tout reste gris. »

Geneviève Asse
Étude I, 1995
Crayon et encre sur papier
39,5 × 30 cm
Centre Pompidou,
Musée national d'art moderne, Paris
Don de l'artiste, 2002

Geneviève Asse
Étude II, 1995
Crayon et encre sur papier
39,5 × 30 cm
Centre Pompidou,
Musée national d'art moderne, Paris
Don de l'artiste, 2002

Geneviève Asse
Étude III, 1995
Crayon et encre sur papier
39,5 × 30 cm
Centre Pompidou,
Musée national d'art moderne, Paris
Don de l'artiste, 2002

Geneviève Asse
Triptyque lumière, 1970-1971
Huile sur toile
130 × 292 cm
Centre Pompidou,
Musée national d'art moderne, Paris
Achat, 1979

Samuel Beckett
...but the clouds... [*...que nuages...*], 1977
Pièce pour la télévision, 16'
Mise en scène : Samuel Beckett
Avec Billie Whitelaw et Ronald Pickup
Réalisation : Donald McWhinnie
Production BBC et Reiner Moritz
Courtesy BBC Television
By permission of The Estate of Samuel Beckett,
of Royal Court Theater, Londres and comedians

Samuel Beckett
« Autre foirade, IV »
Dans *Pour finir encore et autres foirades*, Paris,
Les Éditions de Minuit, 1976, édition augmentée 1991,
nouvelle édition augmentée, 2001
Lu par Michael Lonsdale

Samuel Beckett
Bing
Paris, Les Éditions de Minuit, 1966
Lu par Michael Lonsdale

Samuel Beckett
« Closed Place »
Dans *For to End Yet Again*, Londres,
Calder and Boyars, 1976
Lu par Michael Lonsdale

Samuel Beckett
Carnet de notes pour l'adaptation télévisée
de *Ghost Trio*, S.D.
Beckett International Foundation
at University of Reading

Samuel Beckett 40-41
Ghost Trio [*Trio du fantôme*], 1977
Pièce pour la télévision, NB, 2'43''
Mise en scène : Samuel Beckett
Avec Billie Whitelaw, Ronald Pickup et Rupert Horder
Réalisation : Donald McWhinnie
Production BBC et Reiner Moritz
Courtesy BBC Television
By permission of The Estate of Samuel Beckett,
of Royal Court Theater, Londres and comedians

Samuel Beckett
Lessness [*Sans*]
Lecture par l'auteur, S.D.
Durée : 3'
Beckett International Foundation
at University of Reading

Samuel Beckett
Lessness
Londres, Calder and Boyars, 1970
Lu par Michael Lonsdale

Samuel Beckett 45
Nacht und Traüme, 1983
Pièce pour la télévision, NB, sonore, 11'
Avec Helfried Foron
Lied de Franz Schubert (*Nacht und Traüme*) interprété par Hermann Prey
Réalisation : Samuel Beckett
© SWR-Media GmbH, Stuttgart / By permission of Suhrkamp Verlag, Frankfurt am Main
Droits musique ℗ 1974 Philips, by permission of Universal music projects spéciaux

Samuel Beckett
Ping [*Bing*]
Dans *No's Knife*, Londres, Calder and Boyars, 1967, édition augmentée, 1975
Lu par Michael Lonsdale

Samuel Beckett
« Plafond », 1980
Dans *Pour finir encore et autres foirades*, Paris, Les Éditions de Minuit, 1991, édition augmentée, 2001
Lu par Michael Lonsdale

Samuel Beckett
Sans, 1969
Dans *Têtes-mortes*, Paris, Les Éditions de Minuit, 1972
Lu par Michael Lonsdale

Samuel Beckett
« Se voir », années 1960
Dans *Pour finir encore et autres foirades*, Paris, Les Éditions de Minuit, 1976, édition augmentée, 1991, nouvelle édition augmentée, 2001
Lu par Michael Lonsdale

Samuel Beckett 99
Notes pour l'adaptation télévisée de *Was Wo*, 1985
Manuscrit autographe
Beckett International Foundation
at University of Reading

Samuel Beckett
Was Wo, texte de la pièce (traduction par Elmar et Jonas Tophoven) annoté par l'auteur pour la version télévisée allemande, 1985
Beckett International Foundation
at University of Reading

Samuel Beckett 47
What Where [*Quoi où*], 1988
NB, 7'28''
Mise en scène : S. E. Gontarski
Avec Morgan Upton, Tom Luce, Dave Peichart et Richard Wagner
Réalisation : John Reilly
Production Melissa Shaw-Smith et John Reilly
© Global Village, New York / By permission of The Estate of Samuel Beckett

Samuel Beckett et Geneviève Asse
Abandonné
Paris, Georges Visat, imprimé le 27 juin 1972
Avec 12 gravures originales à la pointe sèche de Geneviève Asse
17,5 × 25,8 cm (chaque)
Collection de l'artiste, Paris

Samuel Beckett et Robert Ryman
Nohow on
New York, The Limited Editions Club, 1989
Livre relié avec six planches originales de Robert Ryman
31 × 23 cm (chaque)
Collection Jean Frémon, Paris

Bruce Nauman 46
Manipulating a Fluorescent Tube, 1968
Vidéo, NB, sonore, 60'
Centre Pompidou,
Musée national d'art moderne, Paris
Achat, 1996

Claudio Parmiggiani 112+CRISTAL
Silenzio, 1971
Crayon sur papier
41,6 × 29,7 cm
Collection de l'artiste, Italie

Robert Ryman 17
Chapter, 1981
Huile sur toile de lin, 4 attaches métalliques
223,5 × 213,5 cm
Centre Pompidou,
Musée national d'art moderne, Paris
Achat, 1982

Catalogue

Direction d'ouvrage
Marianne Alphant
Nathalie Léger
Chargée d'édition et coordination
Amarante Szidon
Fabrication
Jacky Pouplard
Recherches documentaires
Marion Gintzburger
Mona Tepeneag
avec la collaboration de
Murielle dos Santos
Hannah Jablonski
Traductions
Jean-François Allain
David Boratav
Jean Frémon
André Gabastou
Bernard Hœpffner
Photographies
Philippe Migeat
Jean-Claude Planchet
Assistantes de gestion
Isabelle Charles-Planchet
Danielle Malemanche

Direction des éditions

Directrice
Annie Pérez
Pôle éditorial
Françoise Marquet
Pôle commercial
Benoît Collier
Administration des éditions
Nicole Parmentier
Gestion des droits et des contrats
Claudine Guillon,
Matthias Battestini
Pôle administration des ventes
Josiane Peperty
Pôle internet
François Quéré
Communication
Évelyne Poret

Exposition

Commissaires
Marianne Alphant
Nathalie Léger
assistées de
Marion Gintzburger
avec la collaboration de
Pauline Le Jamtel
Chargée de production
Dominique Rault-Kalabane
assistée de
Mélissa Etave
avec la participation de
Julie Jego
Chargés de recherche
André Derval
Mona Tepeneag
Conseillers artistiques
Philippe-Alain Michaud
Christine Van Assche
Chargé de mission pour les relations internationales
Joël Girard
Scénographie
Nathalie Crinière
assistée de
Laura Thouvenin
Conception graphique
atelier barjini graphic context
Conception lumière
Marc Delamézière
Pierre Peyronnet
Design sonore
Gérard Chiron
Régie des œuvres
Axelle Moleur
avec la participation de
Viviane Faret

AUDIOVISUEL

Responsable artistique et technique
Gérard Chiron
Chargée de production et de recherche
Murielle dos Santos
Laboratoire vidéo
responsable
Didier Coudray
Chef opérateur-monteur
Christian Bahier
Prises de son/restauration son et mixage
Nicolas Joly
Graphiste
Bernard Levêque
Numérisation
Jacques-Yves Renaud
Jean-Pierre Six
Laboratoire photo
responsable
Guy Carrard
et Valérie Leconte
Administration/comptabilité
Viviane Jaminet
Clelia Maieroni
Exploitation/maintenance
responsable
Vahid Hamidi
et Éric Hagopian,
Patrick Gapenne,
Emmanuel Rodoreda
Magasin
Nazareth Hekimian,
Georges Parent

ATELIERS ET MOYENS TECHNIQUES

Régie d'espace
Pierre Paucton
Éclairage
Jacques Rodrigues
Atelier menuiserie
responsable
Philippe Delapierre
assisté de
Pascal Dumont
et Patrice Richard
Atelier peinture
responsable
Emmanuel Gentilhomme
assisté de
Lamri Bouaoune,
Moklos Farhat
et Dominique Gentilhomme
Atelier encadrement
Daniel Legué
assisté de
Tony Riga
et Lydia Serio
Montage des documents et installation des vitrines
James Caritey
Accrochage et installation
Michel Naït *et* Jean Marc Mertz

MUSÉE NATIONAL D'ART MODERNE – CENTRE DE CRÉATION INDUSTRIELLE

Prêts dépôts
responsable de cellule
Olga Makhroff
Cabinet d'art graphique
attachée de conservation
Laure de Buzon-Vallet
monteur encadreur
Gilles Pezzana
Cabinet de la photographie
attachée de conservation
Annick Graton
Service du cinéma expérimental
attachée de collection
Isabelle Daire
attachée de conservation
Isabelle Ribadeau-Dumas
régisseur
Alexis Constantin
Service des nouveaux médias
assistante de conservation
Florence Parot
attaché de conservation
Étienne Sandrin
Service de la restauration
adjointe au chef de service
Ingrid Novion
restauratrices d'œuvres d'art
Géraldine Guillaume-Chavannes,
Anne-Catherine Prud'hom Courtois
Service des collections
chef de projet
Stéphanie Fargier
Réserves
régisseur principal
Jacques Demay
Photothèque
responsable de cellule
Nécha Mamod
Bibliothèque Kandinsky
responsable de cellule
Agnès Leroux de Bretagne
restauratrice
Marie-Lorraine Vannier
documentaliste principale
Annalisa Rimmaudo

Département du développement culturel

Directeur
Bernard Stiegler
Administration
Josette Guilbert
Cinéma
Sylvie Pras
Forums de société
adjoint au directeur
Roger Rotmann
Institut de recherche et d'innovation
adjoint au directeur
Vincent Puig
Revues parlées
chef de service
Marianne Alphant
Spectacles vivants
chef de service
Serge Laurent
Vidéodanse
chef de projet
Michelle Bargues

Direction de la production

Directrice
Catherine Sentis-Maillac
Chef du service administration et finances
adjointe à la directrice
Delphine Reffait
Service des manifestations
chef de service
Martine Silie
adjointe
Nathalie Roussel
Service de la régie des œuvres
chef de service
Annie Boucher
adjointe
Marjolaine Beuzard
Service architecture et réalisations muséographiques
chef de service
Katia Lafitte
adjointe
Hélène Guinot
Service des ateliers et moyens techniques
chef de service
Jess Perez
régisseur d'intendance
Philippe Chagnon
Service audiovisuel
chef de service
Anne Baylac-Martres

Musée national d'art moderne – Centre de création industrielle

Directeur
Alfred Pacquement
Directrice adjointe
Isabelle Monod-Fontaine
Administratrice
Sylvie Perras
administratrice par intérim
Raphaele Bianchi
Cabinet d'art graphique
chef de service, conservatrice
Agnès de La Beaumelle
Cabinet de la photographie
chef de service, conservateur
Quentin Bajac
Service du cinéma expérimental
chef de service, conservateur
Philippe-Alain Michaud
Service des nouveaux médias
chef de service, conservatrice
Christine Van Assche
Service de la restauration
chef de service, restaurateur d'œuvres d'art
Jacques Hourrière
Bibliothèque Kandinsky
chef de service, conservateur
Didier Schulmann
Service des collections
chef de service
Catherine Duruel

Direction de l'action éducative et des publics

Directeur
Vincent Poussou
Service éducatif
chef de service
Véronique Hahn
chef de projet
Marc Archambault
Accueil du public
chef de service
et adjointe au directeur
Cléa Richon
Programmation jeune public
chef de service
Patrice Chazottes
Information du public
chef de service
Josée Chapelle
Relations avec le public
chef de service
Jocelyne Augier
adjointe
Aurélie Dablanc

Direction de la communication

Directrice
Roya Nasser
Adjoint à la directrice
Emmanuel Martinez
Pôle du développement et des partenariats
Florence Fontani
Pôle des relations publiques
Mustapha Bouhayati
Pôle presse
responsable
Emilia Stocchi
attachée de presse
Dorothée Mireux
chargée de communication
Coralie de Rochebouët
Pôle image
Christian Beneyton

Association pour le développement du Centre Pompidou

Chargée de mécénat
Anne-Gaële Duriez de Baecque

Direction des systèmes d'information

Directeur
Olivier Bielecki
Responsable postes de travail et expositions
Franck Mazé
Technicien micro-informatique
Raffaele Docimo

Remerciements

Notre plus vive reconnaissance s'adresse tout d'abord, pour sa confiance et son généreux soutien, à **Edward Beckett**.

Nous remercions tout particulièrement les artistes qui ont réalisé une œuvre à l'occasion de l'exposition:
Jean-Michel Alberola
Dominique Belloir
Pascale Bouhénic
Jérôme Combier
Stan Douglas
Alain Fleischer.

Nous remercions également **Michael Lonsdale** pour sa lecture enregistrée des textes de Samuel Beckett.

Que les artistes et les collectionneurs qui ont accepté de prêter leurs œuvres pour l'exposition trouvent ici l'expression de notre profonde gratitude:
Jean-Michel Alberola
Geneviève Asse
Dominique Belloir
Anne-Marie Colombard
Jacques Crozet
Jean Demélier
Marie-Anne Fouchet
Jean Frémon
Jean Martin
Claudio Parmiggiani
Giuseppe Penone
Alexis Alfred Péron
Françoise Porte
Catherine Putman
Sean Scully
Morris Sinclair
Isabelle Sobelman

Ainsi que tous ceux qui ont souhaité garder l'anonymat.

Nous remercions pour leur précieux concours et pour leurs prêts les musées, bibliothèques, institutions, fondations, galeries qui nous ont permis d'accomplir ce projet:
Allemagne
Kaiser Wilhem Museum Krefeld
Konrad Fisher Galerie, Düsseldorf
États-Unis
Dartmouth College Library, Hanover, New Hampshire
The Emory University, Atlanta
The Lily Library, Bloomington
The Harry Ransom Center, The University of Texas at Austin
University at Buffalo, New York
The Washington University Libraries, Saint-Louis
Sperone Westwater, New York
France
Bibliothèque nationale de France, Paris
École normale supérieure, Paris
Fondation Alberto et Annette Giacometti, Paris
Fonds national d'art contemporain, ministère de la Culture et de la Communication, Paris
Fonds régional d'art contemporain de Bourgogne, Dijon
Galerie Lelong, Paris
Galerie Catherine Putman, Paris
Institut national de l'audiovisuel (INA), Bry-sur-Marne
Institut Mémoires de l'édition contemporaine (IMEC), Saint-Germain-la-Blanche-Herbe
Musée national d'art moderne – Centre de création industrielle et Bibliothèque Kandinsky du Centre Pompidou, Paris
Musée de Grenoble, Grenoble
Irlande
The National Gallery of Ireland, Dublin
The Board of Trinity College, Dublin
Royaume-Uni
The Beckett International Foundation at University of Reading
The British Broadcasting Corporation (BBC), Londres
The National Gallery, Londres

Nous adressons toute notre gratitude à celles et ceux qui, à des titres divers, ont apporté aide et soutien à ce projet:
Claude Allemand-Cosneau
Babette Angelaeas (Deutsches Theatermuseum München)
Debra R. Armstrong-Morgan
Yves Aupetitallot
Michael Basinski
Nicola Bion
Tom Bishop
Michael Bott
Isabelle Bournat
Francoise Cabioc'h
John Calder
Pierre Celice
Pierre Chabert
Danielle Chamaillard
Bertrand Charles
Cyril Chazal
Angela Choon
Pierre Clouet
Antoine Coron
Jean-Pierre Criqui
Fionnuala Croke
Anthony Cronin
Françoise Dauphragne
Thierry Delcourt
Caroline Dévé
Teresa Dolley
Stéphane Doré
Molly Epstein
Frédérique Faublée
Michel Fingerhut
Dorothée Fischer
Jean-François Foucaud
Julian A. Garforth
Noëlle Giret
Catherine Goeres
Dana Golan
Itzhak Goldberg
Nicole et Jean Greub
Noëlle Guibert
Gaby Hartel
Nicole Hayes
Pierre Hebey
Cathy Henderson
John Hodge
Emmanuel Hoog
Rupert Horder
Joël Huthwohl
Annie Joly
Joël Jouanneau
Hermine Karagheuz
Fiona Kearney
Raymond Keaveney
James Knowlson
Stéphanie Lamache
Emmanuelle Lambert
Clarice Lebas
Nathalie Léman
Laure Leveillée
Irène Lindon
Jean de Loisy
Ronan McDonald
Marie McFeely
Matias (Charles Henrioud)
Jane Maxwell
Juliette Mazerand
Bernard Meehan
Michèle Meunier
Éric Mézil
Breon Mitchell
Linda Montgomery
Juliet Myers
Mark Nixon
Suzanne O'Brian
Martine O'Byrne
Sean O'Mordha
Martin d'Orgeval
Lois Overbeck
Ronald Pickup
John Pilling
Julie Poincelet
Anne Posega
Marie-Laure Prévost
Marie-Françoise Quignard
Julien Rignault
Sabine Röder
Richard Seaver
Doron Sebbag
Joshua Shaw
Kristina Skowranek
Kim Smit
Werner Spies
Claire Stoullig
Felicia Tan
Guy Tosatto
Isabelle Varloteaux
Ivan Verbizh
Billie Whitelaw
Ulla Wiegand
Véronique Wiesinger
Richard Workman
Helit Yeshurun
Martina Zöllner
David Zwirner

Nous témoignons enfin toute notre reconnaissance aux équipes du Centre Pompidou, de l'IMEC et de l'IRCAM qui, à des titres divers, nous ont apporté leur concours.

Le service audiovisuel tient à remercier tout particulièrement:
Sylvie Richard et Évelyne Noailles (INA)
Dies Blau et Sandra Escamez (Phonothèque INA)
Roger Thompson (BBC)
Régine Alonso (Agence France Degand)
Serge Bromberg et Éric Lange (Lobster Films)
Jean-Pierre Cottet
James Greene, Sarah Greene Hopkins et Susan Greene Farmer
Alain Jacquinot (IRCAM)
Andrew Kötting
Mitchell Lifton
Rosemarie Loesch (Theater & Medien Fischer Verlage, Francfort)
Reiner Moritz
Alexandra Murphy (Suhrkamp Verlag, Francfort)
John Reilly
Melissa Shaw-Smith (Global Village)
Greta Schiller
Stéphane Simonnet (Mémorial de Caen)
Tom Skipp
Joe Stackell (Mabou Mines)
Lily Williams (Curtis Brown)
ainsi que:
Françoise Cellier (BBC Motion Gallery)
Évelyne Cocault (Arte France)
Digital Classics
Paul Feindt et Elke Geilhaupt (IWF)
Judy Forde (Tyrone Productions)
Sylvie Gourdel (l'Atelier des Archives)
Florence Guinard (Théâtre Gérard-Philipe)
Kate Guyonvarch (Association Charlie Chaplin)
Rebecca Hanna-Grindall (Royal Court Theatre)
Morad Kertobi (CNC)
Catherine Laferrière (ITN)
Tim Lanza (The Douris Corporation)
Deborah Lopatin
Paolo Moretti
Sydney Neter (SND Films)
Manuel Poletti
Sonia Robert
Barney Rosset et Astrid Myers (Evergreen Review)
Mathieu Touren
Dirck Van Hulle (Université d'Anvers, the Samuel Beckett Endpage)
La SWR, ZDF enterprises et la NDR

Crédits photographiques

© Jerry Bauer, p. 75
© Courtesy BBC Television, p. 40-41
© Pascale Bouhénic, p. 32-33
© Dario Catellani, 23e page cristal, p. 112
© Centre Pompidou, 17e et 21e pages cristal, p. 38-39, 42-43, 44, 46, 48, 58-59, **p. 97, 98, 107**
© Coll. du Centre Pompidou, diffusion RMN, Georges Meguerditchian, 3e et 5e pages cristal, p. 35; Philippe Migeat, p. 17, 37
© Bruce Davidson/Magnum, p. 65
© David Davison, p. 111
© Deutsches Theatermuseum Munchen, Archiv Ilse Buhs/Jürgen Remmler, p. 128
© Estate Gisèle Freund, p. 63
© Fondation Alberto et Annette Giacometti, Paris/Marc Domage, 7e page cristal, p. 79
© Fonds Roger Blin/IMEC, Saint-Germain-la-Blanche-Herbe, p. 101
© Global Village, New York, 27e page cristal, p. 47, 49, **p. 123 b.**
© Harry Ransom Center, The University of Texas at Austin, p. 88-90
© Dmitri Kasterine, p. 73
© Florian Kleinefenn, p. 31
© Courtesy Konrad Fischer Galerie, Düsseldorf, p. 57
© Andrew Kötting/ED Distribution, Montreuil, p. 50-51
© Le Campion/Sipa, p. 108
© Galerie Lelong, Paris, 13e et 33e pages cristal, p. 19, 21, 29
© Philippe Migeat, p. 25
© John Minihan, p. 104
© Les Éditions de Minuit, 19e page cristal, **p. 123 h. g. et h. dr.**
© Bernard Morlino, p. 77
© Galerie Marianne et Pierre Nahon, p. 61
© Lüfti Özkök/Sipa, p. 70-71
© Frédéric Pajak, **p. 130-141**
© Charles Pennequin, **p. 39**
© Gérald Petit, Dijon, p. 60
© Roger Pic. BNF, Arts du Spectacle, p. 102-103
© Galerie Catherine Putman, p. 27, 80-87
© I. C. Rapoport, p. 67
© Südwestrundfunk, photo Hugo Jehle, p. 105
© Südwestrundfunk, Stuttgart/from the television play Samuel Beckett, Nacht und Träume, p. 45
© The Beckett International Foundation, University of Reading, 9e page cristal, p. 91, 96-100
© The Board of Trinity College Dublin, p. 68-69, 94-95, 110
© The Estate of Samuel Beckett, p. 92-93, 106

DR 1re, 11e, 15e pages cristal, p. 23, 53, 55

R52541

Ce livre est dessiné par O'SPMillot, Paris. Il a été achevé d'imprimer en mars 2007 sur les presses de l'imprimerie Snoeckducaju, à Anvers, Belgique. La photogravure est réalisée par Bussière, Paris.

Anonyme
Samuel Beckett
pendant une répétition
de *En attendant Godot*,
Schiller Theater,
Berlin, 1965